安徽省高等学校"十三五"规划教材

经济法概论

俞木传 ◎ 编著

北京师范大学出版集团
安徽大学出版社

图书在版编目(CIP)数据

经济法概论/俞木传编著. —合肥:安徽大学出版社,2018.8
ISBN 978-7-5664-1697-1

Ⅰ.①经… Ⅱ.①俞… Ⅲ.①经济法－中国－高等职业教育－教材 Ⅳ.①D922.29

中国版本图书馆 CIP 数据核字(2018)第 186035 号

经济法概论
Jingjifa Gailun

俞木传　编著

出版发行：	北京师范大学出版集团
	安 徽 大 学 出 版 社
	(安徽省合肥市肥西路3号 邮编230039)
	www.bnupg.com.cn
	www.ahupress.com.cn
印　　刷：	安徽昶颉包装印务有限责任公司
经　　销：	全国新华书店
开　　本：	184mm×260mm
印　　张：	21
字　　数：	328 千字
版　　次：	2018 年 8 月第 1 版
印　　次：	2018 年 8 月第 1 次印刷
定　　价：	59.00 元

ISBN 978-7-5664-1697-1

策划编辑：方　青		装帧设计：李　军
责任编辑：方　青　邱　昱　姚　宁		美术编辑：李　军
责任印制：陈　如		

版权所有　侵权必究

反盗版、侵权举报电话：0551－65106311
外埠邮购电话：0551－65107716
本书如有印装质量问题,请与印制管理部联系调换。
印制管理部电话：0551－65106311

前 言

本书根据我国高职院校经济类、管理类专业特点和培养目标,以学生未来的实际工作需要为宗旨,有选择性地将经济法中常见的法律知识作为主要内容;以"简化理论阐述、着重实际训练"为原则;体现"以学生为主体""理论与实践并重""以能力培养为主线"的现代高职教育的特色。力求做到:

1. 符合高职教育的定位要求。理论知识"必需、够用",从提高学生整体素质出发,以能力为本位,兼顾知识教育、技能教育和能力教育。

2. 符合注重时效的要求。以经济法律法规最新内容为依据,务实求新,体现鲜明的时代气息。

3. 符合培养能力的要求。明确各章教学应达到的知识目标、技能目标和能力目标,并据此设计相应的内容,以强化课程教学的针对性和应用性。

4. 符合体例完整的要求。各章除正文外,均设有"主要概念和观念、基本训练、观念运用"等栏目,目的在于活跃和创新教材形式,培养学生的学习能力、创新能力和实践能力。

5. 符合案例化教学的要求。加大案例化程度,除各章配有篇头引例外,章内有小思考、观念应用等微型案例,章后有中型案例,书后有综合案例。

6. 为方便教学,将陆续制作与本教材相配套的PPT电子教学课件。

本书在编写出版过程中得到了项目团队赵春宇、石必亮、翟勇洪等同志的大力协助以及何军同志的技术支持,得到了安徽大学出版社领导和编辑同志的支持,在此一并感谢。

编者

2018.6

目 录

第1章　导论 ··· 1
1.1　法律基础 ·· 3
1.2　经济法基础 ·· 7
1.3　相关的经济法律制度 ······························· 10

第2章　经济法律关系 ································· 31
2.1　经济法律关系概述 ································· 32
2.2　经济法律关系的主体 ······························· 35
2.3　经济法律关系的内容 ······························· 37
2.4　经济法律关系的客体 ······························· 40
2.5　经济法律关系的确立和保护 ························ 42

第3章　企业法 ·· 52
3.1　企业法概述 ······································· 54
3.2　合伙企业法 ······································· 57
3.3　个人独资企业法 ··································· 66
3.4　企业破产法 ······································· 73

第 4 章　公司法 ·········· 88

- 4.1　公司法概述 ·········· 90
- 4.2　有限责任公司 ·········· 92
- 4.3　股份有限公司 ·········· 99
- 4.4　公司债券与财务会计 ·········· 108
- 4.5　公司的合并、分立、解散和清算 ·········· 111

第 5 章　合同法 ·········· 119

- 5.1　合同法概述 ·········· 121
- 5.2　合同的订立 ·········· 125
- 5.3　合同的效力 ·········· 131
- 5.4　合同的履行 ·········· 136
- 5.5　合同的变更、转让和终止 ·········· 140
- 5.6　违约责任 ·········· 143

第 6 章　工业产权法 ·········· 154

- 6.1　工业产权法概述 ·········· 156
- 6.2　商标法 ·········· 157
- 6.3　专利法 ·········· 174

第 7 章　反不正当竞争法 ········· 194

7.1　反不正当竞争法概述 ········· 195
7.2　不正当竞争行为 ········· 199
7.3　对涉嫌不正当竞争行为的调查 ········· 207
7.4　法律责任 ········· 208

第 8 章　消费者权益保护法 ········· 216

8.1　消费者权益保护法概述 ········· 218
8.2　消费者的权利和经营者的义务 ········· 221
8.3　消费者合法权益的保护 ········· 230
8.4　消费争议的解决 ········· 232
8.5　法律责任 ········· 236

第 9 章　产品质量法 ········· 246

9.1　产品质量法概述 ········· 248
9.2　产品质量监督管理制度 ········· 251
9.3　产品质量责任和义务 ········· 255
9.4　损害赔偿 ········· 258
9.5　法律责任 ········· 261

第 10 章　会计法 ································· 269
10.1　会计法概述 ································· 271
10.2　会计管理体制 ································ 273
10.3　会计核算 ···································· 276
10.4　会计监督 ···································· 281
10.5　法律责任 ···································· 283

第 11 章　仲裁与经济诉讼 ·························· 293
11.1　仲裁 ·· 295
11.2　经济诉讼 ···································· 305

综合案例与综合实训 ································· 321
案例 1　合伙企业财产清偿案 ······················· 322
案例 2　公司临时股东会、增资案 ··················· 322
案例 3　转让资产合同纠纷案 ······················· 324
综合实训 ··· 324
参考文献 ··· 325

第 1 章

导 论

---学习目标---

知识目标：了解法的含义、经济法的概念和调整对象；理解法的本质和特征；理解并掌握法人的概念和特征、代理及其种类、债权和物权以及担保等方面的知识。

技能目标：熟悉代理制度、物权的变动；熟练运用各种担保方式。

能力目标：能准确理解法人与法定代表人的关系，能正确办理民事委托事项；掌握并熟练运用担保的法律手续。

引例

法人与法定代表人

小张和小王是某高职院校的学生,他们去某有限责任公司实习。一日,他们就有限责任公司的有关问题进行讨论。小张说:"有限责任公司是企业法人,又是营利法人。"小王说:"有限责任公司是财团法人,但不能以营利为目的。"小张说:"法人的法定代表人既是法人的代表又是法人机关的代表人,法定代表人的代表权源于法律和章程,而不是源于法人的授权。"小王说:"法定代表人履行职务的行为是法人的行为,法定代表人只能是法人单位的行政正职负责人。"

经济法是国家直接参与和强力干预经济生活的产物,是调整特定经济关系之法。本例中小张和小王在公司实习期间讨论的问题正是我们经济法研究的问题。有限责任公司既是企业法人,也是营利法人。法定代表人履行职务的行为也是法人的行为,法定代表人的代表权源于法律和章程,而不是源于法人的授权。依照法律或者法人组织章程的规定,代表法人从事民事活动的负责人,是法人的法定代表人。

1.1 法律基础

1.1.1 法和法律

1. 法和法律的概念

汉字"法",在古汉语中的原体为"灋"。据《说文解字》解释:"灋,刑也,平之如水,从水;廌,所以触不直者去之,从去。"廌是一种神兽,天性知有罪。有罪触,无罪则不触。这说明:第一,在古代,法与刑是通用的;第二,法从古代起就有公平的象征意义;第三,古代法具有神明裁判的特点。汉字"律",据《说文解字》解释:"律,均布也。""均布"是古代调音律的工具,说明律有规范人们行为的作用。我国历史上很长一段时期,把法称为律,如"秦律""汉律""隋律""唐律""明律""大清律"等。近代才把法与律连用,称法律。

在我国当代法学理论上,法律有广狭两层含义,广义的法律是指法的整体,包括法律、有法律效力的解释及其行政机关为行政执法而制定的规范性文件。狭义的法律则专指拥有立法权的国家机关依照立法程序制定的规范性文件。

在我国现代法律制度中,广义上的法律是指包括宪法、法律、行政法规在内的一切规范性法律文件,狭义上的法律是指全国人大及其常务委员会制定的基本法律及基本法律以外的法律。

一般来说,法是由国家制定或认可,以权利义务为主要内容,由国家强制力保证实施的社会行为规范及其相应的规范性文件等的总称。

2. 法的本质和特征

(1) 法的本质。

法是统治阶级的国家意志的体现。法不是超阶级的产物,社会各阶级的意志不是都能体现为法,法只能是统治阶级意志的体现。但法所体现的统治阶级的意志,不是随心所欲、凭空产生的,而是由统治阶级的物质生活条件决定的,是社会客观需要的反映。它体现的是统治阶级的整体意志和根本利益,而不是统治阶级每个成员个人意志的简单相加。法体现的也不是一般的统治阶级意志，而是被奉为法律的统治阶级意志，即统治阶级的国家意志，这是法的本质。

【小思考1-1】

小李和小王讨论：法既然是统治阶级意志的体现，那统治阶级违法犯罪就不用受到法律的制裁了。

答：法体现的是整个统治阶级的意志，但不是统治阶级每个成员的个人意志都能上升为法。这是因为，统治阶级的每个成员除有共同利益外，还有各自的特殊利益，要使法就统治阶级每个成员的利益作出规定是不可能的，法反映的只能是统治阶级的共同的、根本的利益，所以法对统治阶级的每个成员来说也是必须遵守的，他们的违法行为也要受到法律的制裁，任何违法行为都是对统治阶级整体利益和根本利益的侵害。统治阶级内部成员作出违法犯罪行为，说明他企图把自己的个人利益和个人意志凌驾于整个阶级的共同利益和共同意志之上，如果对这种行为听之任之，最终必将从根本上危及统治阶级的共同利益。所以，小李和小王讨论的观点是不正确的。

（2）法的特征。

法作为一种特殊的行为规则和社会规范，不仅具有一般共性，还具有自己的特征。其特征主要有以下四方面：

第一，法是经过国家制定或认可才得以形成的规范，具有国家意志性。统治阶级意志并不能直接形成法，它必须通过一定的组织和程序，即通过统治阶级的国家制定或认可，才能形成法。制定、认可，是国家创制法的两种方式，也是统治阶级把自己的意志变为国家意志的两条途径。法是通过国家制定和发布的，但并不是国家发布的任何文件都是法。首先，法是国家发布的规范性文件；其次，法是按定照法定的职权和方式制定和发布的，有确定的表现形式。也就是说，法只有通过特定的国家机关，按照特定的方式，表现为特定的法律文件形式才能成立。

第二，法凭借国家强制力的保证而获得普遍遵行的效力，具有国家强制性。法是由国家强制力保障其实施的规范。法的强制性是由国家提供和保证的，因而与一般社会规范的强制性不同。其他社会规范虽然也有一定的强制性，如道德主要依靠社会舆论的强制，习惯受到习惯势力的强制，但是这些强制都不同于国家的强制。国家强制力是以国家的强制机构（如警察、法庭、监狱）为后盾，和国家制裁相联系，表现为对违法者采取国家强制措施。法是最具有强制力的规范。

第三，法是确定人们在社会关系中的权利和义务的行为规范，具有利导性。法是调节人们行为的一种社会规范，具有能为一般人提供一种行为模式、一项标准的属性（概括性）。法的主要内容是由规定权利、义务的条文构成的，法律通过规定人们的权利和义务来分配利益，从而影响人们的动机和行为，进而影响社会关系，实现统治阶级的意志和要求，维持社会秩序（利益导向性，简称利导性）。

第四，法是明确而普遍适用的规范，具有规范性。法具有明确的内容，能使人们预知自己或他人一定行为的法律后果（法的可预测性）。法具有普遍适用性，凡是在国家权力管辖和法律调整的范围、期限内，对所有社会成员及其活动都普遍适用。

1.1.2 法的形式和分类

❶ 法的形式

法的形式，即法学上所谓的法的渊源。法的形式的种类，主要是根据创制法的国家机关的不同、创制方法的不同而进行划分的。

表 1-1 法的形式

形　式		效　力	制定机关
宪法		最高	全国人民代表大会
法律		仅次于宪法	全国人民代表大会及其常务委员会
法规	行政法规	次于宪法和法律	国务院
	地方性法规	低于行政法规	省级、自治区、直辖市、设区的市人民代表大会及其常务委员会
	自治法规（自治条例、单行条例）		民族自治区地方（自治区、自治州、自治县）的人大
	特别行政区法	全国人民代表大会	
行政规章	部门规章	不得与上级和同级地方性法规相抵触	国务院各部委及直属机构
	政府规章		省级政府、较大市人民政府（设区的市人民政府）
国际条约、协定			国家之间

❷ 法的分类

根据不同的标准，可以对法作不同的分类。

表 1-2 法的分类

法	分类依据
成文法和不成文法	根据法的创制方式和发布形式所作的分类
根本法和普通法	根据法的内容、效力和制定程序所作的分类
实体法和程序法	根据法的内容所作的分类
一般法和特别法	根据法的空间效力、时间效力或对人的效力所作的分类
国际法和国内法	根据法的主体、调整对象和渊源所作的分类
公法和私法	以法律运用的目的为划分的根据

✫ 1.1.3 法律部门与法律体系

❶ 法律部门与法律体系的概念

一个国家现行法律规范是多种多样的，涉及社会生活的各个方面，有着各种不同的内容和形式，但是它们并不是杂乱无章的，而是有着紧密联系，构成一个完整、有机、统一的体系。

法律部门又称部门法，是指根据一定标准和原则所划定的同类法律规范的总称。法律部门划分的标准首先是法律调整的对象，即法律调整的社会关系；其次是调整的方法，一个国家现行的法律规范分类组合为若干法律部门，由这些法律部门组成的具有内在联系的、互相协调的统一整体即为法律体系。

❷ 我国现行的法律部门与法律体系

我国现行的法律体系包括宪法及相关法、民商法、行政法、经济法、社会法、刑法、诉讼与非诉讼程序法七个法律部门。

宪法是国家的根本法，宪法相关法是与宪法相配套、直接保障宪法实施和国家政权运作等方面的法律规范的总和。

民商法是规范民事、商事活动的法律规范的总和，所调整的是自然人、法人和其他组织之间以平等地位发生的各种法律关系（称为横向关系）。民法调整的是公民与公民之间、法人与法人之间、公民与法人之间的财产关系以及人身关系。商法可以看作民法中的一个特殊部分,是在民法基本原则的基础上适应现代商事活动的需要逐渐发展起来的。

经济法是在国家干预市场经济活动过程中逐渐发展起来的一个法律门类,一方面与行政法的联系很密切,另一方面又与民法、商法的联系很密切。往往在同一个经济法中包括两种不同性质的法律规范,既有调整纵向法律关系的,也有调整横向法律关系的,因而具有相对的独立性。

诉讼与非诉讼程序法是调整因诉讼活动和非诉讼活动而产生的社会关系的法律规范的总和。我国的诉讼制度分为刑事诉讼、民事诉讼、行政诉讼三种。解决经济纠纷,除通过诉讼"打官司"外,还可以通过仲裁这种非诉讼的途径。

1.2 经济法基础

1.2.1 经济法的概念

关于"经济法"概念的语源,法学专家普遍认为是18世纪法国空想共产主义的著名代表之一摩莱里(Morelly)在1755年出版的《自然法典》一书中首先提出来的,另一位法国空想共产主义的著名代表德萨米(Dezamy)在1842—1843年分册出版的《公有法典》中也使用了这一概念,并且发展了摩莱里的经济法思想。作为马克思主义的三个来源之一的法国空想共产主义的代表,摩莱里和德萨米的经济法思想同样避免不了"空想"的属性,从其著作的种种论述看,他们所谓的"经济法"并非现代意义上的经济法,尽管他们在著述中也强调了国家对经济运行的干预或协调。

20世纪初,德国学者莱特(Ritter)在1906年创刊的《世界经济年鉴》中再次使用了"经济法"这一概念。之后,许多学者在其著述中先后使用这一概念,德国于1919年颁布的《煤炭经济法》《碳酸钾经济法》和捷克斯洛伐克颁布的《捷克斯洛伐克社会主义经济法典》都分别使"经济法"名词出现在立法法规之中,经济法专家认为,到目前才是真正意义上的经济法含义。

我国首次使用"经济法"这个词是在 1979 年，之后在全国人民代表大会文件、中共中央文件和国务院的文件中相继使用，我国的法学教材、专著等都使用了这一概念。

目前，经济法的概念在学界尚存在分歧，一般观点认为，<u>经济法是社会经济集中和垄断的产物，是国家干预社会经济活动的具体表现，是调整国家在管理与协调经济运行过程中发生的经济关系的法律规范的总称。</u>

1.2.2 经济法的调整对象

任何法律部门都调整一定的社会关系。经济法作为一个独立的法律部门，具有特定的调整对象，即特定的经济关系，不是一切经济关系，更不是经济关系以外的其他社会关系。

表 1-3 我国经济法的调整对象

调整对象	调整目的	范围
市场主体关系	主要解决市场主体资格、准入、行为方式等问题，旨在维护社会主义市场秩序及交易安全。	国有企业法、个人独资企业法、合伙企业法、外商投资企业法、公司法等。
市场监督关系	重在发挥国家培育市场运行的功能，为市场主体提供一个公平、安全的市场交易环境。	产品质量法、反不正当竞争法、广告法、消费者权益保护法等。
宏观调控关系	通过经济法律的功能对市场运行进行适时的调控，重点解决市场发展过程中存在的结构、速度、均衡等方面的问题。	会计法、金融法、税收法等。

1.2.3 经济法的地位和作用

❶ 经济法的地位

划分一个法是不是独立的法的部门，标准只有一个，那就是看其有没有自己特定的调整对象。我们之所以称调整平等的民事主体之间的人身关系、财产关系的法为民法，调整犯罪及处罚的法为刑法，就是因为他们都有自己的特定调整对象。同样类推，经济法也有自己的调整对象，是一定范围的经济关系，不调整其他经济关系，更不调整非经济关系，而且经济法的调整对象同其他法的部门的调整对象不是交叉的，也不是重叠的，具有自己的特征。所以，我们说，经济法是一个独立的法的部门。

从构成来看，法律体系是由多层次的法律部门组成的有机联系的统一整体。法律部门是由国家的全部现行法律规范，根据调整对象的不同，进行分类而组成的。所谓多层次的法律部门，是指属于第一层次的法律部门可以划分为若干个第二层次的法律部门，如宪法是国家的根本大法，它分别通过民法、刑法、经济法等法律部门保证其得以实施；第二层次的法律部门，又可以划分为若干个第三层次的法律部门，如经济法作为第二层次的法律部门，它由企业法、财政法、金融法等众多的部门经济法所组成。各层次的法律部门虽然都有自己特定的调整对象，但它们又都建立在同一的经济基础之上，体现着同一的国家意志，具有共同的指导思想和任务，因而形成了互相联系、彼此协调的统一整体。

法的部门的划分不是由人们的主观意志决定的，而是由需要法律规范调整的客观存在着的社会关系的多样性决定的。从经济法产生、发展的历史演变过程中，可以看出，经济法是由于社会经济关系越来越复杂，出现了原有法律部门所不能调整的新的经济关系而产生的。而经济法所调整的特定范围的经济关系，是别的部门法所不可替代的。因此，经济法是我国法律体系中一个独立的法律部门，是我国法律体系中不可缺少的重要组成部分。

❷ 经济法的作用

我国经济法在社会主义市场经济中的重要作用，可以归纳为以下几个方面：

（1）保护各经济主体的合法权益。经济主体多元化是市场经济的重要特征之一。我国存在着以公有制为主体的多种经济成分，为了促进各种经济成分的共同发展，国家通过经济法确认和保护不同经济主体的合法权益，从而有效发挥各方面的资产营运效益，提高综合效益。

（2）维护公平竞争和市场经济秩序。通过经济立法，限制不正当竞争和扰乱经济秩序的行为，打击经济活动中的违法犯罪行为，保护市场经济参与者的合法权益，保障社会经济的健康有序发展。

（3）巩固经济改革成果。国家通过经济立法，把已建立的改革目标、方针政策以及实践证明正确的做法等用法律的形式固定下来，巩固改革开放的成果。把改革决策与经济立法紧密结合，用法律引导和推动改革开放的不断深入，保障改革顺利进行。

（4）促进对外经济交流与合作。制定一系列经济法律、法规，促进对外贸易、吸引外商投资、引进先进技术和管理经验，促进对外经济交流与合作。借鉴国际惯例，促进我国经济组织按照国际惯例参与国际经济交流和竞争，更好地保护自己的合法权益。

1.3 相关的经济法律制度

1.3.1 法人制度

❶ 法人的概念和特征

法人是具有民事权利能力和民事行为能力，依法独立享有民事权利和承担民事义务的组织。

法人制度是一项重要的民事主体制度。法人是特定社会组织的人格化，是与自然人相对而言的，是法律拟制的"人"。给予一定的主体资格后，它就像自然人那样独立地参加经济活动，并享有权利和承担义务。

【小思考1-2】

经理是法人吗？

一个新上任的总经理对一个上门讨债的客户说："我是这个企业的法人，我又没有欠你的债，讨债去找老经理去，我们的老法人已退休了。"试问：总经理的一番话是否有道理？

答：没道理。《民法总则》第61条规定：依照法律或者法人章程的规定，代表法人从事民事活动的负责人，为法人的法定代表人，法定代表人以法人名义从事的民事活动，其法律后果由法人承受。

这里有两处错误：一是这位经理不是法人，老经理也不是法人，他们均是该企业的法定代表人。二是尽管老经理退休了，但法人所欠债务不能因为人员的变动而有所变更，其债务还是应该清偿的。

根据我国《民法总则》的规定，法人必须具备以下特征：依法成立；有财产或者经费；有自己的名称、组织机构和住所；能够独立承担民事责任；以其全部财产独立承担民事责任。

❷ **法人的种类**

按照我国《民法总则》的规定，法人分为营利法人、非营利法人、特别法人。

表1-4 法人的种类

名称	概念	包括类别
营利法人	以取得利润并分配给股东等出资人为目的成立的法人。	有限责任公司、股份有限公司和其他企业法人等。
非营利法人	为公益目的或者其他非营利目的成立，不向出资人、设立人或者会员分配所取得利润的法人，为非营利法人。	事业单位、社会团体、基金会、社会服务机构等。
特别法人	机关法人、农村集体经济组织法人、城镇农村的合作经济组织法人、基层群众性自治组织法人，为特别法人。	机关、农村集体经济组织、城镇农村的合作经济组织、居民委员会、村民委员会基层群众性自治组织等。

❸ **法人的权利能力和行为能力**

法人具有民事权利能力和民事行为能力，从法人成立时产生，到法人终止时消灭。法人的民事权利能力是指其能以自己的名义独立享受民事权利和承担民事义务的资格。法人的民事行为能力是指其能以自己独立的名义进行民事法律行为，以实现自己民事权利和民事义务的资格。

自然人从出生时起到死亡时止，具有民事权利能力，依法享有民事权利，承担民事义务。自然人的民事权利能力一律平等。涉及遗产继承、接受赠与等胎儿利益保护的，胎儿视为具有民事权利能力。但是胎儿娩出时为死体的，其民事权利能力自始不存在。

自然人的民事行为能力则有所不同。我国《民法总则》将自然人分为完全民事行为能力人、限制民事行为能力人和无民事行为能力人。18周岁以上的自然人为成年人，为完全民事行为能力人，可以独立实施民事法律行为。16周岁以上的未成年人，以自己的劳动收入为主要生活来源的，视为完全民事行为能力人。8周岁以上的未成年人和不能完全辨认自己行为的成年人，为限制民事行为能力人，实施民事法律行为由其法定代理人代理或者经其法定代理人同意、追认，但是可以独立实施纯获利益的民事法律行为或者与其年龄、智力相适应的民事法律行为。不满8周岁的未成年人和不能辨认自己行为的成年人为无民事行为能力人，由其法定代理人代理实施民事法律行为。

【观念应用 1-1】

营利法人对其工作人员的经营活动承担民事责任吗?

某市洗涤剂厂与市汽车运输公司签订了一份运输合同,由运输公司为洗涤剂厂承运洗衣粉。运输公司司机蒋某在运输途中发生翻车事故,当时天下大雨,给洗涤剂厂造成直接经济损失5.7万元。洗涤剂厂要求运输公司赔偿,运输公司则以"我公司已与蒋某签订了承包合同,一切损失均由蒋某负责"为由,拒绝承担赔偿责任。洗涤剂厂只得要求蒋某赔偿,但蒋某实在拿不出钱来赔偿其损失,洗涤剂厂只得向法院提起诉讼。

问:洗涤剂厂的损失应由谁来赔偿?

法律分析:法人业务范围内的经营活动所产生的权利和义务应由法人享有和承担。

❹ 法人的成立、变更和终止

(1)法人的成立。法人的成立是指社会组织依法取得法人资格。营利法人经依法登记成立。具备法人条件,为适应经济社会发展需要,提供公益服务设立的事业单位,经依法登记成立,取得事业单位法人资格;依法不需要办理法人登记的,从成立之日起,具有事业单位法人资格。有独立经费的机关和承担行政职能的法定机构从成立之日起,具有机关法人资格。

(2)法人的变更。法人的变更是指法人的组织结构、性质、业务范围、名称、住所等方面的重大改变和变动。如法人的分立或合并变更,应当向登记机关办理登记并公告。法人分立、合并后,其权利和义务由变更后的法人享有和承担。

(3)法人的终止。法人的终止是指在法律上终止法人的资格。法人由于解散、破产、其他原因而终止法人资格的,应当依法完成清算,办理注销登记。

1.3.2 物权制度

❶ 物和物权的概念

物是指能够被人们所支配和控制的权利的客体,包括不动产和动产。法律规定权利作为物权客体的,依照其规定。

物权是指权利人依法对特定的物享有直接支配和排他的权利，包括所有权、用益物权和担保物权。

❷ 物权的种类

（1）所有权。这是指权利人在法律规定的范围内，独占支配其所有物的权利。《物权法》第39条规定："所有权人对自己的不动产或者动产，依法享有占有、使用、收益和处分的权利。"所有权包括国家所有权和集体所有权、私人所有权；业主的建筑物区分所有权；相邻关系权；共有权。

（2）用益物权。这是指对他人所有之物在一定范围内进行占有、使用、收益的权利。《物权法》第117条规定："用益物权人对他人所有的不动产和动产，依法享有占有、使用和收益的权利。"用益物权主要包括土地承包经营权、宅基地使用权、地役权。

（3）担保物权。这是指为了担保债的履行，在债务人或第三人的特定财产上设定的物权。《物权法》第170条规定："担保物权人有债务人不履行到期债务或者发生当事人约定的实现担保物权的情形，依法享有就担保财产优先受偿的权利，但法律另有规定的除外。"担保物权主要包括抵押权、质权、留置权等。

❸ 物权变动的原则

（1）公示原则。这是指物权的各种变动必须从一种可以公开向社会显示，并能取信于公众的外部表现方式予以展示方能生效的法律原则。作为物权客体的物以"一物一权"为原则的，即"一物不容二主"，这是物权排他性的体现。根据《物权法》规定，物权变动的公示方式有不动产登记和动产交付。

《物权法》第9条规定："不动产物权的设立、变更、转让和消灭，经依法登记，发生效力；未经登记，不发生效力，但法律另有规定的除外。"第14条规定："不动产物权的设立、变更、转让和消灭，依照法律规定应当登记的，自记载于不动产登记簿时发生效力。"

《物权法》第23条规定："动产物权的设立和转让，自交付时发生效力，但法律另有规定的除外。"交付即转移占有，这是动产物权变动的公示方法。

（2）公信原则。这是指物权变动经过公示之后即可取得的法律上的公信力，当善意第三人出于对物权公示方法的信赖而依法进行交易时，不管是否实际存在与这种公示方法相对应的合法权利，均应加以保护的法律原则。按照公信原则，即使公示与实际权利关系不一致，标的物出让人无处分权时，善意信赖公示的受让人仍能取得物权，法律仍应予以保护。例如，当登记机关误将本属于甲的某处房产登记为乙所有，乙明知自己并非真正的产权人却将该房产转让给丙，而丙根据有关登记误信乙为房屋产权人，便从乙手中买下该房屋，并办理了登记过户手续。此时，由于丙是基于房产登记的公信力，即信赖房产登记这种公示方法才与乙进行交易的。因此，即使登记错误，对丙因善意信赖公示所取得的房屋产权，法律依然应以保护。可见，公信力制度弥补了处分行为的权利瑕疵，可以说公信原则是公示原则的进一步延伸。

【观念应用1-2】

不动产公示

甲与乙签订房屋买卖合同，将一栋房屋卖与乙。双方同时约定，一方违约应支付购房款35%的违约金。但在交房前甲又与丙签订合同，将该房卖与丙，并与丙办理了过户登记手续。下列说法中哪些是正确的？（　　）

A．乙可以自己与甲签订的合同在先，主张甲与丙签订的合同无效

B．乙有权要求甲收回房屋，实际履行合同

C．乙不能要求甲实际交付该房屋，但可要求甲承担违约责任

D．若乙要求甲支付约定的违约金，甲可以请求法院或仲裁机构予以适当减少

答案：C、D。

法律分析： 本题考查房屋买卖合同的效力与房屋所有权的变动。根据《合同法》第133条规定："标的物的所有权自标的物交付时转移，但法律另有规定或者当事人另有约定的除外。"而房屋所有权变动以登记为准。根据债权平等性特点，甲与乙、丙所签订的合同皆有效，任何一方不得以合同成立在先主张另一个合同无效。故A不正确。不动产物权经过户登记，已合法转让与丙，丙对房屋享有所有权，而甲对房屋的所有权消灭，所以乙要求甲收回房屋，

使甲履行合同属于法律上不能履行。因此 B 项错误。但甲违反了与乙签订的房屋买卖合同，不能履行交付房屋的义务，甲应承担违约责任，所以 C 项正确。《合同法》第 114 条规定："约定的违约金过分高于造成的损失的，当事人可以请求人民法院或者仲裁机构予以适当减少。"故 D 当选。

1.3.3 代理制度

❶ 代理的概念和特征

代理是代理人在代理权限内，以被代理人名义实施的民事法律行为，其法律后果由被代理人承担。

【观念应用 1-3】

委托他人订合同，后果应由谁承担

朱玲的父母亲死亡后，在农村老家留下三间房由朱玲继承。朱玲在城里工作，不在老家住，又无力照顾这三间房，决定将这三间房子卖掉。可是，她不了解当地房价行情，一时又找不到合适的买主，就委托了在当地农村的一个亲属林永清替自己卖房。半年后，林永清以每间 1000 元的价格把这三间房子卖给了同村的刘某，房款如数寄给了朱玲。朱玲接到房款后，傻眼了，三间房子才卖 3000 元。但也没有办法，只有哑巴吃黄连，有苦说不出。

问：林永清的代理是否合法？是否具备代理的特征呢？

法律分析：代理是代理人在代理权限内，以被代理人的名义进行经济活动，其法律后果由被代理人承担。本案中的代理属于委托代理，其后果由被代理人承担。

（1）代理行为具有法律意义。代理进行的活动本身必须是法律行为，如代订合同、代理诉讼、代办商标注册等。凡不能产生法律后果，只是受人委托而进行的某种具体事务方面的工作，不属于法律上的代理，如代为请假等。

（2）以被代理人的名义进行活动。代理人的任务就是代替被代理人进行法律行为，而这种法律关系的主体是代理人和被代理人。因此，代理人必须以被代理人的名义进行法律行为，如果以自己的名义进行就不是代理。比如信托公司、寄售商店，虽然接受别人委托销售货物，但不是以委托人的名义，而是以自己的名义进行的。

（3）代理人在授权范围内独立进行意思表示。代理人在被代理人授权范围内按自己的意志积极地为被代理人的利益进行各项活动。代理的这一特点，使代理人与传达人、居间人的行为区别开来。传达人只是把当事人一方的意思表示机械地传递给对方，自己不作任何意思表示，也不承担任何法律后果。居间人只是在当事人之间起媒介作用，无权在当事人之间的法律行为中表示自己的意思。

（4）代理活动的法律后果由被代理人承受。代理人只是代替被代理人从事经济活动，同被代理人直接与第三者进行的活动一样，只要在授权范围内所为的活动，其结果必然由被代理人承担。

依照法律规定、当事人约定或者民事法律行为的性质，应当由本人亲自实施的民事法律行为，不得代理。

❷ 代理的种类

代理关系的产生基于被代理人的授权或法律规定。因此，代理可分为委托代理和法定代理。

（1）委托代理。这是指依照被代理人的授权委托而产生的代理。委托代理授权采用书面形式的，授权委托书应当载明代理人的姓名或者名称、代理事项、权限和期间，并由被代理人签名或者盖章。

【观念应用1-4】

授权不明，被代理人担责

甲委托乙以每套300~400元的价格购买服装一批，但在授权委托书中未明确服装的数量。后乙代表甲与丙服装公司签订了合同标的为50000元的服装买卖合同，丙公司向甲发货，如果甲拒绝付款，丙公司是否可以要求乙支付货款。

法律分析：甲对乙的授权不明，因此被代理人甲应当对第三人丙公司承担合同责任，代理人乙负连带责任。如果甲拒绝付款，丙公司可以要求代理人乙支付货款。乙承担连带责任后，可以向被代理人甲追偿。

（2）法定代理。这是指依照法律的规定而直接产生的代理。这种代理不需要被代理人委托，而是直接由法律根据一定社会关系的存在而加以确定。比如，法律规定无行为能力和限制行为能力的人由他们的监护人作其法定代理人；夫妻一方失去行为能力，另一方即为其法定代理人。

❸ 委托代理终止

委托代理在有下列情形之一终止：

（1）代理期间届满或者代理事务完成。

（2）被代理人取消委托或者代理人辞去委托。

（3）代理人或者被代理人死亡。

（4）代理人丧失民事行为能力。

（5）作为代理人或者被代理人的法人、非法人组织终止。

❹ 法定代理终止

有下列情形之一的，法定代理终止：

（1）被代理人取得或者恢复完全民事行为能力。

（2）代理人丧失民事行为能力。

（3）代理人或者被代理人死亡。

（4）法律规定的其他情形。

【观念应用 1-5】

转委托代理，须委托人同意吗

甲到上海出差，为丙代购羊毛衫。到上海后，甲得了病，就将代购事项交乙完成，并通知了丙。乙经验不足，结果代购羊毛衫尺码不对，价格也高，丙拒收，要求甲自己留用。

问：乙的代理属于什么行为？丙的主张能否成立？为什么？

法律分析：《民法总则》第169条规定：代理人需要转委托第三人代理的，应当取得被代理人的同意或者追认。转委托代理经被代理人同意或者追认的，被代理人可以就代理事务直接指示转委托的第三人，代理人仅就第三人的选任以及对第三人的指示承担责任。转委托代理未经被代理人同意或者追认的，代理人应当对转委托的第三人的行为承担责任，但是在紧急情况下代理人为了维护被代理人的利益需要转委托第三人代理的除外。

❺ 无权代理

行为人没有代理权、超越代理权或者代理权已经终止后，仍然实施代理行为，未经被代理人追认的，对被代理人不发生效力。

相对人可以催告被代理人自收到通知之日起一个月内予以追认。被代理人未作表示的，视为拒绝追认。行为人实施的行为被追认前，善意相对人有撤销的权利。撤销应当以通知的方式作出。

行为人实施的行为未被追认的，善意相对人有权请求行为人履行债务或者就其受到的损害请求行为人赔偿，但是赔偿的范围不得超过被代理人追认时相对人所能获得的利益。

相对人知道或者应当知道行为人无权代理的，相对人和行为人按照各自的过错承担责任。

❻ 表见代理

行为人没有代理权、超越代理权或者代理权终止后，仍然实施代理行为，相对人有理由相信行为人有代理权的构成表见代理，代理行为有效。

【小思考 1-3】

甲公司未授予王某代理权，王某以甲公司名义与乙企业实施民事行为，甲公司知道该事项而不作否认表示。王某所为代理行为的法律后果应由谁承担？

答：应由甲公司承担。王某虽无权代理，但甲公司知道该事项而没有作否认表示。按规定，在无权代理的情况下，如果经过本人追认或者本人知道他人以本人名义实施民事行为而不作否认表示的，无权代理人所为代理行为的法律后果归属于被代理人，视为有权代理，即法律上称为表见代理。其法律后果理应由甲公司承担。

1.3.4 债权制度

❶ 债权的概念

债权是因合同、侵权行为、无因管理、不当得利以及法律的其他规定，权利人请求特定义务人为或者不为一定行为的权利。

债的主体包括债权人和债务人，债的内容就是债权和债务。

❷ 债发生的根据

债的发生必须有一定的法律事实，主要有：

（1）合同。合同是债发生的最为普遍的根据，任何一种合同的成立，都意味着在当事人之间产生了债，合同当事人依照合同约定享有权利、履行义务。

（2）侵权行为。侵权行为是加害人非法侵害他人人身权利和财产权利的行为。受害人有权要求加害人赔偿其损失，加害人负有赔偿损失的义务。

（3）不当得利。不当得利是指得利人取得利益没有合法根据，而使他人遭受财产损失。受损失人有权要求受益人返还所得的利益，受益人有义务予以返还。

（4）无因管理。无因管理是指管理人没有法定或约定的义务，为避免他人利益受损失而为他人管理事务的行为。在无因管理的情况下，无因管理人有权要求受益人偿付由此而支付的必要费用。

1.3.5 担保制度

担保是指法律为保证特定债权人利益的实现而特别规定的以第三人的信用或者以特定财产保障债务人履行义务、债权人实现权利的制度。在信贷、买卖、货物运输、承揽等经济活动中，债权人需要以担保方式保障其债权实现的，应当遵循平等、自愿、公平、诚实信用的原则，提供保证、抵押、质押、留置和定金等方式作担保或反担保。

❶ 保证

保证是指保证人和债权人约定，当债务人不履行债务时，保证人按照约定履行债务或者承担责任的行为。

（1）保证人，即具有代为清偿债务能力的法人、其他组织或者公民。国家机关不得作为保证人，但经国务院批准为使用外国政府或者国际经济组织贷款进行转贷的除外。学校、幼儿园、医院等以公益为目的的事业单位和社会团体不得为保证人。企业法人的分支机构、职能部门不得为保证人。企业法人的分支机构有法人出面授权的，可以在授权范围内提供保证。保证人与债权人应当以书面形式订立保证合同。

（2）保证方式，即保证人承担保证责任的方式。根据我国担保法的规定，保证的基本方式有两种：一般保证和连带责任保证。《担保法》第19条规定："当事人对保证方式没有约定或者约定不明确的，按照连带责任承担保证责任。"

一般保证，指保证人只承担担保上的责任而不承担主债务履行责任的保证。即当事人在合同中约定，债务人不能履行债务时，由保证人承担保证责任的保证。

在一般保证中，保证人享有一项重要的权利，即先诉抗辩权，是指一般保证的保证人在主合同纠纷未经审判或者仲裁，并就债务人财产依法强制执行仍不能履行债务前，对债权人可以拒绝承担保证责任。但根据我国担保法的规定，有下列情形之一的，保证人不得行使先诉抗辩权：债务人住所变更，致使债权人要求其履行债务发生重大困难的；人民法院受理债务人破产案件，中止执行程序的；保证人以书面形式放弃先诉抗辩权的。

连带责任保证，是指当事人在保证合同中约定保证人与债务人对债务承担连带责任的，为连带责任保证。连带责任保证的债务人在主合同规定的债务履行期届满没有履行债务的，债权人可以要求债务人履行债务，也可以要求保证人在其保证范围内承担保证责任。所以，连带责任保证的保证人不享有先诉抗辩权。

【观念应用1-6】

还款期限已过，担保人是否担责

法院审理查明： 2012年6月1日，被告万某从原告许某处借了4万元。万某给许某写了借条，借款期限是1年。许某为保险起见，特意约定由舒某作这笔借款的保证人。签名书写"保证人：舒某"。然而借款到期后，万某以经济困难为理由，迟迟不履行还款义务，许某多次催要无果后诉至法院，请求依法判令万某偿还借款4万元，并由舒某承担连带赔偿责任。

法院经审理认为： 这笔借款到期日（2013年6月）至原告提起诉讼（2014年3月）已超过六个月的保证期间，因此舒某免除保证责任。最后，法院依法判决万某偿还许某借款4万元，驳回原告其他诉讼请求。

法律分析：《中华人民共和国担保法》相关规定，保证分为"一般保证"和"连带保证"，前者是指当事人在保证合同中约定，债务人不能履行债务时，由保证人承担保证责任的保证；后者是指当事人在保证合同中约定保证人与债务人对债务承担连带责任的保证。总的来说，"连带保证"的法律责任大于"一般保证"的法律责任。

如果是"一般保证"，债权人应在保证期间届满前对债务人起诉或申请仲裁，在债务人不履行义务时方可请求保证人履行还款义务，此时的诉讼时效是2年；如果是"连带保证"，则债权人在保证期间届满前既可以向债务人请求还款，也可以同时向保证人提出请求。

如果合同双方没有约定保证的种类，则此保证视为"连带责任"保证。如果没有约定保证期间，或者约定的保证期间早于或等于主债务履行期限的，保证期间为主债务履行期届满之日起6个月；如果合同约定保证人承担保证责任直至主债务本息还清时为止，视为约定不明，保证期间为主债务履行期届满之日起2年。

（3）保证责任。保证担保的范围包括主债权及利息、违约金、损害赔偿金和实现债权的费用。当事人对保证担保的范围没有约定或者约定不明确的，保证人应当对全部债务承担责任。保证期间，债权人依法将主债权转让给第三人的，保证人在原担保的范围内继续承担保证责任，债权人许可债务人转让债务的，应当取得保证人出面同意，保证人对未经其同意转让的债务，不再承担保证责任。债权人与债务人协议变更主合同的，应当取得保证人书面同意，未经保证人书面同意的，保证人不再承担保证责任。合同另有约定的，按约定执行。

（4）保证权利。有下列情形之一的，保证人不承担民事责任：主合同当事人双方串通，骗取保证人提供保证的；主合同债权人采取欺诈、胁迫等手段，使保证人在违背真实意思表示的情况下提供保证的。保证人承担保证责任后，有权向债务人追偿。人民法院受理债务人破产案件后，债权人未申报债权的，保证人可以参加破产财产分配，预先行使追偿权。

【观念应用1-7】

化工厂承担保证责任吗

某市一家工具厂因缺少资金向某银行申请贷款40万元，由本市一化工厂提供担保。贷款到期后，工具厂只还了20万元，余下的20万元无力偿还。银行便去找保证人化工厂，哪知化工厂因经营管理不善，债台高筑，已向市法院申请破产，法院已发布破产公告。银行在公告期间未向破产清算组申报债权，却一直紧追工具厂要求还贷，工具厂一拖再拖。后化工厂因整顿成功，未被法院宣告破产。银行又回头向化工厂追偿并向法院起诉，要求化工厂承担保证责任。法院经审理认为化工厂的保证责任已终止，遂驳回了银行的诉讼请求。

问：化工厂的保证责任是否终止？

法律分析：化工厂虽因整顿成功而未被法院宣告破产，但由于银行在破产程序中既未向法院申报债权，又未将不参加破产程序的决定书面通知化工厂，根据最高人民法院的司法解释规定，视为放弃债权，化工厂对银行的保证义务终止。因此，当银行再次要求化工厂代为清偿贷款时，化工厂因不承担保证责任而对抗银行的请求权，并获得法院的判决支持。

❷ 抵押

抵押是指为担保债务的履行，债务人或者第三人不转移财产的占有，将该财产抵押给债权人，债务人不履行到期债务或者当事人约定的实现抵押权的情形，债权人有权就该财产优先受偿。

（1）抵押财产。可以抵押的财产：建筑物和其他土地附着物；建设用地使用权；以招标、拍卖、公开协商等方式取得的荒地等土地承包经营权；生产设备、原材料、半成品、产品；正在建造的建筑物、船舶、航空器；交通运输工具；依法可以抵押的其他财产。

抵押人所担保的债权不得超出其抵押物的价值。财产抵押后，该财产的价值大于所担保债权的余额部分，可以再次抵押，但不得超出其余额部分。

抵押财产的其他规定：依法取得的国有土地上的房屋抵押的，该房屋占用范围内的国有土地使用权同时抵押。以出让方式取得的国有土地使用权抵押的，应当将抵押时该国有土地上的房屋同时抵押。乡（镇）、村企业的土地使用权不得单独抵押；以乡（镇）、村企业的厂房等建筑物抵押的，其占用范围内的土地使用权同时抵押。

不得抵押的财产：土地所有权，耕地、宅基地、自留地、自留山等集体所有的土地使用权，但法律规定可以抵押的除外；学校、幼儿园、医院等以公益为目的的事业单位、社会团体的教育设施、医疗卫生设施和其他社会公益设施；所有权、使用权不明或者有争议的财产；

依法被查封、扣押、监管的财产。

（2）抵押物的登记。以下列4种不动产作为抵押的，应当办理抵押物登记，其抵押权自登记之日起设立：①建筑物和其他土地附着物；②建设用地使用权；②招标、拍卖、公开协商等方式取得的荒地等土地承包经营权；④正在建造的建筑物。

以生产设备、原材料、半成品、产品、交通运输工具和正在建造的船舶、航空器抵押的，抵押权自抵押合同生效之日起设立；未经登记的，不得对抗善意第三人。

以其他财产抵押的，可以自愿办理抵押物登记，抵押合同自签订之日起生效。当事人未办理抵押物登记的，不得对抗善意第三人。

（2）抵押的效力。抵押担保的范围包括主债权及利息、违约金、损害赔偿金和实现抵押权的费用。抵押人将已出租的财产抵押的，应当书面告知承租人，原租赁合同继续有效。抵押权不得与债权分离而单独转让或者作为其他债权的担保。抵押权与其担保的债权同时存在，债权消灭的，抵押权也消灭。

（3）抵押权的实现。债务履行期届满，抵押权人未受清偿的，可以与抵押人协议以抵押物折价或者以拍卖、变卖该抵押物所得的价款受偿；协议不成的，抵押权人可以向人民法院提起诉讼。抵押物折价或者拍卖、变卖后，价款超过债权数额的部分归抵押人所有，不足部分由债务人清偿。

【观念应用1-8】

抵押物都登记的，依抵押登记先后顺序清偿债务

某厂向A银行贷款400万元进行技术改造，经协商，该厂以国有土地使用权及地上定着物作抵押，双方签订抵押合同，并到有关部门进行登记。该厂因经济效益不好到期未还贷，A银行遂起诉要求偿还贷款及利息。A银行起诉期间，B银行也因类似情况发生纠纷，要求参与诉讼。经查，该厂向B银行贷款100万元，抵押登记的日期比A银行迟10天。法院受理并审理此案，两份抵押合同均合法，遂判拍卖这块国有土地使用权及地上定着物，共得款520万元，按《担保法》规定，先偿还A银行本息460万元，后清偿B银行60万元，还有40万元本金及20万元利息由B银行向该厂追偿。

问：抵押物都登记的，依什么顺序清偿债务？

法律分析：某厂与 A、B 银行抵押合同均有效，但由于 A 银行在先，应先受偿，B 银行在后，应后受偿。结果，B 银行得偿 60 万元本金，而另外合计 60 万元本息只能作无担保债权向借款人某厂追偿了。

❸ 质押

质押分为动产质押和权利质押。

（1）动产质押，是指债务人或者第三人将其动产移交债权人占有，将该动产作为债权的担保。债务人不履行债务时，债权人有权依照担保法规定以该动产折价或者以拍卖、变卖该动产的价款优先受偿。

债务人或第三人为出质人，债权人为质权人，移交的动产为质物。出质人和质权人应当以书面形式订立质押合同，质押合同自质物移交于质权人占有时生效。

（2）权利质押是指以汇票、本票、支票、债券、存款单、仓单、提单，依法可以转让的股份、股票，依法可以转让的商标专用权、专利权、著作权中的财产权等权利作为出质的质押形式。但是以依法可以转让的股票及商标专用权、专利权、著作权中的财产权出质的，应当订立书面合同并向有关管理部门办理出质登记。

❹ 留置

留置是指因保管合同、运输合同、加工承揽合同以及法律规定的其他合同发生的债权，债权人按照合同约定占有债务人的动产，债务人不按照合同约定的期限履行债务的，债权人有权依法留置该财产，以该财产折价或者以拍卖、变卖该财产的价款优先受偿。

（1）留置担保的范围。留置担保的范围包括主债权及利息、违约金、损害赔偿金、留置物保管费用和实现留置权的费用。

（2）留置权人的义务。留置权人负有妥善保管留置物的义务。因保管不善致使留置物灭失或者毁损的，留置权人应当承担民事责任。

（3）留置权的实现。债权人与债务人应当在合同中约定，债权人留置财产后，债务人应当在不少于两个月的期限内履行债务。合同未约定的，债权人留置财产后，应当确定两个月以上的期限，通知债务人履行债务。债务人逾期仍不履行的，债权人可以与债务人协议以留置物折价，也可以依法拍卖、变卖留置物。留置物折价或者拍卖、变卖后，其价款超过债权数额的部分归债务人所有，不足部分由债务人清偿。

5 定金

（1）定金的概念。定金是指合同当事人约定一方向对方给付定金（即一定数额的货币）作为债权的担保。债务人履行债务后，定金应当抵作价款或者收回。给付定金的一方不履行约定债务的，无权要求返还定金；收受定金的一方不履行约定债务的，应当双倍返还定金。

定金应当以书面形式约定，当事人在定金合同中应当约定交付定金的期限。定金合同从实际交付定金之日起生效。

（2）定金的数额。定金的数额由当事人约定，但不得超过主合同标的额的20%，超过的部分，人民法院不予支持。

【观念应用1-9】

定金罚则

甲公司向乙公司购买100万元的建材，甲公司按合同约定的定金数额支付了30万元。后乙公司违约，法院判决违约方双倍返还定金。

问：乙公司应当向甲公司支付多少万元？

法律分析：定金的数额由当事人约定，但不得超过主合同标的额的20%。本例的定金应当为20万元，多支付的10万元无需双倍返还，故乙公司应当支付的金额为20×2+10=50（万元）。

本章小结

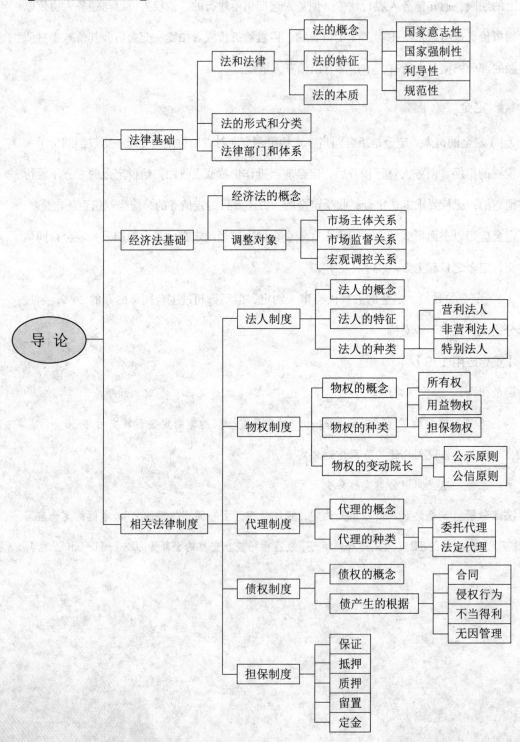

主要概念和观念

主要概念

法 经济法 法人 物权 代理 债权 担保

主要观念

法的本质和特征 法人及其特征 债权及其种类 担保及其方式 代理及其种类

基本训练

知识题

1.1 阅读与理解

1. 如何理解法的本质和特征?
2. 如何理解经济法的调整对象?
3. 如何理解一般保证的先诉抗辩权?
4. 如何理解定金罚则?

1.2 知识应用

1. 判断题

（1）经济法是调整所有经济关系的法律规范。　　　　　　　　　　（　　）

（2）代理人可以在授权范围内独立进行意思表示。　　　　　　　　（　　）

（3）物权变动的公示方式就是登记。　　　　　　　　　　　　　　（　　）

（4）根据法的内容可以分为一般法和特别法。　　　　　　　　　（　）

（5）行政法规是指国务院制定的规范性文件和各部委发布的规章。（　）

2. 选择题

（1）下列各项中，属于行政法规制定部门的是（　　）。

  A. 国务院　　　　B. 全国人大　　　　C. 国务院部委　　　　D. 省级人大

（2）下列各项中属于担保方式的有（　　）。

  A. 保证　　　　B. 抵押　　　　C. 订金　　　　D. 预付款

（3）代理的种类有（　　）。

  A. 委托代理　　　　B. 指定代理　　　　C. 表见代理　　　　D. 法定代理

（4）下列合同中，债务人不履行债务时，债权人有留置权的是（　　）。

  A. 保管合同　　　　B. 行纪合同　　　　C. 运输合同　　　　D. 加工承揽合同

（5）根据《担保法》和《物权法》的规定，债务人或第三人有处分权的下列权利中不可以出质的是（　　）。

  A. 汇票、支票、本票　　　　B. 仓单、提单

  C. 著作权中的署名权　　　　D. 可以转让的股权

技能题

1.1　规则复习

1. 代理的法律特征是什么？

2. 物权的变动原则是什么？

3. 经济法的调整对象是什么？

1.2 操作练习

1. 甲向乙借款 20 万元，甲的朋友丙、丁二人先后以自己的轿车为乙的债务设定抵押担保并依法办理了抵押登记，但都未与乙约定所担保的债务份额及顺序，两辆轿车价值均为 15 万元。若甲到期未履行债务，乙认为同时就两辆轿车行使抵押权，各实行 50% 债权的说法正确吗？

资料来源：2003 年度国家司法考试试题。

2. 判断下列组织或个人，是否具备法人资格，并说明理由。

（1）某乡镇企业的销售科。

（2）在某市东部批发市场从事服装经营的某个体工商户。

（3）经过上级有关部门批准，而未经工商行政管理部门核准登记已营业的某贸易公司。

（4）甲和乙合伙开办的牛肉面餐馆（经工商行政管理部门核准登记）。

（5）某财经学院为召开校庆 20 周年大会，经学校授权的校庆筹备委员会。

（6）某厂的装配车间。

（7）甲、乙、丙三人各投资 10 万元在工商行政管理部门已取得营业执照的有限责任公司。

（8）股票在深圳证券交易所上市交易的某化工股份有限责任公司。

【 观念应用 】

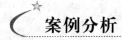
案例分析

抵押合同纠纷案

2010 年 1 月 15 日，甲公司从银行贷款 30 万元人民币，约定 2011 年 4 月 15 日还本付息。银行要求甲公司提供担保，甲公司提出以其位于东阳区的一办事机构的房屋设定抵押作为按期偿还贷款的担保。2010年8月，位于东阳区的甲公司的办事机构因业务需要，紧临原办事机构的房屋又增建了3间平房作为仓库。2011年4月15日，甲公司没有偿还30万元贷款，银行几次催告，甲公司仍以无力偿还为由不予偿还。

问：

（1）甲公司与银行之间签订房屋抵押合同，可否以口头的方式成立？为什么？

（2）甲公司与银行之间签订该房屋抵押合同，是否必须进行抵押登记？为什么？

（3）甲公司以其办事机构的房屋设定抵押时，该房屋占用范围内的国有土地使用权是否要一并设定抵押？为什么？

（4）甲公司紧临原办事机构新建的3间平房是否属于抵押的财产？为什么？

（5）在甲公司无力偿还贷款的情况下，银行可以以什么样的方式实现其债权？

（6）设公司与银行的抵押合同中记载的抵押房屋为8间，而抵押登记簿中记载的抵押房屋为10间，银行实现抵押权时应以哪一个记载为准？

（7）设甲公司用于抵押的房屋后被有关机关确认为违章建筑，银行能否对该建筑行使抵押权？为什么？

（8）设甲公司用于抵押的房屋是正在建造的房屋，当事人办理了抵押登记后，银行能否对该房屋行使抵押权？

（9）设甲公司用于抵押的房屋原有一间车库，该车库属甲公司的子公司所有，那么银行能否对该车库行使抵押权？

☪ 单元实训

1. 在老师的指导下填写或自制一份法人授权委托书。

2. 在老师的指导下把学生分成三组，一组代表银行、一组代表贷款企业、一组代表房屋登记机关，就贷款企业向银行申请贷款50万元并以贷款企业的厂房作为抵押的事项，模拟练习，就贷款事项应注意的法律问题和手续进行讨论，最后由指导老师点评。

第 2 章
经济法律关系

学习目标

知识目标：了解法律关系的概念和特征，掌握经济法律关系的概念和特征，理解并掌握经济法律关系的主体、内容和客体的概念及相关内容，理解法律事实及其种类等方面的知识。

技能目标：一是正确区分法律关系与社会关系；二是正确分析经济法律关系的构成要素；三是正确理解经济权利和经济义务的关系。

能力目标：能结合实际案例分析经济法律关系的构成要素，为学习以后各章打下坚实的理论基础。

引例

买卖法律关系及其构成要素

甲公司与乙学院签订了一份买卖合同。合同约定，甲公司卖给乙学院 500 张课桌，单价为 300 元，货款共计 150000 元。乙学院先支付 50000 元货款，其余款项在半年内付清。签订合同的一周后，甲公司将课桌交付于乙学院。

经济法律关系是特定的经济关系被经济法调整后形成的经济权利和经济义务关系。本例涉及经济法律关系及其构成要素，是本章学习和研究的主要内容。

2.1 经济法律关系概述

2.1.1 法律关系

❶ 法律关系的概念

法律关系是一种社会关系，社会关系是人们在社会生活中形成的人与人之间的关系。但并非一切社会关系都是法律关系，只有被法律规范所确认和调整的特定社会关系才能上升为法律关系。所以，**法律关系是指由法律规范所确认和调整的人与人之间具有权利和义务内容的社会关系。**

【观念应用 2-1】

恋爱关系是法律关系吗

王同学在大二的时候就谈起了恋爱，在校期间与女友形影不离。毕业前夕，王同学为女朋友买了许多礼品，价值 2000 多元。女友在拿到毕业证时，突然提出分手，也不归还礼品。王同学不肯，双方僵持一个月，无果。

问：恋爱关系受法律保护吗？

法律分析：恋爱关系不是法律关系，不受法律保护，我们平时说的人情债等均属此类。

不同的社会关系由不同的法律规范来调整，形成不同的法律关系，包括民事法律关系、婚姻法律关系、刑事法律关系、行政法律关系等。经济法律关系是法律关系的一种。

❷ 法律关系的构成要素

法律关系是由法律关系的主体、法律关系的内容和法律关系的客体三个要素构成的。缺少其中任何一个要素，都不能构成法律关系。

法律关系的主体，是指参加法律关系，依法享有权利和承担义务的当事人，包括公民（自然人）、机构和组织、国家（特定主体）等。

法律关系的内容，是指法律关系主体所享有的权利和承担的义务。

法律关系的客体，是指法律关系主体的权利和义务所指向的对象，包括物（自然物、人造物、货币及有价证券）、非物质财富、行为（生产经营行为、经济管理行为、完成工作的行为和提供劳务的行为）。

2.1.2 经济法律关系

❶ 经济法律关系的概念

经济法律关系是经济关系在法律上的表现，但并非所有的经济关系都是法律关系。当某种特定的经济关系为经济法律规范所调整而且以经济权利和义务为内容时，就具有了经济法律关系的性质，如合同法调整的合同关系、税法调整的税收征纳关系等就是经济法律关系。因此，<u>经济法律关系是由经济法律规范所确认和调整的经济法主体在经济管理关系和市场运作关系过程中所形成的经济权利和经济义务的关系。</u>

❷ 经济法律关系的特征

经济法律关系除具备法律关系的一般特征外，又具有特殊性，具体表现为：

（1）经济法律关系主体的特殊性。其表现为国家作为经济法律关系的主体参与并干预和管理经济活动，行使国家管理经济的职能。例如，国家通过税收、预算等方式直接参与国民收入分配和再分配活动；国家通过国家投资方式直接参与社会经济活动，并以财产所有者的身份对国有经济进行管理；国家通过主权者的身份对经济活动进行干预。

（2）经济法律关系内容的特殊性。其表现为经济法律关系主体的经济权利和经济义务的统一性。经济权利的实现以经济义务的履行为条件。而且，相对于民事权利可以抛弃和放弃来说，经济权利一般是不能抛弃和放弃的，经济义务一般也是不能规避的。特别是国家经济管理机关依法享有的经济权利和承担的经济义务直接体现为国家意志，其经济权利不能随意放弃，其经济义务不能随意转让，如国家机关依法拥有的经济管理权利对于国家来说是应尽的职责，放弃这种权利就是失职行为。

【观念应用2-2】

国家所有的矿藏，公民应依法开采

2004年7月，某县农民丁某在自己的房前屋后发现很多裸露的矿石，经鉴定属地下煤矿，遂开始开采。县主管部门发现后，作出责令停止开采，没收非法所得，并予以罚款的处罚决定。决定送达丁某的第二天，丁某以自家房产内的煤矿自己有权开采为由向当地人民法院起诉，要求撤销县主管部门的决定，保护自己的合法开采权。

问：主管部门的处罚决定是否适当？丁某有无开采权？假如事隔多年，丁某的行为才被发现，主管部门是否可以请求法院保护？

法律分析：矿产资源属于国家财产，国家财产被他人非法侵占的，无论经过多长时间，国家相关机构一经发现，随时都可以请求法院予以保护。

（3）经济法律关系客体的特殊性。经济法律关系客体的特殊性，表现为经济行为，特别是国家机关在经济管理过程中的行为和国家干预经济的行为，是经济法律关系的重要客体。

2.1.3 经济法律关系的构成要素

任何法律关系都必须具有主体、内容和客体三个要素，经济法律关系也同样由此三个要素构成。经济法律关系的三要素是构成经济法律关系的基本要素，三者紧密相连，缺一不可。

2.2 经济法律关系的主体

经济法律关系的主体,又称经济法主体,是指在经济法律关系中享有经济权利、承担经济义务的当事人或参加者。享有经济权利的一方称为权利主体,承担义务的一方称为义务主体。

2.2.1 经济法主体的资格

经济法主体必须具备一定的参加经济法律关系,享受一定权利和承担一定义务的资格或能力,即主体资格。

经济法主体资格可以通过以下两种方取得:

❶ 法定取得

法定取得,即以法律的规定而取得,具体方式包括以下两种:

(1)因符合法定条件而自然取得,如公民、法人或其他组织只要符合国家某税法规定的纳税人条件,就自然取得该纳税人的主体资格。

(2)在法定条件下经登记、批准、审批、许可、备案等法定程序而取得。

❷ 授权取得

授权取得,即依据有授权资格的机关的授权,从而取得可以对社会经济生活实施某种干预的资格。

2.2.2 经济法主体的分类

经济法主体可以从不同的角度进行分类。根据经济法主体在经济运行中的客观形态可将其主要分为:

❶ 国家机关

国家机关是指从事国家管理和行使国家权力的机关,包括国家各级权力机关、国家行政机关、国家司法机关等。其中,国家权力机关作为经济决策主体参与经济法律关系,国家行政机关作为经济管理主体参与经济法律关系。

国家机关或国家在某些情况下也可以作为经济实施主体参与经济法律关系。

❷ 企业

企业是指依法设立的，从事生产、流通或服务等经济活动，并具有独立或相对独立的法律人格的营利性经济组织。企业包括各类法人企业、公司和其他非法人企业。

一般情况下，企业作为实施主体参与经济法律关系，但在特殊情况下也可以作为经济管理主体，如国有资产经营管理公司具有经济管理职能；企业相对于其内部组织而言，是经济决策主体和管理主体。

另外，经济组织的内部机构在一定条件下也是经济法律关系的主体。如企业内部组织，虽无独立法律人格，但可以根据经济法律规定与企业订立各种合同等，并依法作为纳税人参与税收法律关系。

❸ 事业单位

事业单位是指为了社会公益目的，由国家机关举办或者其他组织利用国有资产举办的，从事教育、科研、文化、卫生等活动的社会服务组织。

除了在根据法律授权或行政机关委托实施经济管理职责时可以经济管理主体的身份参与经济法律关系外，一般作为经济实施主体参与经济法律关系。

❹ 社会团体

社会团体是指由中国公民自愿组成，为实现会员共同意愿，按照其章程开展活动的非营利性社会组织，主要包括党团组织、工会、妇联、行业性、职业性协会及公益性、学术性团体等。

❺ 个体工商户、农村承包经营户

个体工商户是指有经营能力并依照个体工商户条例的规定，经工商行政管理部门登记，从事工商业经营的公民。个体工商户可以起字号。

农村承包经营户是指在法律允许的范围内，按照承包合同规定，从事商品经营的农村集体经济组织的成员。农村承包经营户主要作为经济实施主体参与经济法律关系，一般承担无限连带责任。

❻ 公民

公民个人参与的经济法律关系主要是税收、工商管理、竞争法律关系等。外国人在参与税收法律关系时，也是经济法的主体。

2.3 经济法律关系的内容

经济法律关系的内容是指经济法主体依法享有的经济权利和承担的经济义务。经济权利和经济义务是经济法律关系的实质要素。在不同的经济法律关系中，法律确认的主体的具体权利和具体义务是不同的。

2.3.1 经济权利

经济权利是指经济法主体在法律规定的范围内可以实施某种行为或者不为一定行为，或者要求其他主体作为某种行为或者不为一定行为，在必要时有权请求国家机关以强制力保证其权益实现的一种可能或者资格。

经济权利的含义：第一，经济法主体权利的可能性或者资格是由法律规定的，并且以其主体的作为或者不作为来实现。例如，公民的某些权利是由民法赋予的，企业的某些权利是由企业法规定享有的。第二，经济法主体为一定行为或不为一定行为；要求其他主体为一定行为或不为一定行为的目的是实现自己的权利或不影响自己的权利的实现。例如，财产所有人依法可以对自己的财产进行处分并取得收益，也有权要求禁止所有不特定的义务人实施其财产处分权。第三，当经济法主体的权利不能实现或因其他主体的行为造成权利人的权利不能实现时，经济法主体有权请求国家强制机关给予法律保护。例如，请求对商品损坏给予修补或赔偿损失，请求仲裁机关给予仲裁，以确保其权利顺利实现等。

经济权利包括以下几方面的内容：

❶ 财产所有权

财产所有权是所有人依法对自己的财产享有占有、使用、收益和处分的权利。它是民事权利当中最重要也是最普遍的权利之一，是财产所有人进行经营管理活动的物质基础，也是其对自己所负债务承担责任的物质保证。国家法律保护财产所有人的合法财产权益不受他人干涉。

❷ 经济管理权

经济管理权是指国家机构依法行使和组织经济建设职能时所享有的经济管理权力和经济管理责任。它的产生是由法律直接规定或直接赋予的。例如全国人民代表大会及其常务委员会审查和批准国家的预算和预算执行情况报告的权力就是宪法赋予的。经济管理权为国家机构独有，是一种专属的职务权限，只能由国家各级权力机构和各级行政机关及其所属的职能部门行使，因此，它带有鲜明的指令性，既不能任意转让，也不能超越法律规定的限度而滥用，更不能放弃这个权力。经济职权是以国家对国民经济在宏观调控上的决策与管理。经济管理权必须按照法律正确行使，防止独断专行和滥用权力。

❸ 经营权

经营权是指从财产所有权中派生出来的一种他物权，是任何类型的市场主体都必须享有的一项权利。经营权与财产权的内容相对应，有什么内容的财产权，就有什么性质的经营权。例如，国有经济义务是指经济法主体在法律规定的范围内必须为某种行为或者不为一定行为的一种约束力，其目的是履行自己应尽的义务，使他人的权益和社会利益得以实现。经济法主体因其性质、法律地位的不同，所承担的义务也有所不同。

【观念应用2-3】

村民甲应承担过错责任

一日,村民甲路过村民乙的家门口,用一石块向乙家门口熟睡的狗打去,该狗立即扑向甲。甲因跑得快而未被狗咬,但狗却咬伤了甲旁边的村民丙。丙为了躲狗踩了丁叫卖的3个西瓜,丙因治伤支付医药费180元,丁的西瓜价值26元。

问：丙和丁的损失应由谁赔偿呢？

法律分析：丙的损失是因为第三人甲的过错造成的，应由甲负责；丁的损失是丙为紧急避险而踩碎的，应当由引起险情发生的甲承担责任。在本案中，丙的损害是由于甲的挑逗行为致乙饲养的狗咬伤而致的。因此，应由甲对丙的损害承担责任，而不能由狗的饲养人乙对丙承担责任。行为人丙因紧急避险而踩了丁的西瓜，根据法律规定，紧急避险是由自然原因引起的，不承担或适当承担责任。但紧急避险不当或超过必要的限度，应承担造成的损失。本案中，危险是由甲的故意间接造成的，而非自然之险，因此，丁的损失应由甲承担。

享有经济管理职权的国家机构的经济义务主要有：正确履行经济管理职权、恪尽职守；积极履行经济职权和做好服务性管理工作，为社会提供经济发展和经济管理信息，预测经济发展趋势和可能出现的问题，维护社会经济秩序，促进经济发展；严格履行经济职权和接受监督。由于国家机构的特殊地位，它的一切活动更要置于法律和社会的严格监督之下，接受社会组织及公民的经常性监督、专业性监督和司法监督。

享有经营自主权的企业的经济义务是：遵守法律、法规，依法进行生产经营活动，以满足人民群众日益增长的物质和文化需求；接受和服从国家有关主管部门的管理和监督；依法纳税，这是每个公民和社会组织的应尽义务，也是企业履行经济义务的一项重要内容；对社会发展负责，搞好环境保护，提高产品质量，尊重社会公德，维护公序良俗；对企业职工做好劳动保护、安全生产、文明生产，提高职工素质和业务水平。

2.3.2 经济权利与经济义务的关系

经济权利和经济义务既对立又统一，两者既有区别又相互联系，共同构成经济法律关系的内容。在经济法律关系中，经济权利和经济义务是不可分割的，任何一种权利总是伴随着相应的义务，没有相应的义务，权利就不可能实现。从某一具体经济法律关系来说，主体享有的经济权利和承担的经济义务总是对等的。权利和义务不仅同时存在，而且相互适应和制约。一方当事人有了某种权利，就意味着另一方当事人负有相应的义务；同时，当事人所享有的权利与其所承担的义务总是一致的。权利和义务是与一定的主体相联系的，只有权利而无义务，或者只有义务而无权利的情况是不存在的。不履行义务要承担法律责任，侵犯了他人的经济权利，也应承担法律责任。我国正是通过经济权利义务这种法律形式建立和维护社会主义经济秩序的。

2.4 经济法律关系的客体

经济法律关系的客体，是指经济法律关系主体间经济权利和经济义务所共同指向的对象，包括权利客体和义务客体，是经济法律关系的构成要素之一。

2.4.1 对经济法律关系客体的法学理解

❶ 客体在不同的学科中具有不同的含义

马克思主义哲学认为，客体是相对主体而言的，是指处于主体之外而被感知的客观实在，不论主体感知或未感知，客观实在仍以它原有的风貌存在着，是主体认识和活动作用的对象。马克思主义法学则认为，客体除哲学上所讲的一般属性外，还具有特殊性，即法学上所称的客体不仅是客观物质世界的现象，并且这种客观现象以法律规范的形式能够满足主体的物质和精神需要。这就是说，并非一切独立于主体之外的客体都是经济法律关系的客体，只有那些能够满足主体的物质和精神需求且得到国家法律确认和保护的客观现象才能成为经济法律关系的客体。

❷ 客体的同一性决定了权利和义务的一致性

法律关系中权利人的权利和义务人的义务所指的对象只有同一的时候，经济法律关系的权利与义务才是统一的，否则权利人的权利和义务人的义务不是同一物（哲学上的物），必然造成权利与义务张冠李戴，一方面权利得不到实现，另一方面义务的履行也是徒劳无功的。

❸ 同一客体在不同的法律关系中的地位有所不同或有所侧重

在传统的法理中，对法律关系客体的研究都集中在民事法律关系的客体上，把民事法律关系的客体作为一切法律关系的客体，把民事法律关系客体的属性都归纳为一切法律关系客体的属性。这显然是有悖于马克思主义法哲学观点的。特定物和种类物在同一法律关系当中的地位显然是不一样的，经济职权在民事法律关系当中与在经济法律关系当中的地位和属性也是不一样的。

❹ 客体首先是行为

经济法律关系的特殊性决定了它的客体首先是行为，其次才是物或智力成果。比如，国家机关的宏观调控行为和政府规制行为，这些内容也是有别于民事法律关系的。

2.4.2 经济法律关系客体的种类

❶ 物

这里的"物"是指现实存在，可以为人所控制和支配，具有一定经济价值的物质财产。它是经济法律关系中最普遍的客体。物可分为动产和不动产流通物和限制流通物；种类物和特定物；可分物和不可分物；主物和从物；原物和孳息等。

【观念应用2-4】

特定的法律关系决定法定孳息的归属

甲欠乙1000元，一天甲将4张面值250元的奖券拿给乙说："本该给你钱的，这4张250元的奖券，一年后可以兑现，利息也比一般的存款要高。"乙表示同意并收下奖券。第二年，这4张奖券中有一张中了特等奖，奖金10000元。甲得知后，追悔莫及，多次要求乙归还10000元的奖金，乙不允，甲遂诉至法院。

问：奖金应该归谁所有？

法律分析：本案所涉及的主要问题是孳息的归属问题。法院认为，4张奖券的所有权发生了转移，因为甲向乙交付4张奖券是作为债的变更，而并非是债的抵押，奖金应该归乙所有。因为奖金属于奖券的法定孳息，奖金的取得作为从权利依赖于奖券的所有权这一权利，而奖金的所有人应该是乙。本案中，甲不存在重大误解。甲将其奖券交付给乙时，是想了结双方债务债权关系，法律关系的标的物已发生转移（变更），而非抵押。若是抵押奖券，则

10000元归甲；若是10000元已到期并且公布，甲无暇顾及而误将未中奖的奖券交给乙，则属重大误解，10000元归属甲。

❷ 经济行为

经济行为是指经济法律关系主体为实现某种经济目的所进行的有意识的活动，包括：经济管理行为，如金融管理、税收征收等；生产经营行为，又可分为完成一定的工作和提供一定的劳务，前者如勘察、设计、建筑、安装等，后者如运输、仓储保管等。

❸ 智力成果

智力成果是指人的脑力劳动创造的非物质财富，包括：作品；发明、实用新型、外观设计；商标；地理标志；商业秘密；集成电路布图设计；植物新品种和法律规定的其他客体。随着经济和科学技术的不断发展，以智力成果作为客体的经济法律关系越来越广泛。

2.5 经济法律关系的确立和保护

经济法律关系的确立只有以经济法律规范为法律依据，并出现具体的人与人之间符合法律规定的假定事实情况和条件，才能引起经济法律关系的产生、变更和消灭。经济法律关系的保护，就其本质来讲，就是经济权利的保护，是国家运用法律强制力保护实现国家、集体和个人的物质利益。

2.5.1 法律事实

❶ 法律事实的概念

法律事实是指能够引起法律关系产生、变更或者终止的客观情况。

经济法律关系虽然是经济法律调整的特定的经济关系，但法律规范本身并不能创设法律关系，只有当一定的法律事实出现，才能在经济法主体之间产生一定的经济法律关系或者使原有的经济法律关系发生变更或者终止。

经济法律关系的产生是指经济法主体之间形成某种经济权利和经济义务关系。例如，依法签订合同，在合同主体之间就形成了一定的经济权利和经济义务关系。

经济法律关系的变更是指经济法律关系三要素中至少有一个发生了变化。例如，合同履行一部分后，合同主体之间的经济权利和经济义务就发生了变化。

经济法律关系的终止是指经济法主体之间的经济权利和经济义务关系的消灭。例如，合同履行完毕，合同主体之间的经济法律关系即告终止。

❷ 法律事实的种类

一般地说，根据法律事实与经济法律关系主体的意志是否有关，可将法律事实分为两大类。

（1）法律事件。法律事件是指不以当事人的主观意志为转移的能够引起法律关系发生、变更和消灭的法定情况或现象。例如，水灾、旱灾、风灾等自然现象和战争的爆发等社会现象。

事件的主要特征表现为其发生不以人们的主观意志为转移，是不可避免也不能抗拒的客观情况。因而，通常在法律上称为不可抗力。

【小思考2-1】

甲爱养花，在阳台上养了许多花。一天，大风吹落花盆，掉在途经楼下的乙的头上。乙受重伤，其家属要求甲赔偿损失。甲以花盆是风刮掉、属不可抗力为由拒赔。那么乙的损失由谁来承担呢？

答：我们认为风刮落花盆不属于不可抗力，甲应当赔偿。因为花盆被大风刮掉是可以预见和可以避免的，属可预见、可克服、可避免的范畴，甲没有采取有力的措施避免危害的发生，不属免责的理由。因此，甲应当承担损害赔偿的责任。

（2）法律行为。法律行为是指以当事人意志为转移，能够引起法律关系发生、变更和消灭的有意识的活动。例如，依法签订合同的行为、国家机关依法实施经济管理和经济监督的行为等。

行为按其性质可分为合法的经济行为和违法的经济行为。合法的经济行为是指经济法律关系主体有意识进行的，符合法律规定的行为；违法经济行为是指法律所禁止的，侵犯其他经济关系主体的经济权利和利益的行为。根据社会危害程度，违法经济行为又可以分为两种，即触犯法律并构成犯罪的严重经济违法行为和触犯经济法规的一般经济违法行为。

☆ 2.5.2 经济法律行为

经济法律行为是指经济法主体设立、变更、终止经济权利和经济义务的合法行为。

❶ 经济法律行为的有效要件

（1）行为人合格。行为人必须具备经济法律关系主体的资格，具有法律规定的权利能力和行为能力。法人的权利能力和行为能力限于法律或章程所规定的经营范围围、方式。自然人民事行为能力见附表。

表 2-1 自然人民事行为能力比较

分类	区分标准	方式	法律后果
无民事行为能力	不满 8 周岁的未成年人和"不能"辨认自己行为的成年人	法定代理人代理	经法定代理人追认有效
限制民事行为能力	8 周岁以上的未成年人和"不能完全"辨认自己行为的成年人	进行与其年龄、智力、精神健康状况相适应的民事活动	经法定代理人追认有效
完全民事行为能力	18 周岁以上的成年人和 16 至 18 周岁，以自己的劳动收入为主要生活来源的自然人	独立进行民事活动	直接生效

（2）行为人的意思表示真实。意思表示真实是指行为人的内在意愿和外在表示一致。只有意思表示真实的法律行为才能产生预期的法律后果，以欺诈、胁迫或乘人之危等手段进行的经济行为不是行为人真实意思的表示，因此不产生法律效力。

（3）行为的内容必须合法。不违反法律、行政法规的强制性规定，不违背公序良俗。

（4）行为必须符合法定形式。法律行为可以采取书面形式、口头形式或其他形式，如批准、公证、鉴证等。法律规定用特定形式的应当依其规定。

凡是不符合上述有效要件的经济行为，都是无效的经济行为，无效的经济行为从行为开始就没有法律约束力。

❷ 经济法律行为的分类

（1）单方法律行为和双方法律行为。单方经济法律行为是指仅由一方当事人的意思表示而成立的经济法律行为。这种行为无需另一方的同意即能发生法律效力，如赠与财产、撤销委托代理。双方经济法律行为是指双方当事人的意思表示一致才能成立的行为，如签订购销合同。

（2）无偿法律行为和有偿法律行为。无偿经济法律行为是指当事人一方给对方以利益，对方无需给付报酬的经济法律行为，如赠与财产、无息贷款等。有偿经济法律行为是指当事人一方给对方以利益，对方必须支付报酬的经济法律行为，如加工承揽、租赁财产等。

（3）诺成性法律行为和实践性法律行为。诺成性经济法律行为是指一方的意思表示一经他方同意就成立的经济法律行为，如签订购销合同。实践性经济法律行为是指不仅双方当事人意思表示一致，还需交付实物才能成立的经济法律行为，如赠与行为、保管行为、货物运输行为等。

【观念应用 2-5】

诺成性法律行为

某学校为了迎接评估团的到来，派人到花卉养殖基地订购花卉，此人选订了各品种鲜花共 500 盆及盆景 20 株。双方交易的有关事宜很快达成了协议，协议还规定花卉养殖基地随鲜花赠送花盆 100 个供学校移植其他花卉。学校工作人员回来后即将原花卉的花盆弃置不用。然而，当花卉基地送货时只送了学校选订的鲜花和盆景，当时允诺赠送的花盆因暂时无货未送，致使学校 100 株花草无处摆放。学校认为花卉基地的行为给学校造成了极大的损失，所以拒绝付款，双方发生纠纷。

问：随鲜花赠送花盆的行为是诺成性法律行为吗？

法律分析：本案涉及的 100 个花盆表面上看属于实践性法律行为，但作为协议的一部分属于诺成性法律行为。花卉基地的做法属于违约行为，应承担相应的法律责任。

（4）要式法律行为和不要式法律行为。要式经济法律行为是指法律规定或当事人约定必须采取某种特定形式的法律行为。对于要式行为，当事人必须依照法律规定或约定采取某种特定形式，否则该行为不成立或无效。不要式法律行为是指法律未规定，当事人也未约定必须采取某种特定方式的法律行为。

【观念应用2-6】

代女领取结婚证,这种做法太荒唐

王老汉在自己的女儿上高职还没毕业的时候,就为其订了婚事。女儿高职毕业后,却有了自己的意中人,坚决不同意父亲订的那门婚事。婚期临近,女儿外逃。王老汉大为恼火,在家拍桌又打凳,一气之下带着"女婿"到民政部门来领证,结果挨了乡干部一顿训。王老汉代女领取结婚证一事,一时成为人们的笑闻。王老汉也总是纳闷,自己女儿的婚事,父亲怎么不能做主呢?

问:领取结婚证属于什么法律行为?

法律分析:依照法律规定、当事人约定或者民事法律行为的性质,应当由本人亲自实施的民事法律行为,不得代理。领取结婚证的行为是要式行为,男女双方必须亲自到场才行,谁也代替不了。诸如收养行为、立遗嘱行为、同某一演员签订演出合同行为,均属此类。

2.5.3 经济法律关系的保护

国家对经济法律关系的保护,就是严格监督经济法律关系的主体正确行使经济权利和切实履行经济义务以及发生经济纠纷时采取的法定处理方式。这对于维护经济法主体的法律地位和合法权益,督促经济法主体切实履行经济义务,维护市场经济秩序等方面,都具有十分重要的意义。

❶ 经济法律关系的保护机构

国家对经济法律关系的保护是通过有关职能机关实现的,这些机关主要是:

(1)国家机关。国家经济管理机关包括计划、财政、税务、银行、物价、工商行政管理、审计、计量、技术监督以及国务院各主管部门等。这些部门依据其职权范围对全国的或者所属经济部门和经济组织进行监督,对违背国家计划和对经济建设造成损害的单位,依法进行处理,以维护市场经济秩序健康有序地发展。

(2)仲裁机构。根据我国《仲裁法》的规定,对于平等主体的公民、法人和其他经济组织之间发生的合同纠纷和其他财产权益纠纷,可以依据当事人的协议进行仲裁。

（3）司法机关。经济司法机关主要包括人民法院和人民检察院。人民检察院独立行使检察权，对国家工作人员在经济领域内的违法犯罪活动进行侦查、起诉。人民法院独立行使审判权，对当事人提起诉讼的经济纠纷案件和人民检察院依法提起公诉的经济犯罪案件进行审理判决。

❷ 法律责任

法律责任，是指法律关系主体由于违反法定的义务而应承受的不利的法律后果。根据我国法律的有关规定，可将法律责任分为民事责任、行政责任和刑事责任三种。

民事责任，是指由于民事违法、违约行为或根据法律规定所应承担的不利民事法律后果。根据《民法总则》的规定，承担民事责任的主要形式有以下十一种：停止侵害；排除妨碍；消除危险；返还财产；恢复原状；修理、重作、更换；继续履行；赔偿损失；支付违约金；消除影响、恢复名誉；赔礼道歉等。

行政责任，是指违反法律法规规定的单位和个人所应承受的由国家行政机关或国家授权单位对其依行政程序所给予的制裁。行政责任包括行政处罚和行政处分。行政处罚包括：警告；罚款；没收违法所得；没收非法财物；责令停产停业；暂扣或吊销许可证；暂扣或吊销执照；行政拘留等。行政处分包括：警告；记过；记大过；降级；撤职；开除等。

刑事责任，是指犯罪人因实施犯罪行为所应承受的由国家审判机关（法院）依照刑事法律给予的制裁后果，是法律责任中最严厉的责任形式。刑事责任主要通过刑罚而实现，刑罚分为主刑和附加刑两类。

主刑有管制、拘役、有期徒刑、无期徒刑、终身监禁、死刑；附加刑有罚金、剥夺政治权利、没收财产、驱逐出境等。

本章小结

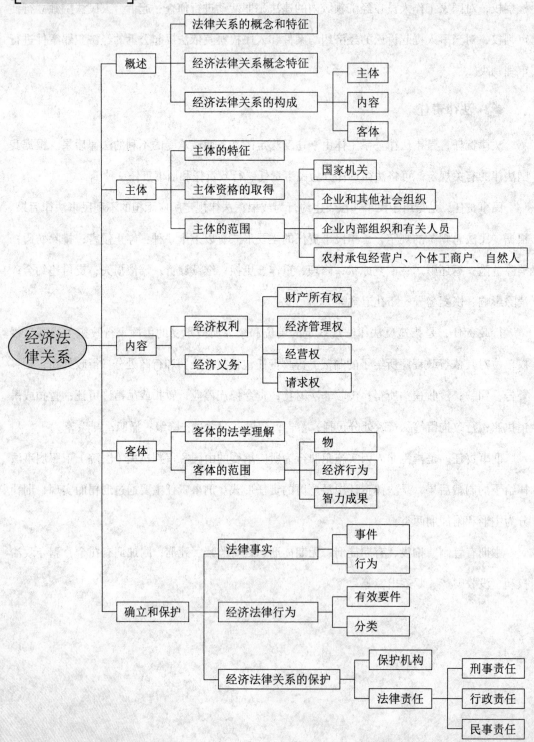

主要概念和观念

主要概念

法律关系 经济法律关系 法律事实

主要观念

经济法律关系主体及其范围 经济法律行为的有效要件 法律责任的种类

基本训练

知识题

2.1 阅读与理解

1. 法律关系与社会关系的区别是什么？请举例说明。

2. 公民的民事行为能力可作怎么样的划分？

3. 国家管理机关的行政管理职权为什么不可放弃？

2.2 知识应用

1. 判断题

（1）朋友关系是法律关系，受法律保护。（　　）

（2）经济行为即是经济法律行为。（　　）

（3）货物运输法律关系的客体是货物。（　　）

2. 选择题

（1）经济法主体有（　　）。

    A. 国家机关　　　B. 社会组织　　　C. 公民个人　　　D. 个体户

（2）经济法律关系客体的种类主要有（　　）。

    A. 有形财产　　　B. 人身权　　　C. 经济行为　　　D. 无形财产

（3）法律事实的种类有（　　）。

    A. 行为　　　　　　　　　　B. 完成一定的劳务

    C. 事件　　　　　　　　　　D. 不可抗力

（4）下列各项中，属于法律行为的有（　　）。

    A. 甲乙签订买卖合同　　　　B. 乙捡到一块手表

    C. 丙放弃一项债权　　　　　D. 丁完成一项发明创造

（5）下列各项中属于民事责任的有（　　）。

    A. 返还财产　　　B. 支付违约金　　　C. 罚款　　　D. 罚金

经济法律关系 / 第 2 章

> ★ **技能题**

2.1 规则复习

1. 简述经济法律关系及其构成要素。

2. 经济法律关系的客体有哪些？

3. 什么是法律事实？有哪几类？

2.2 操作练习

试举例说明买卖法律关系的构成要素。

【 观念应用 】

> ★ **案例分析**

法律关系的构成

甲将自己的一套闲置的住房委托乙公司出租。乙公司将该房出租给丙，约定租期3年。半年后，丙在外地的一亲戚来上海治病，丙将承租的私房借给丁居住。

请问：如上所述中有哪几种法律关系？各法律关系的主体、客体、内容是什么？

第3章 企业法

学习目标

知识目标：了解个人独资企业和合伙企业的设立条件，理解个人独资企业和合伙企业的概念、特征，把握个人独资企业和合伙企业事务执行的模式，理解破产的界限及破产还债程序。

技能目标：一是正确掌握个人独资企业和合伙企业的特征及设立条件；二是正确理解破产的含义。

能力目标：熟悉合伙企业与个人独资企业的出资方式及事务执行的有关规定，掌握企业破产程序。

引 例

普通合伙人应承担无限连带责任

2012年1月，甲、乙、丙三人共同设立一普通合伙企业。合伙协议约定：甲以现金人民币5万元出资，乙以房屋作价人民币8万元出资，丙以劳务作价人民币4万元出资；各合伙人按相同比例分配盈利、分担亏损。合伙企业成立后，为扩大经营，于2012年6月向银行贷款人民币10万元，期限为1年。2012年8月，甲提出退伙，鉴于当时合伙企业盈利，乙、丙表示同意。同月，办理了退伙结算手续。2012年9月，丁入伙。丁入伙后，因经营环境发生变化，企业严重亏损。2013年5月，乙、丙、丁决定解散合伙企业，并将合伙企业现有财产人民币3万元予以分配，但对未到期的银行贷款未予清偿。2013年6月，银行发现该企业已经解散，遂向甲要求偿还全部贷款，甲称自己早已退伙，不负责清偿债务。银行向丁要求清偿全部贷款，丁称该笔贷款是在自己入伙前发生的，不负责清偿。银行向乙要求偿还全部贷款，乙表示只能按照合伙协议约定的比例清偿自己应当负担的数额。银行向丙要求偿还全部贷款，丙表示自己是以劳务出资的，不承担清偿贷款的义务。

企业是国民经济的基本单位，是现代社会中最常见、最基本的经济组织。在本例中银行能否要求合伙人提前清偿债务，合伙人拒绝还款的理由是否成立，如何清偿银行的贷款，都是我们这一章要研究的法律问题。

3.1 企业法概述

3.1.1 企业的概念与特征

① 企业的概念

纵观历史长河,企业随着社会发展而不断变化。"企业"一词为传来语,源于英语中的"Enterprise"一词,日本人将其译为汉字"企业",并传入中国。"Enterprise"的原意是企图冒险从事某项事业,且有持续经营的意思。后来引申为经营组织或经营体。《辞源》中将其解释为以营利为目的的组织。

一般而言,企业是指依法设立的,从事生产、流通或服务经营性活动,并具有独立或相对独立的法律人格的营利性经济组织。

② 企业的特征

(1) 企业的组织性。这就意味着企业是一个组织体,在这种组织体内凝聚了人与物的要素,具有一定的组织形式,而且这种组织体有较长的存续期限,具有连续性和独立性。

所谓连续性是指在特定的时期内,企业的活动处于持续状态,而不是一次性的生产经营或服务性活动,这样才能保证国民经济活动的稳定性和持续、有秩序的发展。所谓的独立性,是指企业对外的活动是以企业名义发生的,企业内部的分支机构对外活动时一般要取得企业的授权或认可,除非该分支机构已获得独立的营业资格。另外,独立性还体现在企业享有经营管理的自主权和对外独立承担民事责任等方面。法人企业的决策权集中在法人机关,而非法人企业的决策权则掌握在投资者手中。在企业的民事责任方面,法人企业以其经营管理的财产或所有的财产对外承担民事责任,具有完全的独立性;而非法人企业的债务则要由投资者以其共有的企业财产和所有的个人财产承担无限或连带的责任,表现为相对的独立性。

(2) 企业的营利性。企业生存和发展的目的就是通过具体的经营活动,以较少的投入取得较大的收益,并以利润的最大化为目标。投资者在把消费资金转入生产资金时,一般都期望资本的增值,这种期望通过企业去实现,这就是企业活动的营利性。这使得企业区别于其他社会组织。其他社会组织虽然为了其自身的运转，也必须参与一定的经济活动，但由于它们不以营利为目的，所以不是企业。

（3）企业的法定性。企业只有具备了法律规定的条件，并履行了法定的程序，才可以取得相应类型的企业资格，才能进行营业活动，并得到法律的确认和保护，享有其独立的企业权益，并承担其相应的义务。

（4）企业法律人格的独立性。企业包括法人企业和非法人企业。就法人企业而言，它具有完全独立的法律人格，有独立的财产，独立进行经济活动，以自己的财产独立承担责任。就非法人企业而言，虽然它的财产与投资者的个人财产不完全分离，也不能独立承担责任，但在存续期间，非法人企业也可以自己的名义开展经济活动，有自己的名称，具有相对独立的法律地位。

3.1.2 企业的类型

企业从不同角度，依据不同的标准可进行不同的分类。

（1）依所有制性质划分：企业可分为国有企业、集体企业、私营企业、混合企业。

国有企业又称为全民所有制企业，是指所有权为国家所有，依法登记注册，自主经营，自负盈亏，独立核算的生产经营组织。国有企业具有法人资格，以国家授予其经营管理的财产承担民事责任。国有企业财产属于国家所有，对国家负责，经营目标是确保国有资产保值增值。

集体企业即集体所有制企业，是指所有权属于人民群众集体所有，依法登记注册的生产经营性组织。它目前在我国主要分为农业中的集体所有制和工商业中的集体所有制，其中农业中的集体所有制现在主要是指家庭联产承包责任制。

私营企业是指生产资料属于私人所有，依法登记注册的生产经营性组织。私营企业的所有权由于属于私人企业主，其资金规集一般不大。

混合所有制企业是指由公有资本（国有资本和集体资本）与非公有制资本（民营资本和外国资本）共同参股组建而成的新型企业形式。混合所有制企业的出现是伴随着改革开放的深入，现代企业制度的确立以及股份制企业的涌现而出现的新兴的企业组建模式。

（2）依资本来源的国别划分：企业可分为中资企业、外资企业、中外合资经营企业、中外合作经营企业。

中资企业是指资本来源于我国境内，所有者为中国公民或法人的生产经营性组织。我国绝大多数的企业是中资企业。

外资企业亦称外商独资经营企业。它是指外国的企业、其他经济组织或者个人，依照中国的法律和行政法规，经中国政府批准，设在中国境内，全部资本由外国投资者投资的企业。

中外合资经营企业是由外国投资者和中方投资者，依照中国的法律和行政法规，经中国政府批准，设在中国境内的由双方共同投资、共同经营、按照各自的出资比例共担风险、共负盈亏的企业。中外合资经营企业一般采取股权式方式组成，其组织形式多为有限责任公司。

中外合作经营企业是指契约式的中外合营企业，它是由外国企业、其他经济组织或者个人同中国的企业和其他经济组织，依照中国的法律和行政法规，设在中国境内的，由双方用契约确定各自的权利和义务的企业。合作经营企业可以依法取得中国的法人资格，也可以不具备法人资格。具备法人资格的合作企业，一般采取有限责任公司形式，投资者以其投资或者提供的合作条件为限对企业承担责任；不具备法人资格的合作企业，合作双方依照中国民事法律的有关规定承担民事责任。

（3）依组织形式划分：企业可分为个人独资企业、合伙企业、公司。

个人独资企业是指由一人投资经营，企业财产及收益最投资者一人所有，对债务承担无限责任的企业。

合伙企业是指由各合伙人订立合伙协议，共同出资、合伙经营、共享收益、共担风险，并对合伙企业债务承担连带责任的营利性组织。合伙企业可分为普通合伙企业和有限合伙企业。

我国的公司可分为有限责任公司和股份有限公司。有限责任公司，是指依照公司法设立的、由符合法定人数股东组成，股东以其认缴的出资额为限对公司负责，公司以其全部资产对公司债务承担责任的企业法人。股份有限公司是指注册资本由等额股份构成，股东以其认购的股份对公司负责,公司以其全部资产对公司债务承担责任的企业法人。

此外,企业还可依从事的业务性质划分为工业企业、农业企业、交通运输企业、建筑企业、金融企业等;依企业规模可划分为大型企业、中型企业、小微企业等;依企业的法律地位可划分为法人企业和非法人企业等。

3.1.3 企业法的概念

企业法是对调整企业在设立、变更、终止及其经营活动中发生的社会关系的法律规范的总称。企业法的调整对象是企业这种组织或者主体,它规定或调整企业的设立、变更、终止、企业的法律地位和能力、企业的资本、出资者相互之间及其与企业的关系、企业的内部组织机构、企业与其他组织之间的控制与被控制之间的关系等。

本章将介绍《合伙企业法》《个人独资企业法》和《企业破产法》的有关内容,《公司法》在另一章节进行介绍。

3.2 合伙企业法

合伙企业设立简单、经营灵活,适应多数人共同投资的需要,是法人制度出现以前最重要的企业形式。

3.2.1 合伙企业法概述

1. 合伙企业法的概念

合伙企业法可以广义地理解为调整合伙企业和合伙关系的各种法律规范的总称,也可以狭义地理解为1997年2月23日第八届全国人民代表大会常务委员会第二十四次会议通过,并于1997年8月1日起施行的《中华人民共和国合伙企业法》(以下简称《合伙企业法》)。2006年8月27日第十届全国人民代表大会常务委员会第二十三次会议修订了该法,自2007年6月1日起施行。

❷ 合伙企业的概念和形式

合伙企业是指自然人、法人和其他组织依照法律在中国境内设立的，由两个或两个以上的人通过订立合伙协议，约定共同出资、共同经营、共享收益、共担风险的企业组织形式。

合伙企业分为普通合伙企业（含特殊的普通合伙企业）和有限合伙企业两种形式。

☪ 3.2.2 普通合伙企业

普通合伙企业是指由普通合伙人组成，合伙人对合伙企业债务承担无限连带责任的营利性组织。

❶ 合伙企业的设立

根据《合伙企业法》的规定，设立普通合伙企业应当具备下列条件：

（1）有两个以上合伙人，合伙人为自然人的，应当具有完全民事行为能力。合伙人可以是自然人，也可以是法人或其他经济组织。但是，法律、法规禁止从事营利性活动的人，不得成为合伙人。国有独资公司、国有企业、上市公司以及公益性的事业单位、社会团体不得成为普通合伙人。合伙人都依法对合伙企业债务承担无限连带责任。

（2）有书面合伙协议。合伙协议经全体合伙人签名、盖章后生效，是合伙企业设立的必备文件。合伙协议应当载明下列事项：①合伙企业的名称和主要经营场所的地点；②合伙目的和合伙经营范围；③合伙人的姓名或者名称、住所；④合伙人的出资方式、数额和缴付期限；⑤利润分配、亏损分担方式；⑥合伙事务的执行；⑦入伙与退伙；⑧争议解决办法；⑨合伙企业的解散与清算；⑩违约责任。

（3）有合伙人认缴或者实际缴付的出资。合伙人可以用货币、实物、知识产权、土地使用权或者其他财产权利出资，也可以用劳务出资。合伙人以实物、知识产权、土地使用权或者其他财产权利出资，需要评估作价的，可以由全体合伙人协商确定，也可以由全体合伙人委托法定评估机构评估。合伙人以劳务出资，其评估办法由全体合伙人协商确定，并在合伙协议中载明。合伙人以非货币财产出资，依照法律、法规的规定，需要办理财产权转移手续的，应当依法办理。

（4）有合伙企业的名称和生产经营场所。合伙企业的名称中应当标明"普通合伙"字样。

（5）法律、行政法规规定的其他条件。

【小思考 3-1】

李明是否可以成为合伙人

李明为某派出所民警，他的几个好朋友准备合伙开办一家饭店，拟请李明也作为合伙人。李明的合伙人资格是否合法？

答：《合伙企业法》规定，法律、法规 禁止从事营利性活动的人，不得成为合伙企业的合伙人有：国家公务员、人民警察、法官、检察官等。因此，李明不可以成为合伙企业的合伙人。

设立合伙企业，应当向企业登记机关申请设立登记，申请时应提交全体合伙人签署的合伙申请书、全体合伙人的身份证明、合伙协议、出资权属证明、经营场所证明以及其他文件。法律、法规规定须报经有关部门审批的，还应当提交有关批准文件。经登记机构登记，企业即成立。合伙企业的营业执照签发日期，为合伙企业的成立日期。

❷ 合伙企业的财产及转让和出质

（1）合伙企业的财产。合伙企业存续期间，合伙人的出资，以合伙企业名义取得的收益和依法取得的其他财产，均为合伙企业的财产，由全体合伙人共同管理和使用。合伙人在合伙企业清算前，不得请求分割合伙企业的财产（法律另有规定除外）。合伙人在合伙企业清算前私自转移或者处分合伙企业财产的，合伙企业不得对抗善意第三人。

（2）合伙人出资份额的转让。除合伙协议另有约定外，合伙人向合伙人以外的人转让其在合伙企业中的全部或者部分财产份额时，须其他合伙人一致同意，并且在同等条件下其他合伙人有优先受让权。合伙人相互转让其全部或部分财产份额，应当通知其他合伙人。

（3）合伙人出资份额的担保。在合伙企业存续期间，合伙人以其在合伙企业中的财产份额出质的，须经其他合伙人一致同意。否则，出质行为无效，由此给善意第三人造成损失的，行为人还应当承担赔偿责任。

【观念应用3-1】

以合伙企业财产出质，应经全体合伙人同意

某合伙企业有5名合伙人，共出资400万元，包括一个货仓、4辆货车和100万元流动资金，经营业务为货物运输。其中，合伙人之一田某的出资中包括一辆"东风141"汽车。2013年8月15日，田某朋友刘某因做生意，与银行签订一份借款合同，该借款合同借款数额为5万元，期限6个月，刘某请田某为其担保，田某以该汽车为刘某作了抵押。借款到期后，由于生意亏损，刘某不能还贷，银行要求将汽车变卖并优先受偿。但合伙企业不同意，因该财产是合伙企业财产，没有经过全体合伙人的同意，该财产不能为他人做抵押，田某自己处分不具有法律效力。银行因此起诉到法院，请求法院判令，就该辆汽车行使抵押权人的权利。

问：抵押合同是否有效？银行能否行使抵押权？

法律分析：从本例看，合伙人田某在没有得到全体合伙人同意的情况下以合伙人企业的财产进行抵押，该抵押行为应当无效，但由于抵押权人是不知情的善意第三人，因此，银行是可以行使优先权的，由此给合伙企业造成的损失应当由田某负责。

❸ 合伙企业事务的执行

（1）合伙企业事务的决策方式：①由全体合伙人决定。合伙人对合伙企业有关事务作出决议，按照合伙协议约定的表决办法办理。合伙协议未约定或者约定不明确的，实行合伙人一人一票并经全体合伙人过半数通过的表决办法。②由全体合伙人一致同意。除合伙协议另有约定外，合伙企业的下列事项应当经全体合伙人一致同意：改变合伙企业的名称；改变合伙企业的经营范围、主要经营场所的地点；处分合伙企业的不动产；转让或者处分合伙企业的知识产权和其他财产权利；以合伙企业名义为他人提供担保；聘任合伙人以外的人担任合伙企业的经营管理人员。

（2）合伙企业事务的执行方式：①共同执行。各合伙人对执行合伙企业的事务有同等的权利，可以由全体合伙人共同执行合伙企业事务。②委托执行。由合伙协议约定或者全体合伙人决定，委托一个或者数个合伙人对外代表合伙企业，执行合伙事务。执行事务合伙人应当定期向其他合伙人报告事务执行情况以及合伙企业的经营和财务状况。合伙人有权查阅合伙企业会计账簿等财务资料。不执行事务的合伙人有权监督执行事务的合伙人，检查其执行合伙企业事务的情况。③分别执行。合伙人分别执行合伙事务的，执行事务合伙人可以对其他合伙人执行的事务提出异议。如发生异议，可由全体合伙人共同决定。④聘任执行。经全体合伙人同意，合伙企业可以聘任合伙人以外的人担任合伙企业的经营管理人员，执行合伙企业的事务。

合伙人不得自营或者同他人合作经营与本合伙企业相竞争的业务；不得从事损害本合伙企业利益的活动；除合伙协议另有约定或者经全体合伙人一致同意外，合伙人不得同本合伙企业进行交易。

【观念应用3-2】

合伙企业的事务执行

甲、乙、丙、丁四人设立一家合伙企业，但是针对合伙企业的事务执行提出了不同意见。乙方认为其平时经常出差在外，没有时间对企业进行管理；丙方认为其家离合伙企业营业地很远交通不便利，只能偶尔前来；丁方提出其身体不佳，疾病缠身几乎无法执行合伙企业事务。但是这三方都信任和推荐甲来代为执行，只要甲定期向他们报告企业状况即可，甲本人也表示愿意。

问：该合伙企业是否可以协商约定由甲执行合伙企业的事务，其余三人不再执行合伙企业的事务？

法律分析：合伙人对执行合伙事务享有同等的权利。按照合伙协议的约定或者经全体合伙人决定，可以委托一个或者数个合伙人对外代表合伙企业，执行合伙事务。作为合伙人的法人、其他组织执行合伙事务的，由其委派的代表执行。由一个或者数个合伙人执行合伙事务的，执行事务合伙人应当定期向其他合伙人报告事务执行情况以及合伙企业的经营和财务状况，其执行合伙事务所产生的收益归合伙企业，所产生的费用和亏损由合伙企业承担。合伙人为了解合伙企业的经营状况和财务状况，有权查阅合伙企业会计账簿。

❹ 合伙企业与第三人的关系

合伙企业对合伙人执行事务以及对外代表合伙企业权利的限制，不得对抗善意第三人。

合伙企业对其债务，应先以企业全部财产进行清偿，企业财产不足清偿到期债务的，各合伙人应当承担无限连带清偿责任。某一合伙人清偿数额超过其应当承担的份额时，有权向其他人追偿。

合伙人发生与合伙企业无关的债务，相关债权人不得以其债权抵消对合伙企业的债务，也不得代位行使合伙人在合伙企业中的权利。

合伙人个人财产不足清偿其与合伙企业无关的债务时，该合伙人只能将其从合伙企业中分取的收益用于清偿，债权人也可以依法请求人民法院强制执行该合伙人在合伙企业中的财产份额用于清偿。

❺ 入伙与退伙

（1）入伙。入伙是指在合伙企业存续期间，合伙人以外的第三人加入合伙企业，从而取得合伙人资格。《合伙企业法》规定，新合伙人入伙，除合伙协议另有约定外，应当经全体合伙人一致同意，并依法订立书面入伙协议；入伙的新合伙人与原合伙人享有同等权利，承担同等责任，入伙协议另有约定的，依其约定；新合伙人对入伙前合伙企业的债务承担无限连带责任。

（2）退伙。退伙是指在合伙企业存续期间，合伙人退出合伙企业，从而丧失合伙人资格。退伙分为四种情形：协议退伙、声明退伙、当然退伙、除名退伙。

①协议退伙。《合伙企业法》规定，合伙协议约定合伙期限的，在合伙企业存续期间，有下列情形之一的，合伙人可以退伙：合伙协议约定的退伙事由出现；经全体合伙人一致同意；发生合伙人难以继续参加合伙的事由；其他合伙人严重违反合伙协议约定的义务。

②声明退伙。合伙协议未约定合伙期限的，合伙人在不给合伙企业事务执行造成不利影响的情况下，可以退伙，但应当提前 30 日通知其他合伙人。合伙人违反上述规定退伙的，应当赔偿由此给合伙企业造成的损失。

③当然退伙。《合伙企业法》规定，合伙人有下列情形之一的，可以退伙：死亡或者被依法宣告死亡；被依法宣告为无民事行为能力人；个人丧失偿债能力；作为合伙人的法人或

者其他组织依法被吊销营业执照、责令关闭、撤销或者被宣告破产；法律规定或者合伙协议约定合伙人必须具有相关资格而丧失该资格；合伙人在合伙企业中的全部财产份额被人民法院强制执行。

④除名退伙。合伙人有下列情形之一的，经其他合伙人一致同意，可以决议将其除名：未履行出资义务；因故意或者重大过失给合伙企业造成损失；执行合伙企业事务时有不正当行为；发生合伙协议约定的事由。被除名人对除名决议有异议的，可以自接到除名通知之日起30日内，向人民法院起诉。

3.2.3 有限合伙企业

有限合伙企业是指由普通合伙人和有限合伙人组成，普通合伙人对合伙企业债务承担无限连带责任，有限合伙人以其认缴的出资额为限对合伙企业债务承担责任的营利性组织。

❶ 有限合伙企业的设立

（1）有限合伙企业由2个以上50个以下合伙人设立，且至少应当有1个普通合伙人，法律另有规定的除外。

（2）有限合伙企业名称中应当标明"有限合伙"字样。

（3）合伙协议除符合普通合伙企业的规定外，应当载明：①普通合伙人和有限合伙人的姓名或者名称、住所；②执行事务合伙人应具备的条件和选择程序；③执行事务合伙人权限与违约处理办法；④执行事务合伙人的除名条件和更换程序；⑤有限合伙人入伙、退伙的条件、程序以及相关责任；⑥有限合伙人和普通合伙人相互转变程序。

（4）有限合伙人可以用货币、实物、知识产权、土地使用权或者其他财产权利作价出资，但不得以劳务出资。

（5）有限合伙企业由普通合伙人执行合伙企业事务。

❷ 有限合伙人的权利

除合伙协议另有约定外，有限合伙人可以同本企业进行交易，可以经营与同本企业相竞争的业务。

❸ 有限合伙企业的入伙与退伙

（1）新入伙的有限合伙人对入伙前的有限合伙企业的债务，以其认缴的出资额为限承担责任。

（2）有限合伙人退伙后，对基于其退伙前的原因发生的有限合伙企业债务，以其退伙时从有限合伙企业中取回的财产为限承担责任。

（3）作为有限合伙人的自然人在有限合伙企业存续期间丧失民事行为能力的，其他合伙人不得因此要求其退伙。

❹ 合伙人地位的变更

除合伙协议另有约定外，普通合伙人转变为有限合伙人，或者有限合伙人转变为普通合伙人，应当经全体合伙人一致同意。有限合伙人转变为普通合伙人的，对其作为有限合伙人期间有限合伙企业发生的债务承担无限连带责任。普通合伙人转变为有限合伙人的，对其作为普通合伙人期间合伙企业发生的债务承担无限连带责任。

3.2.4 特殊的普通合伙企业

❶ 特殊的普通合伙企业的概念

特殊的普通合伙企业，是指以专业知识和专门技能为客户提供有偿服务的专业服务机构。典型的特殊普通合伙企业，如会计师事务所、律师事务所等。

特殊的普通合伙企业名称中应当标明"特殊普通合伙"字样。特殊的普通合伙企业及其合伙人在设立、合伙财产、管理等方面除有专门规定的以外，均适用普通合伙企业的相关规定。

❷ 责任形式

（1）责任承担。一个合伙人或者数个合伙人在执业活动中因故意或者重大过失造成合伙企业债务的，应当承担无限责任或者无限连带责任，其他合伙人以其在合伙企业中的财产份额为限承担责任。合伙人执业活动中非因故意或者重大过失造成合伙企业债务的合伙企业债务以及合伙企业的其他债务,由全体合伙人承担无限连带责任。以上所指的重大过失,是指明知可能造成损失而轻率作为或不作为。

（2）责任追偿。合伙人在执业活动中因故意或者重大过失造成的合伙企业债务,以合伙企业财产对外承担责任后,该合伙人应当按照合伙协议的约定,对给合伙企业造成的损失承担赔偿责任。

（3）执业风险防范。为了保护债权人利益,《合伙企业法》还规定特殊的普通合伙企业应当建立执业风险基金、办理执业保险。从本质上说,特殊的普通合伙企业属于普通合伙企业的一种类型,只是对普通合伙人的风险作了更灵活的规定。

【小思考3-3】

张三是否应当承担无限责任

张三、李四、王五三人成立了一个合伙制的妇产科诊所。由于张三的重大失误,致使产妇汤某的新生儿右腿骨折,其家属要求该诊所承担赔偿责任。如果,该诊所不能承担全部责任,可否要求张三以其个人财产承担无限责任？

答：根据《合伙企业法》的相关规定,可以要求张三承担无限责任。

3.2.5 合伙企业的解散和清算

❶ 合伙企业的解散

合伙企业有下列情形之一的,应当立即解散：①合伙期限届满,合伙人决定不再经营；②合伙协议约定的解散事由出现；③全体合伙人决定解散；④合伙人已不具备法定人数满30天；⑤合伙协议约定的合伙目的已经实现或者无法实现；⑥依法被吊销营业执照、责令关闭或者被撤销；⑦法律、行政法规规定的其他原因。

❷ 合伙企业的清算

清算人由全体合伙人担任；经全体合伙人过半数同意,可以自合伙企业解散事由出现后15日内指定一个或者数个合伙人,也可委托第三人担任清算人。未确定清算人的,合伙人或者其他利害关系人可以申请人民法院指定清算人。

清算人自被确定之日起 10 日内将合伙企业解散事项通知债权人，并于 60 日内在报纸上公告。债权人应当自接到通知书之日起 30 日内，未接到通知书的自公告之日起 45 日内，向清算人申报债权。

合伙企业财产的清偿顺序：清算费用；所欠职工工资、社会保险费用和法定补偿金；所欠税款；企业的债务；返还合伙人的出资。

合伙企业的利润分配、亏损分担，按照合伙协议的约定办理；合伙协议未约定或者约定不明确的，由合伙人协商决定；协商不成的，由合伙人按照实缴出资比例分配、分担；无法确定出资比例的，由合伙人平均分配、分担。

清算结束后，清算人应当编制清算报告，经全体合伙人签名、盖章后，在 15 日内向企业登记机关报送清算报告，办理合伙企业注销登记。合伙企业注销后或依法被宣告破产的，普通合伙人对合伙企业的债务仍应承担无限连带责任。

3.3 个人独资企业法

个人独资企业是所有企业法律形态中最简单、最古老的一种。现代公司制企业的繁荣发展并没有给这种古老的企业形态带来丝毫削弱，它仍然以其独有的生存方式和空间，一如既往地显示出旺盛的活力。然而，由于市场主体的趋利性，个人独资企业同其他企业形态一样，也会使利己目标膨胀，破坏公平竞争和市场秩序，损害国家或他人利益。因此，国家必须以法律对个人独资企业加以规范。

3.3.1 个人独资企业法概述

❶ 个人独资企业的概念和特征

个人独资企业是指依照《中华人民共和国个人独资企业法》在中国境内设立，由一个自然人投资，财产为投资人个人所有，投资人以其个人财产对企业债务承担无限责任的经营实体。

个人独资企业是与合伙合业、公司制企业并行的企业法律形态。在我国，个人独资企业主要具有以下法律特征：

（1）从组织结构上看，个人独资企业是由一个自然人出资设立的，当然这里的自然人是有完全行为能力的人。这一点明显区别于合伙企业或公司制企业。同时表明它区别于其他独资企业的形式，如国有独资公司、国有企业等，因为它们的投资主体为国家而非自然人。

（2）从财产上看，个人独资企业的出资人享有对企业的全部权利，并直接控制和支配企业的经营，从而区别于公司的股东和合伙企业的合伙人。

（3）从责任形态上看，个人独资企业的全部债务和经营风险由其出资人承担无限责任。投资人以其家庭共有财产作为个人出资的，以共有财产对企业债务承担无限责任。这是个人独资企业区别于有限责任公司和股份有限公司等企业形式的基本特征。

❷ 个人独资企业法

个人独资企业法是规定个人独资企业的设立、事务管理、解散和清算以及投资人及其委托和聘用人权利义务的法律规范的总称。

《中华人民共和国个人独资企业法》(以下简称《个人独资企业法》)于1999年8月30日在第九届全国人大常委会第十一次会议上通过，并于2000年1月1日起施行。《个人独资企业法》是继《公司法》《合伙企业法》之后，我国颁布的调整企业组织的又一部重要法律，它填补了我国企业立法的空白，使我国的企业立法进一步得到完善。

3.3.2 个人独资企业的设立

❶ 设立的条件

【小思考3-4】

在工商行政管理局工作近30年的李某退休了，2000年4月的某一天，他突然萌发了做生意的念头，于是便到工商局领表准备注册一家名为"祥和"的公司。可是他遇到了新问题，一位科长说什么也不给他注册登记。李某因此对这位科长大发雷霆，起诉工商局，要求撤销其行为。

该科长为什么不给李某的"祥和"公司注册？

答：李某作为完全行为能力人，办理注册个人独资企业是可以的，但因个人独资企业不具有法人资格，因此不能注册所谓的"公司"企业。

根据《个人独资企业法》的规定，在中国境内设立个人独资企业，必须具备下列条件：投资人为一个自然人；有合法的企业名称；有投资人申报的出资；有固定的生产经营场所和必要的生产经营条件；有必要的从业人员。

❷ 设立的程序

申请设立个人独资企业，应当由投资人或者其委托的代理人向个人独资企业所在地的登记机关提交设立申请书、投资身份证明、生产经营场所使用证明等文件（见表3-1）。委托代理人申请设立登记时，应当出具投资人的委托书和代理人的合法证明。

表3-1　个人独资企业设立登记申请表

企业名称			
企业住所		邮政编码	
		联系电话	
经营范围及方式			
出资额			
出资方式	1. 以个人财产出资	2. 以家庭共有财产作为个人出资　家庭成员签名：	
从业人数			
有关部门意见			
谨此确认，本申请表所填内容真实无误。 　　　　　　　　　　　　　　投资人签名：　　　　年　月　日			

个人独资企业不得从事法律、行政法规禁止经营的业务。从事法律、行政法规规定必须报经有关部门审批的业务，应当在申请设立登记时提交有关部门的批准文件。向登记机关提交的个人独资企业设立申请书，应当载明下列事项：企业的名称和住所；投资人的姓名和居所；投资人的出资额和出资方式；经营范围。其中，个人独资企业的名称应当与其责任形式及从事的营业相符合。

登记机关在收到设立申请文件之日起15日内,应当对符合《个人独资企业法》规定条件的,予以登记,并发营业执照;对不符合法律规定条件的,不予登记,但应当给予书面答复,说明不予登记的理由。

个人独资企业营业执照的签发日期,为个人独资企业成立日期。在领取个人独资企业营业执照前,投资人不得以个人独资企业名义从事经营活动。

❸ 分支机构

个人独资企业设立分支机构,也应当由投资人或者其委托代理人向分支机构所在地的登记机关申请登记,领取营业执照。分支机构经核准登记后,应将登记情况报该分支机构隶属的个人独资企业的登记机关备案。分支机构的民事责任由设立该分支机构的个人独资企业承担。

个人独资企业存续期间登记事项发生变更的,应当在作出变更决定之日起15日内依法向登记机关申请办理变更登记。

✦ 3.3.3 个人独资企业的投资人及事务管理

❶ 个人独资企业的投资人

《个人独资企业法》对投资人的资格作了明确规定:法律、行政法规禁止从事营利性活动的人,不得作为投资人申请设立个人投资企业。

关于投资人的财产权利,《个人独资企业法》规定,个人独资企业的投资人对本企业的财产依法享有所有权,其有关权利可以依法进行转让或继承。个人独资企业在申请企业设立登记时明确以其家庭共有财产作为个人出资的,应当依法以家庭共有财产对企业债务承担无限责任。

❷ 个人独资企业的事务管理

依照法律的规定,个人独资企业投资人可以自行管理企业事务,也可以委托或者聘用其他具有民事行为能力的人负责企业的事务管理。

投资人委托或者聘用的管理个人独资企业事务的人员不得有下列行为：利用职务上的便利，索取或者收受贿赂；利用职务或者工作上的便利侵占企业财产；挪用企业的资金归个人使用或者借贷给他人；擅自将企业奖金以个人名义或者以他人名义开立账户储存；擅自以企业财产提供担保；未经投资人同意，从事与本企业相竞争的业务；未经投资人同意，同本企业订立合同或者进行交易；未经投资人同意，擅自将企业商标或者其他知识产权转让给他人使用；泄露本企业的商业秘密；法律、行政法规禁止的其他行为。

【观念应用 3-4】

聘用人员违法，自己承担责任

某个人独资企业投资人王某由于另有业务发展，便将原企业委托给张某管理。2002年3月15日，张某购买了住房，并从银行贷款10万元，在和银行签订合同时，以该独资企业的财产作抵押。贷款到期后，张某没有还清全部贷款，银行要求处分抵押权却遭到投资人王某的拒绝，最后银行以张某为被告起诉到法院。

问：张某的抵押行为合法吗？

法律分析： 从本案看，张某作为个人独资企业的聘用人员违反了《个人独资企业法》第20条的规定，在没有得到投资人同意的情况下，以个人独资企业的财产为自己购买住房进行抵押，侵犯了个人独资企业的财产权益，张某应当自己承担责任。

❸ 个人独资企业的权利和义务

个人独资企业可以依法申请贷款、取得土地使用权，并享有法律、行政法规规定的其他权利。任何单位和个人不得违反法律、行政法规的规定，以任何方式强制个人独资企业提供财力、物力、人力的行为，个人独资企业有权拒绝。个人独资企业应当依法设置会计账簿，进行会计核算。个人独资企业招用职工的，应当依法与职工签订劳动合同，保障职工的劳动安全，按时、足额发放职工工资，应当按照国家规定参加社会保险，为职工缴纳社会保险费。

3.3.4 个人独资企业的解散和清算

❶ 个人独资企业的解散

我国《个人独资企业法》规定,个人独资企业有下列情形之一时应当解散:投资人决定解散;投资人死亡或者被宣告死亡,无继承人或者继承人决定放弃继承;被依法吊销营业执照;法律、行政法规规定的其他情形。

❷ 个人独资企业的清算

个人独资企业解散后,由投资人自行清算或者由债权人申请人民法院指定清算人进行清算。投资人自行清算的,应当在清算前15日内书面通知债权人,无法通知的,应当予以公告。债权人应当在接到通知之日起30日内,未接到通知的应当在公告之日起60日内,向投资人申报其债权。个人独资企业解散后,原投资人对个人独资企业存续期间的债务仍应承担偿还责任,但债权人在5年内未向债务人提出偿债请求的,该责任消灭。

个人独资企业解散的,财产应当按照下列顺序清偿:所欠职工工资和社会保险费用;所欠税款;其他债务。

清算期间,个人独资企业不得开展与清算目的无关的经营活动。

3.3.5 个人独资企业的法律责任

❶ 个人独资企业及其投资人的法律责任

《个人独资企业法》规定,个人独资企业或其投资人违反法律规定,应当承担相应的法律责任:

(1)提交虚假文件或采取其他欺骗手段,取得企业登记的,责令改正,并处以5000元以下罚款;情节严重的,吊销其营业执照。

(2)个人独资企业使用的名称与其在登记机关登记的名称不相符的,责令限期改正,并处以2000元以下罚款。

（3）涂改、出租、转让营业执照的，责令改正，没收违法所得，并处以3000元以下罚款；情节严重的，吊销其营业执照。伪造营业执照的，责令停业，没收违法所得，并处以5000元以下罚款；构成犯罪的，依法追究刑事责任。

（4）个人独资企业成立后无正当理由超过6个月未开业的或者开业后自行停业连续6个月以上的，吊销其营业执照。

（5）未领取营业执照，以个人独资企业名义从事经营活动的，责令停止经营活动，并处以3000元以下罚款。

（6）个人独资企业登记事项发生变更时，未按法律规定办理有关变更登记的，责令限期办理变更登记；逾期不办理的，并处以2000元以下罚款。

（7）投资人委托或者聘用的人员在管理个人独资企业事务时违反双方订立的合同，给投资人造成损害的，应承担民事赔偿责任。

（8）个人独资企业违反法律规定，侵犯职工合法权益，未保障职工劳动安全，未缴纳社会保险费用的，按照有关法律、行政法规予以处罚，并追究有关人员的责任。

（9）投资人委托或者聘用的人员违反《个人独资企业法》第20条的规定，侵犯个人独资企业财产权益的，责令退还侵占的财产；给企业造成损失的，依法承担赔偿责任；有违法所得的，没收违法所得；构成犯罪的，依法追究刑事责任。

（10）个人独资企业及其投资人在清算前或者清算期间隐匿或者转移财产，逃避债务的，依法追回其财产，并按照有关规定予以处罚；构成犯罪的，依法追究刑事责任。

在承担责任的先后顺序上，《个人独资企业法》规定，投资人依法应当承担民事赔偿责任和缴纳罚款、罚金，其财产不足以支付的或者被判没收财产的，应当先承担民事赔偿责任。

❷ 登记机关及其他人员的法律责任

（1）对不符合法律规定条件的个人独资企业予以登记，或者对符合法律规定条件的个人独资企业不予登记的，对直接责任人员依法给予行政处分；构成犯罪的，依法追究刑事责任。

（2）登记机关上级部门的有关主管人员强令登记机关对不符合法律规定条件的个人独资企业予以登记，或者对符合规定条件的个人独资企业不予登记或者对登记机关的违法登记行为进行包庇的，对直接责任人员依法给予行政处分；构成犯罪的，依法追究刑事责任。

（3）登记机关对符合法定条件的申请不予登记或者超过法定时限不予答复的，当事人可依法申请行政复议或提起行政诉讼。

（4）违反法律、行政法规的规定，强制个人独资企业提供财力、物力、人力的，按照有关法律、行政法规予以处罚，并追究有关人员的责任。

3.4 企业破产法

在商品经济条件下的经济活动中，"欠债还钱"是天经地义的事。然而，当债务人因经营失败或其他原因无力清偿到期债务，即处于破产状态时，应如何处理其债务清偿问题，以保护债权人的利益呢？破产法就是解决债务人破产时的债务清偿问题的专门法律。

3.4.1 企业破产法概述

❶ 破产和企业破产法

法律意义上的破产是指债务人处于法院依法定条件和程序所确认的已不能以现有财产清偿到期债务的状态。如果债务人为企业，则为企业破产。

企业破产法是调整企业破产及其财产处理过程中所产生的各种社会关系的法律规范的总称。2006年8月27日第十届全国人民代表大会常务委员会第二十三次会议通过了《中华人民共和国企业破产法》（以下简称《破产法》），自2007年6月1日起施行。

《破产法》适用于企业法人；企业法人以外的组织的破产清算，参照该法执行。

❷ 企业法人的破产原因

破产原因，也称破产界限，是指企业在何种情况下被申请破产或者自己申请破产。《破产法》第2条规定：企业法人不能清偿到期债务，并且资产不足以清偿全部债务或者明显缺乏清偿能力的，依照本法规定清理债务。企业法人有前款规定情形，或者有明显丧失清偿能力可能的，可以依照本法规定进行重整。

据此,《破产法》对于破产界限规定了可供选择的两个原因：企业法人不能清偿到期债务,并且资产不足以清偿全部债务；企业法人明显缺乏清偿能力的。但是,达到破产界限的企业,并不一定立即被宣告破产,可以依照本法的程序进行重整,以使企业起死回生。

❸ 破产案件的管辖

（1）地域管辖。《破产法》规定,破产案件由债务人住所地人民法院管辖。住所地指债务人的主要办事机构所在地。无办事机构的,由其注册地人民法院管辖。

（2）级别管辖。基层人民法院一般管辖县、县级市或者区的工商行政管理机关核准登记的企业的破产案件；中级人民法院一般管辖地区、地级市（含本级）以上工商行政管理机关核准登记的企业的破产案件；纳入国家计划调整的企业破产案件,由中级人民法院管辖。

破产案件的审理是一审终结。民事诉讼法有关审判监督程序的规定,不适用于破产案件的审理。

3.4.2 破产申请和受理

❶ 破产申请的提出

破产申请是破产申请人请求人民法院受理破产案件的意思表示。提出破产申请的主体有：

（1）债务人。债务人不能清偿到期债务,并且资产不足以清偿全部债务的,可以向人民法院提出重整、和解或者破产清算申请。

（2）债权人。债务人不能清偿到期债务,债权人可以向人民法院提出对债务人进行重整或者破产清算的申请。

（3）清算组织。企业法人已解散但未清算或者未清算完毕,资产不足以清偿债务的,依法负有清算责任的人应当向人民法院申请破产清算。

破产申请人向人民法院提出破产申请,应当提交破产申请书和有关证据。人民法院受理破产申请前,申请人可以请求撤回申请。

❷ 破产案件的受理

破产案件的受理，又称立案。它是指人民法院在收到破产案件申请后，经审查认为申请符合法定条件而裁定予以接受，并开始破产程序的司法行为。

（1）受理通知和公告。人民法院受理破产申请的，应当自裁定作出之日起 5 日内送达申请人；债权人提出申请的，人民法院应当自裁定作出之日起 5 日内送达债务人；人民法院应当自裁定受理破产申请之日起 25 日内通知已知债权人，并予以公告。

（2）受理的效果。法院受理破产申请，意味着破产程序的开始，产生以下法律效力：

第一，债务人的有关人员承担法定义务，包括妥善保管其占有和管理的财产、印章和账簿、文书等资料；根据人民法院、管理人的要求进行工作并如实回答询问；列席债权人会议并如实回答债权人的询问；未经人民法院许可，不得离开住所地；不得新任其他企业的董事、监事、高级管理人员。

第二，债务人对个别债权人实施的债务清偿无效。

第三，有关债务人财产的保全措施应当解除。

第四，债务人财产的执行程序应当中止。

第五，尚未终结的民事诉讼或者仲裁应当中止。

3.4.3 破产案件中的其他主体

❶ 管理人

管理人是指法院受理破产申请后指定的接管债务人的财产并予以占有和处分的机构和个人。

管理人可以由有关部门、机构的人员组成的清算组或者依法设立的律师事务所、会计事务所、破产清算事务所等社会中介机构担任，也可以由有关社会中介机构中具备相关专业知识并取得执业资格的人员担任。

管理人依法执行职务，向人民法院报告工作，并接受债权人会议和债权人委员会的监督，履行以下职责：接管债务人的财产、印章和账簿、文书等资料；调查债务人财产状况，制作财产状况报告；决定债务人的内部管理事务；决定债务人的日常开支和其他必要开支；在第一次债权人会议召开之前，决定继续或者停止债务人的营业；管理和处分债务人的财产；代表债务人参加诉讼、仲裁或者其他法律程序；提议召开债权人会议；人民法院认为管理人应当履行的其他职责。

❷ 债权人会议

债权人会议是全体破产债权人参加的，在破产程序中代表债权人共同意志的决议机构。

债权人会议设主席，由人民法院从有表决权的债权人中指定，主持债权人会议。

债权人会议行使下列职权：检查债权；申请人民法院更换管理人，审查管理人的费用和报酬；监督管理人；选任和更换债权人委员会成员；决定继续或者停止债务人的营业；通过重整计划；通过和解协议；通过债务人财产的管理方案；通过破产财产的变价方案；通过破产财产的分配方案；人民法院认为应当由债权人会议行使的其他职权。

债权人会议的第一次会议由人民法院召集，自债权申报期限届满之日起15日内召开。以后的会议，由人民法院决定召开或者由管理人、债权人委员会、占债权总额1/4以上的债权人提议召开。

债权人会议的决议，由出席会议的有表决权的债权人过半数通过，并且其所代表的债权额占无财产担保债权总额的1/2以上，但和解协议草案必须由所代表债权额占无财产担保债权总额2/3以上的出席会议的有表决权债权人通过。其他特别决议的形成，依照法律规定处理。

【观念应用3-5】

债权人会议应依法召开

2010年8月6日，国有企业A市糖厂由于经营管理不善，不能清偿到期债务，糖厂厂长向本企业所在地的人民法院申请宣告破产。法院在征得其上级主管部门同意并受理后，决定由糖厂厂长召集并主持债权人会议。糖厂最大债权人是B市的捷讯公司，法院指定有财产担保未放弃优先受偿权的债权人潘某担任债权人会议主席，并裁定糖厂所有的债务保证人均为债权人会议成员，享有表决权。后经占无财产担保债权总额的1/5以上的债权人请求，法院召开了第二次债权人会议。此后经一段时间的审理,法院作出裁定,宣告该企业破产,后由其上级主管部门接管并进行清算。

问:该国有企业破产过程中,有哪些违法之处?

法律分析:该国有企业破产程序中有以下几处不合法。厂长自行申请企业破产不合法;由糖厂厂长召集并主持债权人会议不合法;由潘某担任债权人会议主席不合法;所有的保证人均为债权人会议成员,享有表决权不合法;法院召开第二次债权会议的程序不合法;由破产企业上级主管部门主持清算活动不合法。

❸ 债权人委员会

债权人委员会是由债权人会议选任的,在破产程序中代表债权人全体利益,监督破产程序进行的机构。

债权人会议可以决定设立债权人委员会,但债权人委员会不是法定的必设机构。债权人委员会成员人数不得超过9人,即最多由债权人会议选出8名债权人代表和1名职工或工会代表组成。

债权人委员会行使下列职权:监督债务人财产的管理和处分;监督破产财产分配;提议召开债权人会议;债权人会议委托的其他职权。

3.4.4 重整与和解

❶ 重整

重整是指对已经具备或者可能具备破产条件而又有再生希望的债务人保护其继续营业并挽救其生存的程序。

(1) 重整申请。债务人或者债权人可以依照《破产法》的规定,直接向人民法院申请对债务人进行重整。

债权人申请对债务人进行破产清算的,在人民法院受理破产申请后、宣告破产前,债务人或者出资额占债务人注册资本1/10以上的出资人,可以向人民法院申请重整。

（2）重整计划。重整计划也称重整方案，是指为了维持债务人继续营业，由管理人或者债务人提出、债权人会议认可并经人民法院批准，以谋求债务人通过重整获得重生并清理债权债务关系的方案。

提出重整计划草案的期限，为人民法院裁定债务人重整之日起6个月内。特殊情况经人民法院裁定可延长3个月。

重整计划草案采用分组表决制。分组办法由法律规定，一般分为有担保债权人组、无担保债权人组、职工特别债权组、投资人组。出席会议的同一表决组的债权人过半数同意重整计划草案，并且其代表的债权额占债权总额的2/3以上的，即为该组通过重整计划草案。

（3）重整计划的通过。各表决组均通过重整计划草案时，为表决通过；虽然重整计划表决未通过，但人民法院可根据债务人或者管理人申请，在满足法定条件的情况下批准重整计划草案，为批准通过。

（4）重整计划的执行。人民法院裁定批准重整计划后，重整计划由债务人负责执行，并由管理人负责监督。债务人应当向管理人报告计划执行情况和债务人财务状况。

（5）重整计划的终止。债务人不能执行重整计划，或者不执行重整计划的，管理人或者利害关系人有权向人民法院提出申请，请求人民法院依法裁定终止重整计划的执行。人民法院经审查，认定债务人不能执行或者不执行重整计划的，裁定终止重整计划的执行，并宣告债务人破产。

自重整计划执行完毕时起，对于按照重整计划减免的债务，债务人不再承担清偿责任。

【小思考3-6】

甲企业因不能清偿到期债务，于2012年2月向人民法院申请破产，法院受理了该申请。为使该企业进入重整程序，谁能依法成为申请人？

答：根据《破产法》规定，本案重整程序的申请人是甲企业或者占企业注册资本1/10以上的出资人。

❷ 和解

和解是指债务人在进入破产程序以后，在法院的主持下，债务人和债权人就延长债务人清偿债务的期限、减免部分债务等事项达成协议,从而中止企业破产的程序。

(1)和解申请的提出。提出和解申请的主体是债务人,即不能清偿到期债务,并且资产不足以清偿全部债务或者明显缺乏清偿能力的企业法人。债务人还应当提交和解协议草案。

(2)和解协议的通过和认可。和解协议草案应当经过债权人会议的讨论和通过,其通过采用表决的方式。债权人会议通过和解协议的决议,由出席会议的有表决权的债权人过半数同意,并且其所代表的债权额占无财产担保债权总额的2/3以上。

人民法院应当依照法律规定,对和解协议进行审查,认为和解协议符合法律规定的,应当裁定认可,同时终止和解程序,并予以公告。人民法院不予认可和解协议的,应当裁定终止和解程序,并宣告债务人破产。和解协议草案经债权人会议表决,没有获得通过的,人民法院应当裁定终止和解程序,并宣告债务人破产。

(3)和解协议的执行与不执行。和解协议生效后,债务人应当按照和解协议规定的时间、数额、方式等履行自己的义务向和解债权人清偿债务。债务人也因此而恢复权利能力和行为能力。债务人不能执行和解协议或不执行和解协议,人民法院经和解债权人请求,应当裁定终止和解协议,并宣告债务人破产。

3.4.5 破产清算

❶ 破产宣告

破产宣告,是指人民法院以裁定方式作出的认定债务人已缺乏清偿债务的能力,应当依照破产程序进行破产清算的法律判定。

债务人出现《破产法》第2条规定的破产原因,依债权人或者债务人申请(包括破产清算申请、重整申请及和解申请),人民法院受理破产申请后,裁定宣告债务人破产,有下列三种情况:因申请破产宣告;重整期间或者重整计划执行期间出现的破产宣告;债务人提出和解申请后出现的破产宣告。

破产宣告前,有下列情形之一的,人民法院应当裁定终结破产程序,并予以公告:第三人为债务人提供足额担保或者为债务人清偿全部到期债务;债务人已清偿全部到期债务。

❷ 破产财产

债务人被宣告破产后,债务人称为破产人,债务人财产称为破产财产。

破产申请受理时属于债务人的全部财产,以及破产申请受理后至破产程序终结前债务人取得的财产,为债务人财产。

在确定破产财产范围时要注意以下问题:

(1)债务人与他人共有的财产,应当进行分割或转让,该项所得属于破产财产。

(2)出资不足的,应当由出资义务人补足,补足部分属于破产财产。

(3)司法程序中,尚未执行、未执行完毕、执行回转的财产属于破产财产。

(4)债务人依法取得代位权的,依该权利享有的债权属于破产财产。

(5)因债务人可撤销、无效行为追回的财产属于破产财产。

(6)因其他原因在破产程序终结前,由破产管理人追回的财产属于破产财产。

❸ 破产债权

债务人被宣告破产后,在人民法院受理破产申请时对债务人享有的债权称为破产债权。

(1)债权申报。债权人应当在人民法院确定的债权申报期限内向管理人申报债权。申报债权期限自人民法院发布受理破产申请公告之日起计算,最短不得少于30日,最多不得超过3个月。

(2)申报范围。未到期的债权,在破产申请受理时视为到期;附利息的债权自破产申请受理时起停止计息。申报破产债权具体包括:①无特别限制的债权;②附条件、附期限的债权;③诉讼、仲裁未决的债权;④保证人、连带债务的求偿权;⑤因解除合同的损害赔偿请求权;⑥受托人的请求权;⑦付款人的请求权。

债务人所欠职工的工资和医疗、伤残补助、抚恤费用、所欠的应当划入职工个人账户的其他养老保险、基本医疗保险费用以及法律、法规规定应当支付给职工的补偿金,不必申报,由管理人调查后列入清单并予以公示。职工对清单记载有异议的,可以要求管理人更正;管理人不予更正的,职工可以向人民法院提起诉讼。

须注意的是，超过诉讼时效的债权、未依法申报的债权以及尚未执行的滞纳金、罚款、罚金等不得作为破产债权。

【小思考 3-7】

皇都大酒店于 2007 年 9 月 20 日宣告破产。在破产程序中提出的下列给付请求，能够成为破产债权的有（　　）。

A. 某女士于 2006 年 3 月在该酒店被酒店保安人员殴打致伤，住院治疗 8 个月，要求赔偿医疗费 8730 元

B. 因该酒店歌舞厅从事色情营业，市公安局于 2007 年 8 月 26 日对其罚款 10000 元，限 7 日内缴纳

C. 某旅行社与该酒店签订的合同，因酒店被宣告破产而终止，旅行社要求赔偿由此造成的损失 18000 元

D. 该酒店经理以酒店名义借用某公司小轿车一辆供其亲属使用，现该公司要求返还

答：A、C 项正确。

❹ 破产财产的分配

破产财产的分配是指管理人将破产财产，依照法定程序和分配方案，对全体债权人进行平等清偿的程序。

（1）破产财产的分配顺序。破产财产在优先清偿破产费用和共益债务后，依照下列顺序清偿：①破产人所欠职工的工资，医疗费用，伤残补助，抚恤费用，所欠的应当划入职工个人账户的基本养老保险费用，基本医疗保险费用以及法律、法规规定应当支付给职工的补偿金；②破产人欠缴的除前项规定以外的社会保险费用和破产人所欠税款；③普通破产债权。

破产财产不足以清偿同一顺序的清偿要求的，按照比例分配。

（2）破产财产的分配方案。破产财产分配方案由管理人拟定，应载明下列事项：①参加破产财产分配的债权人名称或姓名及住所；②参加破产财产分配的债权额；③可供分配的破产财产数额；④破产财产分配的顺序、比例及数额；⑤实施破产财产分配的方法。

债权人会议通过破产财产分配方案后，由管理人将该方案提请人民法院裁定认可，由管理人执行。

❺ 破产程序的终结

破产程序的终结是指破产程序开始后，发生法律规定的使破产程序已无继续必要的原因，由法院裁定终结破产程序，结束破产案件。破产程序终结的原因包括：破产人无可供分配的财产而终结；因破产财产分配完毕而终结。人民法院裁定终结破产程序后，管理人应当按照法律规定，及时向破产人的原登记机关办理注销登记。

{ **本章小结** }

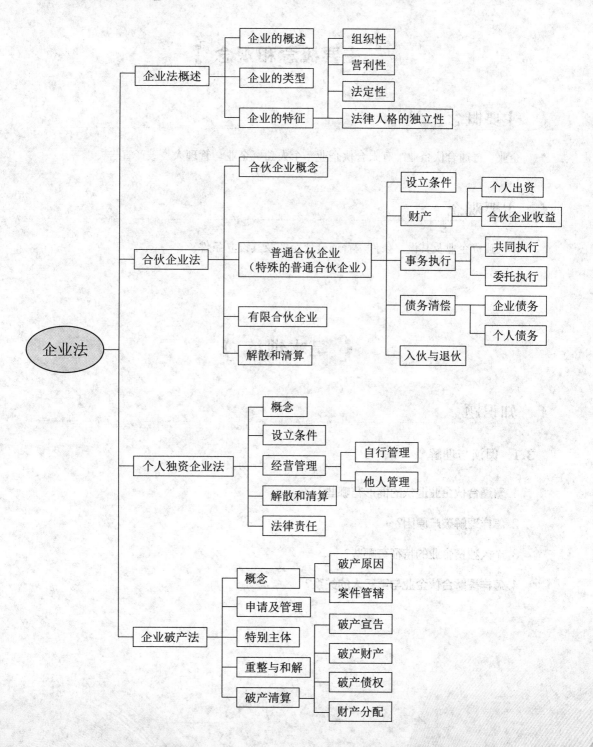

主要概念和观念

主要概念

企业　普通合伙企业　有限合伙企业　个人独资企业　管理人　破产宣告

主要观念

个人独资企业及其设立条件　普通合伙企业及其设立条件

基本训练

知识题

3.1　阅读与理解

1. 普通合伙企业退伙的情形有哪些?

2. 怎样理解破产原因?

3. 个人独资企业的特征有哪些?

4. 怎样理解合伙企业与第三人的关系?

3.2 知识应用

1. 判断题

（1）个人独资企业具有法人资格。 （ ）

（2）普通合伙企业应当有自己的名称，但名称中不得使用"有限"字样。 （ ）

（3）合伙企业对合伙人执行事务及对外代表合伙企业权利的限制，不得对抗善意相对人。 （ ）

（4）有限合伙人不可以同本企业进行交易。 （ ）

2. 选择题

（1）普通合伙企业的退伙情形有（ ）。

  A. 协议退伙　　　　B. 声明退伙　　　　C. 当然退伙　　　　D. 除名退伙

（2）下列（ ）不得成为普通合伙人。

  A. 国有独资公司　　　　　　　　B. 国有企业

  C. 自然人　　　　　　　　　　　D. 上市公司

（3）提出重整计划的期限为人民法院裁定债务人重整之日起（ ）内，特殊情况经人民法院裁定可延长3个月。

  A. 3个月　　　　B. 6个月　　　　C. 9个月　　　　D. 1年

（4）根据合伙企业法的规定，下列各项中，不属于合伙企业财产的是（ ）。

  A. 合伙人的出资　　　　　　　　B. 合伙企业取得的专利权

  C. 合伙企业接收的捐赠　　　　　D. 合伙企业承租的设备

技能题

3.1 规则复习

1. 破产财产的清偿顺序是怎样的？
2. 合伙企业财产的清偿顺序是怎样的？
3. 一家独资企业，投资时是以个人出资注册的，赚钱后盖了房子，买了许多红木家具供家人享受。3年后，生意不景气，欠了许多钱，讨债的人天天上门。问：家里的房子和家具能否作为个人独资企业的财产变卖还债呢？

3.2 操作练习

甲从某厂退休返乡后，决定利用曾在A公司工作多年的优势，与村民乙、丙商量合伙开办出口台布的加工业务，约定甲出资1万元，负责联系业务，乙、丙各出资4000元，负责组织村民干活并进行技术指导。3人起草了一份协议，但尚未签字。当年底，完成多批加工任务，获得利润5万余元，3人按约定比例进行了分配。次年，因赶上农活忙季，人手少，台布出现质量问题，给购置方A公司造成了3万余元的经济损失。A公司要求甲、乙、丙赔偿，乙、丙称自己受雇于甲，不能承担责任，于是甲向A公司赔偿了全部损失。

问：针对本案情况，你的观点是什么？

资料来源：2000年度国家司法考试试题。

观念应用

案例分析

管理人履行的职责

甲企业与乙企业签订了买卖合同，约定于2007年6月30日前交货，货到7日内甲企业付款。2007年6月10日，法院裁定受理对甲企业的破产申请，并指定了丙律师事务所为管理人。丙律师事务所接管甲企业财产和营业事务后，即决定解除与乙企业的买卖合同。乙企业不服，认为丙律师事务所并非该合同当事人，无权决定解除合同，并诉至法院。

问：乙企业的理由是否成立？

单元实训

甲以个人资产创立独资企业，病故后其妻和幼女不愿继承该企业资产，该企业只得解散。

问：企业解散时由谁来进行清算？

第 4 章 公司法

学习目标

知识目标：了解公司的概念和分类、公司的设立登记；熟悉公司的财务会计以及国有独资公司、一人公司；熟悉公司的合并、分立、解散与清算；掌握有限公司与股份有限公司设立的条件与组织机构；掌握股份有限公司股份发行与转让等方面的知识。

技能目标：一是正确理解并掌握公司的组织机构；二是熟悉有限责任公司与股份有限公司设立的条件。

能力目标：正确区分有限责任公司和股份有限公司的异同；正确区分股东（大）会与董事会的职权；理论联系实际，解决公司在设立经营过程中发生的有关实际问题。

引例

有限责任公司的设立

甲、乙、丙、丁四位自然人签订协议,投资设立A有限责任公司,注册资本为人民币45万元。甲、乙、丙三人均以货币出资,出资额分别为10万元、10万元、5万元;丁以专利技术出资,该项专利目前已经向国家专利局作了申报,但尚未取得专利证书,作价20万元,同时协议还规定:公司章程由丁独自起草,无须股东会审议通过;公司不设董事会,只设执行董事,甲为执行董事,并担任法定代表人和公司总经理;由甲提议乙担任公司财务负责人并兼任公司监事;公司修改章程或与其他公司合并时,须经全体股东的过半数通过。以上协议有哪些不当之处呢?

公司是社会生产力发展到一定历史阶段而出现的一种企业组织形式。公司制度是有效实现出资者所有权与公司法人财产权分离,产权关系明晰,管理体制科学的企业法人的典型形式,是现代市场经济国家中最普遍、最重要的企业制度,是现代企业制度的典型代表。

4.1 公司法概述

4.1.1 公司的概念与分类

❶ 公司的概念

公司是依法设立的，以营利为目的的，由股东投资设立的企业法人组织。公司具有以下特征：

（1）依法设立。公司的设立必须具备关于公司章程、资本、组织机构、活动原则等方面的法定条件，同时要求必须经过法定程序，经过工商登记而设立。

（2）以营利为目的。股东出资设立公司的目的是为了营利，即从公司经营中获取利润。某些事业单位、非营利性的社会团体等，不以营利为目的，不属于公司性质。

（3）以股东投资行为为基础设立。

（4）具有独立法人资格。公司具有独立法人资格，拥有独立的法人财产，有独立的组织机构并能独立承担民事责任。

❷ 公司的分类

根据不同的标准，公司有不同的分类。

（1）按照股东对公司所负责任的不同，公司可分为无限责任公司、有限责任公司、两合公司、股份有限公司、股份两合公司等类型。无限责任公司又称无限公司，指股东对公司的债务承担无限连带责任的公司。有限责任公司，指股东对公司的债务仅以其出资额为限承担有限责任的公司。两合公司，指由一个以上的无限责任股东和一个以上的有限责任股东组成，无限责任股东对公司债务负无限连带的清偿责任，有限责任股东仅就其出资额为限对公司债务承担清偿责任的公司。股份有限公司，指将公司全部资本分为等额股份，股东以其所持股份为限对公司债务承担清偿责任的公司。股份两合公司，指由一个以上的无限责任股东和一个以上的有限责任股东组成，公司的资本分为等额股份的公司。

（2）按照公司对外信用基础的不同，公司可分为人合公司、资合公司和人合兼资合公司三种。人合公司是以股东个人信用为基础的公司，无限责任公司是最典型的人合公司。资合公司是以公司资本信用为基础的公司，股份有限公司是最典型的资合公司。人合兼资合公司指公司的信用基础兼具股东个人信用和公司资本信用两个方面，如有限责任公司。

（3）按照公司之间控制或从属关系的不同，公司可分为母公司和子公司。母公司是拥有另一公司一定数额的股份，并控制其经营的公司。子公司指的是一定数额的股份被另一公司持有，并受其控制的公司。子公司具有企业法人资格，独立承担法律责任。

（4）按照公司内部管辖关系的不同，公司可分为总公司和分公司。总公司是管辖其全部组织的总机构；分公司是总公司所辖的分支机构或附属机构。分公司不具有企业法人资格，其民事责任由总公司承担。

（5）按照公司国籍的不同，公司可分为本国公司和外国公司。

4.1.2 公司法的概念和适用范围

❶ 公司法的概念

公司法是规定公司的设立、组织、活动和解散，以及股东权利、义务关系的法律规范的总称。1993年12月29日，第八届全国人民代表大会常务委员会第五次会议通过了《中华人民共和国公司法》（以下简称《公司法》），于1994年7月1日起施行。1999年12月25日，第九届全国人民代表大会常务委员会第十三次会议第一次修订《公司法》；2004年8月28日，第十届全国人民代表大会常务委员会第十一次会议第二次修订《公司法》；2005年10月27日，第十届全国人民代表大会常务委员会第十八次会议第三次修订《公司法》；2013年12月28日，第十二届全国人民代表大会常务委员会第六次会议第四次修订《公司法》。本法共有13章，218条。新修订的《公司法》从2014年3月1日起实施。

❷ 我国《公司法》的适用范围

《公司法》第2条规定，本法所称公司是指依照本法在中国境内设立的有限责任公司和股份有限公司。因此，《公司法》只适用于有限责任公司和股份有限公司。

《公司法》规定："外商投资的有限责任公司适用本法,有关中外合资经营企业、中外合作经营企业、外资企业的法律另有规定的,适用其规定。"外商投资企业适用《公司法》的一般规定,有关外商投资企业的法律如另有规定,适用该法律的规定。

4.2 有限责任公司

4.2.1 有限责任公司的概念及特征

有限责任公司也称有限公司,是指依照《公司法》设立的,由符合法定人数的股东组成,股东以其认缴的出资额为限对公司承担责任,公司以其全部资产对公司债务承担责任的企业法人。

有限责任公司具有以下特征:股东人数的限定性,有限责任公司应由50个以下的股东组成;股东出资的非股份性,公司资本不分股份,每个股东只有一份出资,其出资额可以不同;股东责任的有限性,股东仅以出资额为限对公司债务承担责任;公司资本的封闭性,公司的资本只能由全体股东认缴,不能向社会公开募集股份,不能发行股票;公司组织的简便性;资合与人合的统一性。

4.2.2 有限责任公司的设立

1 设立条件

根据《公司法》的规定,设立有限责任公司应具备下列条件:

(1)股东符合法定人数。有限责任公司由50个以下的股东出资设立,股东既可以是自然人,也可以是法人。中国的自然人或者法人均可以设立"一人公司"。

(2)有符合公司章程规定的全体股东认缴的出资额。有限责任公司的注册资本为在公司登记机关登记的全体股东认缴的出资额。法律、行政法规以及国务院决定对有限责任公司注册资本实缴、注册资本最低限额另有规定的,从其规定。股东可以用货币出资,也可以用实物、知识产权、土地使用权等可以用货币估价并可以依法转让的非货币财产作价出资；但是，法律、行政法规规定不得作为出资的财产除外。对作为出资的非货币财产应当评估作价，核实财产，不得高估或者低估作价。法律、行政法规对评估作价有规定的，从其规定。股东应当按期足额缴纳公司章程中规定的各自所认缴的出资额。股东以货币出资的，应当将货币出资足额存入有限责任公司在银行开设的账户；以非货币财产出资的，应当依法办理其财产权的转移手续。股东不按照前款规定缴纳出资的，除应当向公司足额缴纳外，还应当向已按期足额缴纳出资的股东承担违约责任。公司成立后，股东不得抽逃出资。

【观念应用4-1】

有限责任公司的出资方式

A、B、C共同出资设立一注册资本为100万元的有限责任公司。其中，A以货币20万元出资，B以房产出资，自报价30万元，C以土地使用权出资，作价50万元。

问：上述出资方式及做法是否正确？

法律分析：根据《公司法》的规定，股东可以用货币出资，也可以用实物、土地使用权等非货币财产出资，但应当评估作价、核实财产。因此，上述出资方式符合规定。对非货币财产不能自报价或估价，应当评估作价、核实财产。

（3）股东共同制定公司章程。公司章程是记载公司组织及其活动规则的法律性书面文件。有限责任公司的章程由全体股东共同制定，所有股东都应当在公司章程上签名、盖章。

有限责任公司的章程应当载明下列事项：①公司名称和住所；②公司经营范围；③公司注册资本；④股东的姓名或名称；⑤股东的出资方式、出资额和出资时间；⑥公司的机构及其产生办法、职权、议事规则；⑦公司法定代表人；⑧股东会会议认为需要规定的其他事项。

【观念应用4-2】

公司章程的约束力

依据《公司法》的规定，公司的股东、监事、全体员工以及公司本身均受公司章程约束的说法正确吗？

法律分析：根据《公司法》第11条规定，公司章程对公司、股东、董事、监事、高级管理人员具有约束力。因此,公司章程对全体员工都具有约束力的说法是不正确的。

(4)有公司名称,建立符合有限责任公司要求的组织机构。公司名称是公司的标志。有限责任公司在设定自己的名称时,必须符合法律、法规的规定,必须在公司名称中标明"有限责任公司"或"有限公司"字样。

(5)有公司住所。有限责任公司以其主要办事机构所在地为住所。

❷ 设立程序

(1)签订发起人协议。发起人协议是发起人之间就公司事项所达成的明确彼此之间权利、义务关系的书面协议。

(2)订立公司章程。订立公司章程是公司设立的必经程序。

(3)申请公司名称预先核准。

(4)报经主管部门审批。只有法律、法规规定必须报经审批的,才有此程序。

(5)股东缴纳出资。

(6)确定公司机构。

(7)申请设立登记。股东按公司章程规定的定额出资后,由全体股东指定的代表或者共同委托的代理人向公司登记机关申请设立登记,提交公司登记申请书、公司章程等文件。公司登记机关对符合《公司法》规定条件的,予以登记,发给公司营业执照;对不符合《公司法》规定条件的,不予登记。公司营业执照签发日期为有限责任公司成立日期。

表4-1 公司设立登记申请书

名　　称				
住　　所		邮政编码		
法定代表人		联系电话		
注册资本	（万元）	企业类型		
经营范围				
营业期限	自　　年　　月　　日至　　年　　月　　日			
审批机关				
有关部门意见				
谨此确认,本表所填内容不含虚假成份。 董事长签字:　　　　　　　　　　　　　年　　月　　日				

注:① 经营范围中有法律、行政法规规定必须报经审批的项目的,国家有关部门可在"有关部门意见"栏签

署意见并盖章。国家有关部门签署意见后，申请人可不再提交国家有关部门的批准文件。

②法律、行政法规规定设立公司必须报经审批的，申请人应填写"审批机关"和"批准文号"栏目。

4.2.3 有限责任公司的组织机构

有限责任公司的组织机构主要包括股东会、董事会或者执行董事、监事会或者监事及高级管理人员。

1 股东会

（1）股东会的性质和职权。有限责任公司的股东会由全体股东组成，是公司的权力机构和最高决策机关，对公司的重大问题进行决策。

有限责任公司的股东会行使下列职权：①决定公司的经营方针和投资计划；②选择和更换非由职工代表担任的董事、监事，决定有关董事、监事的报酬事项；③审议批准董事会或执行董事的报告；④审议批准监事会或者监事的报告；⑤审议批准公司的年度财务预算、决算方案；⑥审议批准公司的利润分配方案和弥补亏损方案；⑦对公司增加或者减少注册资本作出决议；⑧对发行公司债券作出决议；⑨对公司合并、分立、解散和清算、变更公司形式等事项作出决议；⑩修改公司章程；⑪公司章程规定的其他职权。

（2）股东会的形式。有限责任公司股东会分为定期会议和临时会议。定期会议依照公司章程按时召开；代表1/10以上表决权的股东，1/3以上的董事，监事会或者不设监事会的公司的监事提议召开临时会议的，应当召开临时会议。公司召开股东会应当于会议召开15日以前通知全体股东。股东会应当把所议事项的决定做成会议记录，出席会议的股东应当在会议记录上签名。

（3）股东会的召开。有限责任公司股东会的首次会议由出资最多的股东召集和主持，并依《公司法》的规定行使职权。

有限责任公司设立董事会的，股东会会议由董事会召集，董事长主持；董事长因特殊原因不能履行职务时，由董事长指定的副董事长主持；副董事长不能履行职务或者不履行职务的，由半数以上董事共同推举一名董事主持。有限责任公司不设董事会的，股东会会议由执行董事召集和主持。

董事会或者执行董事不能履行或者不履行召集股东会会议职责的，由监事会或者不设监事会的公司的监事召集和主持；监事会或者监事不召集和主持的，代表 1/10 以上表决权的股东可以自行召集和主持。

（4）股东会决议。由股东按照出资比例行使表决权，一般事项只需由代表 1/2 以上表决权的股东通过。对某些涉及股东根本利益事项的表决，如作出修改公司章程、增加或者减少注册资本以及公司分立、合并、解散和变更公司形式的决议，必须经代表 2/3 以上表决权的股东通过。

【观念应用 4-3】

首次股东会的召开

甲、乙、丙 3 人合计出资 10 万元设立 A 有限责任公司，其中甲出资 2 万元、乙出资 3 万元、丙出资 5 万元。

问：首次股东会会议应由谁召集和主持？

法律分析：《公司法》第 39 条规定："首次股东会会议由出资最多的股东召集和主持。"因此，本例中的首次股东会会议应由股东丙召集和主持。

❷ 董事会

（1）董事会的性质及职权。有限责任公司的董事会是股东会的执行机构，对股东会负责。董事会一般由 3~13 人组成，两个以上的国有企业或者两个以上的其他国有投资主体设立的有限责任公司，其董事会成员中应当有职工代表。董事会设董事长 1 名，可以设副董事长。董事长、副董事长的产生办法由公司章程规定。董事长为公司的法定代表人。

《公司法》第 51 条规定，股东人数较少和规模较小的有限责任公司，可以设 1 名执行董事，不设董事会；执行董事可以兼任公司经理，也是公司的法定代表人。

董事任期由公司章程规定，但每届任期不得超过 3 年。董事任期届满，连选可以连任。

董事会行使下列职权：①召集股东会会议，并向股东会报告工作；②执行股东会的决议；③决定公司的经营计划和投资方案；④制订公司的年度财务预算、决算方案；⑤制订公司的利润分配和弥补亏损方案；⑥制订公司增加或者减少注册资本以及发行债券的方案；⑦拟订公司合并、分立、解散或变更公司形式的方案；⑧决定公司内部管理机构的设置；⑨决定聘任或者解聘公司经理及其报酬事项，并根据经理的提名决定聘任或者解聘公司副经理、财务负责人及其报酬事项；⑩制定公司的基本管理制度；公司章程规定的其他职权。

（2）董事会的召开。董事会会议由董事长召集和主持；董事长不能或不履行职务时，由副董事长召集和主持；副董事长不能或不履行职务的，由半数以上董事共同推选1名董事召集和主持。董事会应当把所议事项的决定作成会议记录，出席会议的董事应当在会议记录上签名。

（3）董事会的决议。董事会的议事方式和表决程序除《公司法》有规定的以外，由公司章程规定。董事会会议的表决实行一人一票。

（4）经理的设立及职权。有限责任公司的董事会决定聘任或者解聘经理。经理负责公司日常经营管理工作，对董事会负责。

经理行使下列职权：①主持公司的生产经营管理工作，组织实施董事会决议；②组织实施公司年度经营计划和投资方案；③拟订公司内部管理机构设置方案；④拟订公司的基本管理制度；⑤制定公司的具体规章；⑥提请聘任或者解聘公司副经理、财务负责人；⑦决定聘任或者解聘除应由董事会聘任或者解聘以外的负责管理人员；⑧董事会授予的其他职权。

❸ 监事会或者监事

（1）监事会的性质与组成。监事会是公司的监督机构，其成员不得少于3人。《公司法》规定，股东人数较少和规模较小的有限责任公司可以只设1~2名监事，不设监事会。监事会由股东代表和适当比例的公司职工代表组成，其中职工代表的比例不得低于1/3，具体比例由公司章程规定。监事会中的职工代表由公司职工通过职工代表大会、职工大会或者其他形式民主选举产生。监事的任期为每届3年。监事任期届满，连选可以连任。董事、高级管理人员不得兼任监事。

（2）监事会或者监事的职权。监事会或者监事行使下列职权：①检查公司财务；②对董事、高级管理人员执行公司职务的行为进行监督，对违反法律、行政法规、公司章程或者股东会决议的董事、高级管理人员提出罢免的建议；③当董事、高级管理人员的行为损害了公司的利益时，要求董事、高级管理人员予以纠正；④提议召开临时股东会，在董事会不履行《公司法》规定的召集和主持股东会会议职责时召集和主持股东会会议；⑤向股东会提出提案；⑥依照《公司法》第152条的规定，对董事、高级管理人员提起诉讼；⑦公司章程规定的其他职权。

（3）监事会的决议。监事会的议事方式和表决程序同股东会、董事会一样，由公司章程股规定。监事会决议应当经过半数以上监事通过，并在会议记录上签名。

4.2.4 一人公司的特别规定

《公司法》允许设立一人公司。一人公司是指由一名股东（自然人或法人）持有公司的全部出资的有限责任公司。

（1）股东。一个自然人只能投资设立一个一人有限责任公司，该一人有限责任公司不能投资设立新的一人有限责任公司。

（2）公司登记。一人公司应当在公司登记中注明自然人独资或者法人独资，并在公司营业执照中载明。

（3）组织机构。一人公司不设股东会，股东会职权由股东行使，采用书面形式作出决定，并由股东签字后置备于公司。

（4）财务报告审计。一人公司应当在每一会计年度终了时编制财务会计报告，并经会计师事务所审计。

（5）公司债务承担。一人公司的股东不能证明公司财产独立于股东自己财产的，应当对公司债务承担连带责任。这样规定是为了防止一人公司的股东滥用公司法人人格与有限责任公司制度，将公司财产混同于个人财产，抽逃资产，损害债权人的利益。

4.2.5 国有独资公司的特别规定

❶ 国有独资公司的概念和特征

国有独资公司，是指国家单独出资，由国务院或者地方人民政府委托本级人民政府国有资产监督管理机构履行出资人职责的有限责任公司。它具有以下特征：国有独资公司是特殊的一人公司；国有独资公司是特殊的有限责任公司。

❷ 国有独资公司的组织机构

（1）国有独资公司不设股东会，由国有资产监督管理机构代表国家履行出资人职责。国有资产监督管理机构授权公司董事会行使董事会的部分职权，决定公司的重大事项，但公司的合并、分立、解散、增减注册资本和发行公司债券，须由国有资产监督管理机构决定。其中，重要的国有独资公司合并、分立、解散、申请破产的，应由国有资产监督管理机构审核后，并报本级人民政府批准。

（2）董事会成员由国有资产监督管理机构委派。董事会成员中的职工代表由公司职工代表大会选举产生。董事每届任期不超过3年。董事会设董事长一人，可以设副董事长。董事长、副董事长由国有资产监督管理机构从董事会成员中指定。

（3）经理由董事会聘任或者解聘。经国有资产监督管理机构同意，董事会成员可以兼任经理。

（4）监事会成员不得少于5人，由国有资产监督管理机构委派。监事会主席由国有资产监督管理机构从监事会成员中指定。

（5）未经国有资产监督管理机构同意，国有独资公司的董事长、副董事长、董事、高级管理人员，不得在其他有限责任公司、股份有限公司或者其他经济组织兼职。

4.3 股份有限公司

4.3.1 股份有限公司的概念及特征

股份有限公司又称股份公司，是指注册资本由等额股份构成，股东以其认购的股份为限对公司承担责任，公司以其全部资产对公司债务承担责任的企业法人。

股份有限公司具有以下特征：公司的资合性，股份有限公司是一种完全而纯粹的资合性公司，对股东的身份无特殊要求，股份可以在法律规定的范围内自由转让；资本募集的公开性，具备一定条件的股份有限公司可以通过发行股票的方式筹集社会资金；资本的股份性，股份有限公司的资本划分为等额的股份，并以股票这种有价证券的形式加以表示，每个股东持有的股份可以不同，但每股代表的金额必须相等；股东的广泛性，我国的《公司法》要求股份有限公司的发起人人数应在2人以上200人以下；充分的法人性，股份有限公司具有最完备的组织机构和最为独立的财产，充分体现了法人组织的基本特征。

4.3.2 股份有限公司的设立

❶ 股份有限公司的设立方式

股份有限公司的设立方式有两种：一是发起设立，是指由发起人认购公司应发行的全部股份而设立公司；二是募集设立，是指由发起人认购公司应发行股份的一部分，其余股份向社会公开募集或者向特定对象募集而设立公司。

❷ 股份有限公司设立的条件

（1）发起人符合法定人数。《公司法》规定，股份有限公司的发起人应当在2人以上200人以下，且必须有半数以上的发起人在中国境内有住所。发起人可以是自然人、法人，也可以是中国公民、外国公民。

（2）有符合公司章程规定的全体发起人认购的股本总额或者募集的实收股本总额。

采取募集方式设立的股份有限公司，注册资本为在公司登记机关登记的实收股本总额。发起人认购的股份不得少于公司股份总数的35%；法律、行政法规另有规定的，从其规定。

采取发起方式设立的股份有限公司，注册资本为在公司登记机关登记的全体发起人认购的股本总额。在发起人认购的股份缴足前，不得向他人募集股份。发起人应当书面认足公司章程规定其认购的股份，并按照公司章程规定缴纳出资。以非货币财产出资的，应当依法办理其财产权的转移手续。

发起人不依照规定缴纳出资的，应当按照发起人协议承担违约责任。

（3）股份发行、筹办事项符合法律规定。股份有限公司的发起人必须按照《公司法》的规定认购其应认购的股份，必须承担公司的筹办事务。

（4）发起人制定公司章程，采用募集方式设立的经创立大会通过。股份有限公司的章程由发起人制定，它应当载明下列事项：①公司名称和住所；②公司经营范围；③公司设立方式；④公司股份总数、每股金额和注册资本；⑤发起人的姓名或者名称、认购的股份数、出资方式和出资时间；⑥董事会的组成、职权和议事规则；⑦公司法定代表人；⑧监事会的组成、职权和议事规则；⑨公司利润分配办法；⑩公司的解散事由与清算办法；⑪公司的通知和公告办法；⑫股东大会认为需要规定的其他事项。

（5）有公司名称，建立符合股份有限公司要求的组织机构。公司的名称必须符合企业名称登记管理的有关规定，并标明"股份有限公司"字样，同时应依法建立法定的组织机构。股份有限公司采取发起设立方式的，应选举董事会和监事会。股份有限公司采取募集设立方式的，应依法召开创立大会，选举董事会、监事会。

（6）有公司住所。

❸ 股份有限公司设立的程序

（1）发起方式的设立程序。根据《公司法》及有关法律的规定，以发起方式设立的股份有限公司，应当经过如下法律程序：①发起人发起；②公司名称的预先核准；③制定公司章程，公司章程应当由全体发起人共同同意通过，并由全体发起人在章程上签名、盖章；④发起人认购股份；⑤缴纳股款及验资；⑥选举董事会和监事会成员；⑦申请设立登记；⑧登记机关签发营业执照。

（2）募集设立方式的程序。根据《公司法》及有关法律的规定，以募集方式设立的股份有限公司，应当经过如下法律程序：①发起人发起；②公司名称的预先核准；③制定公司章程并经创立大会通过；④发起人认购股份；⑤向社会募集股份；⑥股份认购；⑦缴纳股款及验资；⑧召开创立大会；⑨申请设立登记；⑩登记机关签发营业执照。

4.3.3 股份有限公司的组织机构

❶ 股东大会

股份有限公司的股东大会是由公司全体股东组成的公司权力机构。

（1）股东大会的形式。

股份有限公司股东大会分为股东大会年会和临时股东大会两种。年会即每年按时召开一次的大会；临时股东大会是指在年会以外有特殊情况依法召开的大会。我国《公司法》规定，有下列情形之一的，应当在两个月内召开临时股东大会：①董事人数不足《公司法》规定的人数或者公司章程所定人数的 2/3 时；②公司未弥补的亏损达实收股本总额的 1/3 时；③单独或者合计持有公司股份 10% 以上的股东请求时；④董事会认为必要时；⑤监事会提议召开时；⑥其他情形。

【观念应用 4-4】

召开临时股东大会的情形

股份有限公司发生的下列情形中，哪些应当在两个月内召开临时股东大会？

A．董事人数不足公司章程所定人数的 2/3 时

B．公司未弥补亏损达股本总额的 1/3 时

C．持有公司股份 5% 的股东请求时

D．监事会提议召开时

法律分析：本例正确答案是 A、B、D。根据公司法制度的规定，有下列情形之一的，应当在两个月内召开临时股东大会：董事人数不足公司章程所定人数的 2/3 时；公司未弥补的亏损达实收股本总额的 1/3 时；持有公司股份 10% 以上的股东请求时；董事会认为必要时；监事会提议召开时。例中 A、B、D 选项正确，C 项不正确。

（2）股东大会的召开。

通常情况下由董事会召集，董事长主持；董事长不能履行职务或者不履行职务的，由副董事长主持；副董事长不能履行职务或者不履行职务的，由半数以上董事共同推举一名董事

主持。

董事会不能履行或者不履行召集股东会会议职责的，监事会应当及时召集和主持；监事会不召集和主持的，连续90日单独或者合计持有公司10%以上的股东可以自行召集和主持。

召开股东大会会议，应当将会议召开的时间、地点和审议的事项于会议召开20日前通知各股东，临时股东大会应当于会议召开15日以前通知各股东；发行无记名股票的，应当于会议召开30日前发布公告。

（3）股东大会的职权与表决。股东大会行使11项职权，其具体内容与有限责任公司相同。

（4）股东大会的决议。

股东出席股东大会，所持每一股份代表一份表决权。股东可以自己出席股东大会，也可以委托代理人出席股东大会。代理人受托出席股东大会时，应当向公司提交股东授权委托书，并只能在授权范围内行使表决权。公司持有的本公司股份没有表决权。

股东大会作出决议，必须经出席会议的股东所持表决权过半数通过。但作出特别决议，如修改公司章程、增加或者减少注册资本以及公司分立、合并、解散和变更公司形式的决议，必须经出席会议的股东所持代表的2/3以上股东通过。

股东大会应当将所议事项的决定做成会议记录。会议记录由出席会议的股东签名，并应当与出席股东会议的股东的签名册及代理出席的委托书一并保存。

❷ 董事会和经理

（1）董事会的性质、组成及职权。股份有限公司的董事会是公司股东大会的执行机构，对股东大会负责。董事会由5~19人组成，设董事长1人，也可以设副董事长。董事会成员中可以有公司职工代表。

根据《公司法》的规定，有限责任公司董事会职权的规定，适用于股份有限公司董事会，这里不再列举。

根据公司需要，董事会可以授权董事长在董事会闭会期间行使董事会的部分职权。董事会还可以决定由董事会成员兼任公司经理。

（2）董事和董事长。①董事，股份有限公司的董事由股东大会按照法律和公司章程规定的决议程序选举产生。对于股份有限公司第一届董事的产生方式,《公司法》规定以发起设立方式设立的,其第一届的董事由发起人选举产生;以募集设立方式设立的,其第一届的董事由创立大会选举产生。董事任期由公司章程规定,但每届任期不得超过3年。董事任期届满,连选可以连任。董事在任期届满前,股东大会不得无故解除其职务。股份有限公司董事资格的限制以及董事的责任与义务,适用有限责任公司董事的有关规定。②董事长,股份有限公司董事会的董事长和副董事长由董事会以全体董事的过半数选举产生。董事长为公司的法定代表人,副董事长协助董事长工作。董事长不能履行职务时,由董事长指定的副董事长代行其职权。《公司法》规定,董事长行使下列职权:主持股东大会和召集、主持董事会会议;检查董事会决议的实施情况;签署公司股票、公司债券。

(3)董事会的召集和主持。股份有限公司的董事会每年度至少召开两次会议。除这两次法定应召开的会议外,董事会还可以根据需要随时决定召开董事会会议。董事会会议由董事长召集并主持,董事长因特殊原因不能履行职权时,由董事长指定的副董事长召集、主持。召集董事会会议,应当于会议召开10日以前通知全体董事,但因紧急事项召开临时董事会会议的,可以另定召集董事会的通知方式和通知时限。

董事会开会时,董事应亲自出席,董事因故不能亲自出席的,可以书面委托其他董事代为出席,并在委托书中应载明授权范围。董事会应当将会议所议事项做成会议记录,出席会议的董事应当在会议记录上签名。

(4)董事会决议。董事会须由1/2以上的董事出席方可举行。董事会决议必须经全体董事的过半数通过,董事应当对董事会的决议承担责任。董事会决议违反法律、行政法规或者公司章程,致使公司遭受严重损失的,参与决议的董事对公司负赔偿责任,但能证明在表决时曾表明异议并记载于会议记录的,该董事可以免除责任。

(5)经理。股份有限公司的经理由董事会聘任或者解聘。经理依据法律、行政法规和公司章程的规定,负责公司的日常经营管理工作,对董事会负责。行使与有限责任公司经理相同的职权。

❸ 监事会

（1）监事会的性质。监事会是公司章程设立的机构。设立监事会的目的就是对董事及经理的活动实施监督，保证董事和经理正当和诚信地履行职责。

（2）监事会的组成。《公司法》规定，监事会设主席1人。监事会成员不得少于3人，董事、高级管理人员不得兼任监事。其产生程序及职工代表的比例、监事任期等与有限责任公司的要求相同。

（3）监事会的职权。其职权与有限责任公司的相同。

【观念应用4-5】

股份有限公司董事会的职权

某上市公司召开董事会会议，下列各项中，哪几项符合公司法律制度的规定？

A. 董事长因故不能出席会议，会议由董事长指定的副董事长甲主持

B. 通过了有关公司董事报酬的决议

C. 通过了免除乙的经理职务，聘任董事长甲担任经理的决议

D. 会议记录由主持人甲和记录员丙签名后存档

法律分析：本例正确答案是A、C项。根据《公司法》的规定，董事长不能履行职权时，由董事长指定的副董事长代行其职权，故A项正确；决定董事报酬事项属于公司股东大会的职权，不属于董事会职权，故B项错误；聘任或者解聘公司经理属于董事会职权，故C项正确；董事会应当将会议所议事项做成会议记录，由出席会议的董事和记录员在会议记录上签名，故D项错误。

表 4-2　有限责任公司与股份有限公司的主要区别

区　别	有限责任公司	股份有限公司
设立方式不同	只能以发起设立方式设立，公司资本由发起人认缴，不允许向社会募集	可以发起设立，也可以募集设立。发起人认缴公司设立时发行的一部分股份，其余股份向社会公开募集或向特定对象募集
股东人数不同	1~50 人，允许成立一人有限责任公司	2~200 人，且须有半数以上的发起人在中国境内有住所
股权的表现形式不同	以纸质的出资证明书作为股权表现形式；必须采用记名方式	以股票作为股权表示形式，股票可以是纸质，但通常为无纸化形式；可以记名，也可以不记名
股权转让方式不同	除公司章程另有规定外，股东之间自由转让；向股东以外的人转让股权须经全体股东过半数通过	可以自由转让，可以在证券交易所上市交易
组织机构不同	可以不设董事会，只设 1 名执行董事；可以不设监事会，只设 1~2 名监事	必须设股东大会、董事会、监事会
公司所有权与经营权分离程度不同	两权分离程度较低，股东通过出任经营职务直接参与公司的经营管理，决定公司事务	两权分离程度较高
信息披露义务不同	不用向社会公开披露财务、生产、经营管理的信息	负有信息披露义务，依法公开披露财务状况和经营情况等

4.3.4　股份有限公司的股份发行与转让

❶ 股份与股票的概念

股份有限公司的股份，是指公司股东持有的公司资本或股东权义的等值份额。每一份股份金额相同，所表现出的股东权利和义务相等。股票是指公司签发的证明股东所持股份的凭证，是股份的表现形式。

❷ 股份的分类

（1）根据股东权利、义务的不同，股份分为普通股和优先股。普通股是股份的最基本形式，是享有普通股权、承担普通义务的股份。持有普通股的股东依法享有决策参与权、利润分配权、优先认股权和资产分配权。优先股是指享有优先权的股份。优先股股东不参与公司决策、不参与红利分配，但在公司清算时，可以先于普通股股东取得剩余财产。

（2）根据票面是否记载股东姓名或名称的不同，股票分为记名股票和无记名股票。

记名股票是指在票面上记载股东姓名或名称的股票；无名股是指在票面上不记载股东姓

名或名称的股票。公司向发起人、国家授权投资的机构、法人发行的股票，应当为记名股票，并应当记载该发起人、机构或者法人的名称或姓名，不得另立户名或者以代表人的姓名记名。对社会公众发行的股票，可以为记名股票，也可以为不记名股票。公司发行记名股票的，应当置备股东名册，并记载股东的姓名或者名称及住所、各股东所持股份数、各股东所持股票的编号、各股东取得其股份的日期等事项。公司发行无记名股票的，应当记载其股票的数量、编号及发行日期等。

（3）根据投资主体的不同，可以将股票分为国有股、发起人股和社会公众股。

国有股包括有权代表国家投资的政府部门或机构以国有资产投入公司形成的或依法定程序取得的国有股和具有法人资格的国有企业、事业单位及其他单位以其依法占用的法人资产向独立于自己股份公司出资形成的或依法定程序取得的国家法人股。发起人股是指股份公司的发起人认购的股份。社会公众股是指个人和机构以合法财产购买并可依法流通的股份。

（4）其他分类。按照发行对象的不同，可以将股票分为 A 股、B 股、H 股等。按照股东有无表决权，股票可以分为表决权股和无表决权股。

❸ 股份的发行

股份发行是指股份有限公司以筹集资本为目的，按照法定程序分配或出售其股份的行为。

（1）股份发行的原则。股份发行应当实行公平、公正的原则，同股同权、同股同价的原则。

（2）股份发行的价格。我国《公司法》规定，股票发行价格可以按票面金额，也可以超过票面金额，但不得低于票面金额。

依照《公司法》的规定，股份有限公司登记成立后，即向股东正式交付股票；公司登记成立前，不得向股东交付股票。

❹ 股份的转让

股份转让是指公司的股东依照一定的程序将其所持有的公司的股份全部或部分转让给他人，使他人成为公司股东或增加股份数额的法律行为。

《公司法》规定股份有限公司股东所持有的股份可以依法转让，但作了以下规定：

（1）股份转让的地点：股东转让股份，应当在依法设立的证券交易所或者按照国务院规定的其他方式进行。

（2）股份转让的方式：记名股票以背书或者法律、行政法规规定的其他方式转让，转让后由公司将受让人的姓名或者名称及住所记载于股东名册。股东大会召开前20日内或者公司决定分配股利的基准日前5日内，不得进行前款规定的股东名册的变更登记。但是，法律对上市公司股东名册变更登记另有规定的，从其规定。无记名股票的转让，只需交付给受让人即发生效力。

（3）发起人持有的本公司股份，自公司成立之日起1年内不得转让。公司公开发行股份前已发行的股份，自公司股票在证券交易所上市交易之日起1年内不得转让。

（4）公司董事、监事、高级管理人员应当向公司申报所持有的本公司的股份及其变动情况，在任职期间每年转让的股份不得超过其所持有本公司股份总数的25%；所持本公司股份自公司股票上市交易之日起1年内不得转让；离职后半年内不得转让其所持有的本公司股份。

（5）通常情况下公司不得收购本公司股份，但有下列情形之一的除外。经股东大会决议通过，减少公司注册资本；与持有本公司股份的其他公司合并；将股份奖励给本公司职工；股东因对股东大会作出的公司合并、分立决议持异议，要求公司收购其股份。

（6）公司不得接受本公司的股票作为质押权的标的。

4.4 公司债券与财务会计

4.4.1 公司债券

1 公司债券的概念和种类

公司债券是指公司依照法定程序发行的、约定在一定期限内还本付息的有价证券。

依照不同的标准，公司债券可作不同的分类。

（1）记名公司债券和无记名公司债券。记名公司债券是指在公司债券上记载债权人姓名或者名称的债券；无记名公司债券是指在公司债券上不记载债权人姓名或者名称的债券。

（2）可转换公司债券与不可转换公司债券。可转换公司债券是指可以转换为公司股票的公司债券。可转公司债券在发行时规定了转换为公司股票的条件与办法。当条件具备时，债券持有人拥有将公司债券转换为公司股票的选择权。不可转换公司债券是指不能转换为公司股票的公司债券。凡在发行债券时未作出转换约定的公司债券，均为不可转换公司债券。

❷ 公司债券的发行和转让

我国《公司法》规定，公司为筹集生产经营资金，可以依照本法发行公司债券。因此，股份有限公司和有限责任公司都可以发行公司债券。公司发行债券必须符合《中华人民共和国证券法》规定的条件与程序。我国《公司法》规定，公司债券可以转让，转让价格由转让人与受让人自行约定。公司债券在证券交易所上市交易的，按照证券交易所的交易规则转让。

根据公司债券的种类不同，公司债券的转让有两种不同的方式。记名公司债券，由债券持有人以背书方式或者法律、行政法规规定的其他方式转让，转让后由公司将受让人的姓名或者名称及住所记载于公司债券存根簿。无记名公司债券的转让，由债券持有人将该债券交付给受让人后即发生转让的效力。

表 4-3 公司债券与公司股票的区别

区分项目	公司债券	公司股票
法定权利和义务	持有人是公司的债权人，对于公司享有民法上规定的债权人的所有权利	持有人是公司的股东，享有《公司法》所规定的股东权利
收益稳定性	无论公司是否有盈利，对公司享有按照约定给付利息的请求权	在公司有盈利时才能依法获得股利分配
期限	约定期限届满公司必须偿还债券本金	在公司解散时方可请求分配剩余财产
清偿顺序	优先于股票持有人获得清偿的权利	在公司全部债务清偿之后，才能就公司剩余财产请求分配
收益风险性	利率固定不变，风险较小	股票股利分配的高低，与公司经营好坏密切相关，故常有变动，风险较大

✪ 4.4.2 公司财务会计

公司应当按照国家法律、行政法规和国务院财政部门的规定，建立本公司的财务、会计制度。

❶ 公司的财务会计报告

公司应当在每一会计年度终了时编制财务会计报告，并依法经会计师事务所审计。公司的财务会计报告主要包括：资产负债表；损益表（利润表）；现金流量表；财务情况说明书；利润分配表。对于上市公司，在每一会计年度的上半年结束之日，还应制作中期财务会计报告。

公司向外报送的年度会计报告必须依法经注册会计师验证，并由公司法定代表人、主管会计工作的负责人、总会计师、会计机构负责人和主管会计人员签署。有限责任公司应当按照公司章程规定的期限，将公司财务会计报告及时送交公司的各个股东。股份有限公司的财务会计报告应当在召开股东大会年会的20日以前置备于本公司，供股东查阅。公开发行股票的股份有限公司必须公告其财务会计报告。

❷ 公司的利润分配

（1）利润分配的顺序。公司利润是指公司在一定时间内（通常为1年）从事经营活动的财务成果，包括营业利润、投资净收益以及营业外收支净额。公司应按如下顺序进行利润分配：①弥补以前年度的亏损，但不得超过税法规定的弥补期限；②缴纳所得税；③弥补在税前利润弥补亏损之后仍存在的亏损；④依法提取法定公积金；⑤提取任意公积金；⑥向股东分配利润。

股东会或者董事会违反规定，在弥补亏损和提取法定公积金、法定公益金之前向股东分配利润的，必须将违反规定分配的利润退还给公司。

（2）公积金。公积金分为盈余公积金和资本公积金两类。盈余公积金是从公司税后利润中提取的公积金，分为法定公积金和任意公积金两种。法定公积金按照税后利润（减弥补亏损）的10%提取，当公积金累计金额达到公司注册资本50%时可不再提取。任意公积金按照公司章程规定或者股东会决议，从税后利润中提取。资本公积金包括资本溢价、法定财产重估增值、接受捐赠的资产价值等。

公司的公积金应当按照规定的用途使用。公司公积金的主要用途：一是弥补亏损。公司的亏损按照国家税法规定可以用缴纳所得税前的利润弥补，超过用所得税前的利润弥补亏损的期限后仍未补足的亏损，可以用公司税后利润抵补；发生特大亏损，税后利润仍不足抵补的，可以用公司的公积金抵补。二是转增资本。公司为实现增加资本的目的，可以将公积金的一部分转为资本，但用法定公积金转增资本时，所留存该项公积金不得少于转增前公司注册资本的25%。三是扩大公司生产经营。

【观念应用4-6】

法定公积金的用途

公司提取的法定公积金可以用于下列哪些项目？

A．扩大公司生产经营

B．弥补公司亏损

C．转增公司资本

D．改善职工福利

法律分析：根据《公司法》第169条的规定，公司的法定公积金可以用于A、B、C项。

4.5 公司的合并、分立、解散和清算

4.5.1 公司合并

1 公司合并的概念和分类

公司合并是指两个或者两个以上的公司依照法定程序变更为一个公司的法律行为。

公司合并包括新设合并和吸收合并。所谓新设合并，是指两个以上的公司合并成立为一个新公司，合并各方解散。如甲、乙、丙三个公司合并成一家新公司丁，甲、乙、丙同时消灭。

所谓吸收合并，又称兼并或购并，是指一个公司吸收其他公司加入本公司，被吸收的公司解散。如甲、乙、丙三家公司合并，甲吸收乙、丙后继续存在，而乙、丙因被吸收而消灭。

❷ 公司合并的程序

（1）提出并制定合并方案。公司合并必须由董事会或者执行董事制定出详细的合并方案。

（2）签订合并协议。

（3）作出合并决议。公司合并应当由公司股东会或者股东大会作出合并决议。有限责任公司必须经代表 2/3 以上表决权的股东通过；股份有限公司必须经出席会议的股东所持表决权 2/3 以上通过。

（4）编制资产负债表和财产清单。

（5）通知债权人。公司应当自作出合并决议之日起 10 日内通知债权人，并于 30 日内在报纸上公告。债权人自接到通知书之日起 30 日内，未接到通知书的自第一次公告之日起 45 日内，有权要求公司清偿债务或者提供相应的担保。公司合并时，合并各方的债权、债务，应当由合并后存续的公司或者新设的公司承继。

（6）办理公司变更或者设立登记。

4.5.2 公司分立

❶ 公司分立的概念和分类

公司分立是指一个公司依法分为两个或者两个以上的公司的法律行为。

公司分立分为以下两种形式：一是新设分立，指公司以其全部财产设立两个以上的公司，原公司解散；二是派生分立，指公司以其全部财产和义务另设一个新公司，原公司继续存在。

❷ 公司分立的程序

公司分立的程序与公司合并的程序基本一致：拟订分立方案；通过分立协议；编制资产负债表和财产清单；达成债务承担的协议；向债权人发出通知和公告；办理相关登记手续。

4.5.3 公司解散与清算

❶ 公司解散的原因

《公司法》规定,有下列情形出现的,公司应当解散:公司章程规定的营业期限届满或者其他解散事由出现;股东会或股东大会决议解散;因公司合并或分立需要解散;依法被吊销营业执照、责令关闭或被撤销;人民法院依法予以解散。

❷ 公司解散时的清算

公司解散时,除因合并或者分立之外,应当依法进行清算。公司应当在解散事由出现之日起15日内成立清算组。有限责任公司的清算组由股东组成,股份有限公司的清算组由董事或者股东大会确定的人员组成。清算组在公司清算期间代表公司从事民事活动,处理公司经济事务和民事诉讼事务。

一般清算工作程序如下:

(1)登记债权。清算组应当自成立之日起10日内通知债权人,并于60日内在报纸上公告。债权人应当自接到通知书之日起30日内,未接到通知书的自公告之日起45日内,向清算组申报债权。清算组应当对债权进行登记,在申报债权期间,清算组不得对债权人进行清偿。

(2)清理公司财产,制定清算方案。

❸ 清偿债务

公司财产在分别支付清算费用,职工的工资、社会保险费用和法定补偿金,缴纳所欠税款,清偿公司债务后的剩余财产,有限责任公司按照股东的出资比例分配,股份有限公司按照股东持有的股份比例分配。

公司被依法宣告破产的,依照有关企业破产的法律实施破产清算。

本章小结

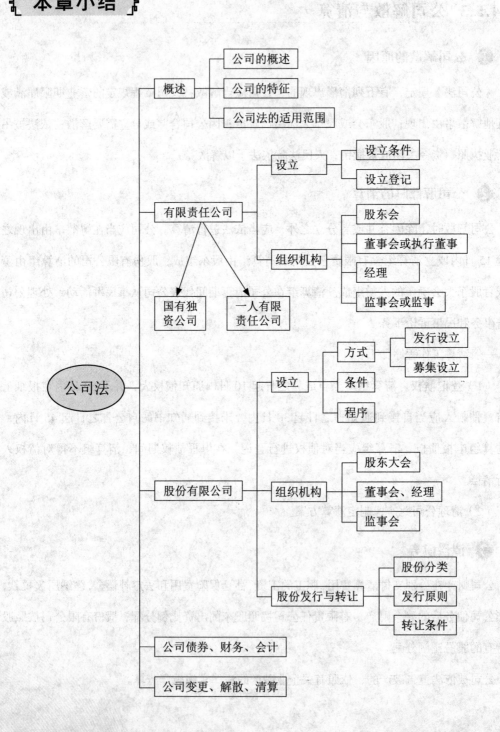

主要概念和观念

主要概念

公司 有限责任公司 股份有限公司 国有独资公司 公司债券 一人公司 公司合并 公司分立

主要观念

有限责任公司和股份有限公司组织机构 公司合并与分立及其形式 股份有限公司设立方式

基本训练

知识题

4.1 阅读与理解

1. 公司有哪些特征?

2. 有限责任公司设立的条件有哪些?

3. 股份有限公司设立的条件有哪些?

4. 公司股份与债券有哪些区别?

4.2 知识应用

1. 判断题

(1) 规模较小、人数较少的有限公司可以不设董事会,由执行董事担任公司法定代表人。 ( )

（2）公司不得收购本公司的股票，但为减少资本而注销股份或与持有本公司股票的其他公司合并时除外。（　　）

（3）董事、高级管理人员不得兼任公司监事。（　　）

（4）一人有限责任公司，是指只有一个自然人股东的有限责任公司。（　　）

（5）分公司和子公司都具有法人资格，依法独立承担民事责任。（　　）

2. 选择题

（1）有限责任公司有关（　　）的决议，必须经代表2/3以上表决权的股东通过。

　　A. 增资、减资　　　　　　　　B. 公司的合并、分立

　　C. 变更公司形式　　　　　　　D. 修改公司章程

（2）公司向（　　）发行的股票应为记名股票。

　　A. 发起人　　　　　　　　　　B. 社会公众

　　C. 法人　　　　　　　　　　　D. 国家授权投资的机构

（3）股份有限公司的监事会由（　　）组成。

　　A. 股东代表　　B. 经理　　C. 财务负责人　　D. 职工代表

（4）甲公司为国有独资公司，其董事会作出的下列决议中，符合《公司法》规定的有（　　）。

　　A. 聘请李某为公司经理　　　　B. 增选余某为公司董事长

　　C. 批准董事林某兼任乙有限公司经理　　D. 决定发行公司债券200万元

（5）公司依法解散，应当在解散事由出现之日起十五日内成立清算组，开始清算。有限责任公司的清算组由（　　）组成。

　　A. 股东　　　　B. 债权人　　　C. 监事会成员　　D. 董事会成员

（6）股份有限公司的董事长不能履行职务时，根据《公司法》的规定，有可能履行其职务的是（　　）。

　　A. 副董事长　　B. 监事会主席　　C. 工会主席　　D. 董事会秘书

（7）以募集设立方式设立股份有限公司的，发起人认购股份不得少于公司股份总数的（　　）。

  A. 百分之十五 B. 百分之二十五 C. 百分之三十五 D. 百分之五十

（8）根据我国公司法，股东可以以下列方式出资（　　）。

  A. 货币 B. 实物 C. 非专利技术 D. 土地使用权

（9）公司法关于国有独资公司的组织机构，有哪些特殊规定（　　）。

  A. 不设监事会

  B. 不设股东会

  C. 董事会成员和经理只能由国有资产监督管理机构任命

  D. 公司重大事项必须由国有资产监督管理机构决定

技能题

4.1　规则复习

1. 股份有限公司股东转让股份有哪些规定？
2. 股东的出资有何规定？
3. 有限责任公司和股份有限公司的区别有哪些？
4. 公司解散财产清偿顺序是怎样的？

4.2　操作练习

某股份有限公司由4位发起人共同发起成立，成立后的股份有限公司的总股本为人民币6000万元，其中4位发起人共认购4000万元，剩余2000万元拟向社会公开发行。公司章程规定：公司成立后，由股东大会选举董事、董事长；由董事长指定公司总会计师；董事、监事都必须由股东担任；董事长为公司法定代表人。

根据以上材料，分析说明该公司设立过程及公司章程有哪些不符合《公司法》的规定。

观念应用

案例分析

股份有限公司董事会的召开

A 股份有限公司的董事会召开年会。该公司有董事 15 人,本人亲自出席会议的有 5 人,有 3 人因故不能出席而电话委托他人参加会议,其中甲委托董事长代为出席,乙委托某监事代为出席,丙委托其担任董事长的另外一家公司的经理代为出席。董事会的议事日程有:决定公司的投资方案;讨论决定发行公司债券;决定公司内部机构的调整;制定公司有关具体规章。上述事项均经过出席会议的董事的过半数通过。

问:

(1) 甲、乙、丙三名董事因故不能亲自参加此次会议,他们的委托是否合法?

(2) 此次会议的召开是否合法?

(3) 此次会议的四项议事日程中,哪些是董事会无权决定的事项?

(4) 此次会议所作出的决议,其效力如何?为什么?

单元实训

根据老师提供的有关素材,自己下载申报有限责任公司的有关表格,模拟实训申报有限责任公司的程序。

第 5 章

合同法

学习目标

知识目标：认识并理解合同及其法律特征，了解合同的主要类型，理解合同法的基本原则，熟悉合同的内容及订立程序，理解并掌握合同的效力，把握合同履行、变更、转让、终止的相关规定，理解并掌握承担违约责任等方面的知识。

技能目标：一是明确合同订立的程序，能够按照法律的要求订立合同；二是能够按照法律的规定或合同的约定适当地履行合同，正确行使合同履行的抗辩权，依法行使代位权和撤销权；三是能够准确判断履行合同是否违约，依法追究违约责任，保护合法权益。

能力目标：充分理解合同法的基本原则，能正确签订一般的合同，能准确判断合同的效力，熟悉承担违约责任的方式。

引例

买卖合同纠纷案

甲、乙两公司采用合同书形式订立了一份买卖合同,双方约定由甲公司向乙公司提供100台电脑,甲公司于8月31日前交货,并负责将货物运至乙公司,乙公司在收到货物后10日内付清货款。合同订立后双方均未签字盖章。7月28日,甲公司与丙运输公司订立货物运输合同,双方约定由丙公司将100台电脑运至乙公司。8月1日,丙公司先运了70台电脑至乙公司,乙公司全部收到,并于8月8日将70台电脑的货款付清。8月20日,甲公司掌握了乙公司转移财产、逃避债务的确切证据,随即通知丙公司暂停运输其余30台电脑,并通知乙公司中止交货,要求乙公司提供担保,乙公司及时提供了担保。8月26日,甲公司通知丙公司将其余30台电脑运往乙公司,丙公司在运输途中发生交通事故,30台电脑全部毁损,致使甲公司在8月31日前不能按时全部交货。9月5日,乙公司要求甲公司承担违约责任。

根据以上事实回答下列问题:(1)甲乙公司订立的买卖合同是否成立?(2)甲公司8月20日中止履行合同的行为是否合法?(3)乙公司9月5日要求甲公司承担违约责任的行为是否合法?(4)丙公司对货物毁损应承担什么责任?

合同法是保护当事人的合法权益以及维护社会经济秩序的重要法律。本例需要回答的问题涉及合同的形式、不可抗辩权的行使及违约责任等内容。

5.1 合同法概述

5.1.1 合同的概念和特征

合同，又称契约，有广义和狭义之分。广义的合同是指当事人之间设立的具有权利义务内容的协议。广义的合同不仅包括民法上的债权合同、物权合同和身份合同，还包括劳动法上的劳动合同，以及行政法上的行政合同等。《中华人民共和国合同法》（以下简称《合同法》）规定的合同为狭义上的合同。<u>狭义上的合同是指"平等主体的自然人、法人和其他组织之间设立、变更、终止民事权利义务关系的协议"</u>。但婚姻、收养、监护等有关身份的协议，适用其他法律的规定。

合同作为一种平等主体之间的协议，具有以下法律特征：

第一，合同是平等主体之间的民事法律行为。民事法律行为是一种合法的、有法律约束力的、受法律保护的行为。首先，合同作为一种法律行为，表明依法成立的合同对当事人具有法律约束力。《合同法》第8条规定："依法成立的合同对当事人具有法律约束力。当事人应当按照合同约定履行自己的义务，不得擅自变更或者解除合同。"其次，合同是平等主体之间的民事法律行为，这表明合同当事人的地位是完全平等的，他们之间没有领导与被领导、管理与被管理之分，不允许任何一方将自己的意志强加给对方。

第二，合同是双方或多方当事人意思表示一致的民事法律行为。合同的成立必须是两个或两个以上的当事人相互进行对应的意思表示，并达成意思表示一致。合同就是合意的结果。

第三，合同是以设立、变更、终止民事权利义务关系为内容的民事法律行为。合同当事人达成意思表示一致的协议，其目的是为了他们之间设立、变更或者终止相应的权利义务关系。合同成立后，各方当事人之间应当依据合同达到其目的，实现其利益。

5.1.2 合同的分类

不同的合同反映出当事人之间不同的权利义务关系。因此，对合同进行分类，有助于当事人正确订立和履行合同。

❶ 单务合同与双务合同

这是以合同双方当事人是否互负给付义务为标准划分。单务合同是指只有一方当事人负给付义务的合同，如赠予合同；双务合同是指双方当事人互负给付义务的合同，如买卖合同、租赁合同、承揽合同。

❷ 有偿合同与无偿合同

这是以当事人权利的获得是否支付相应代价为标准划分。有偿合同是指当事人一方享有合同规定的权益，须向对方当事人支付相应代价的合同，如买卖合同、租赁合同、承揽合同、运输合同等；无偿合同是指当事人一方享有合同规定的权益，无须向对方当事人支付相应代价的合同，如赠予合同、借用合同等。

❸ 诺成性合同与实践性合同

这是以除双方意思表示一致外，是否还需交付标的物才能成立为标准划分。诺成性合同是指当事人意思表示一致即告成立的合同，如买卖合同、租赁合同、承揽合同、建设工程合同、技术合同、仓储合同等；实践性合同是指除当事人意思表示一致以外，还须交付标的物或完成其他给付才能生效的合同，如定金合同、公民之间的借款合同、货物运输合同、保管合同等。

❹ 要式合同与非要式合同

这是以法律、法规是否要求具备特定形式和手续为标准划分。要式合同是指法律或当事人要求必须具备一定形式的合同，如抵押合同；非要式合同是指法律上不要求按特定的形式订立的合同。

❺ 主合同与从合同

这是以合同相互之间的主从关系为标准划分。主合同是指不以他合同的存在为前提，即能独立存在的合同；从合同是指以他合同的存在为前提，自身不能独立存在的合同，如为担保贷款合同而订立抵押合同，则借款合同为主合同，抵押合同为从合同。

⑥ 有名合同与无名合同

这是以法律、法规是否对合同名称作出名确规定为标准划分。有名合同是指法律上以特定名称命名,并以专门规范加以调整的合同,如《合同法》规定的买卖合同、借款合同、行纪合同等15种合同都是有名合同;无名合同是指法律尚无特定名称规定,亦没有专门规范加以调整的合同。

⑦ 涉己合同与涉他合同

这是以合同是否涉及合同之外的他人为标准划分。涉己合同又称束己合同,是指合同当事人遵循合同相对性原则,为自己约定并承受权利义务,第三人与合同无直接关联的合同;涉他合同是指合同当事人不以合同相对性原则为限,为第三人设立了权利或约定了义务,即直接涉及第三人的合同,如人寿保险合同中以第三人为受益人的合同。

5.1.3 合同法的概念和作用

合同法是调整平等主体之间合同关系的法律规范的总称。为了适应市场经济发展的需要,并与国际合同法接轨,1999年3月15日第九届全国人民代表大会第二次会议通过了《中华人民共和国合同法》,自1999年10月1日起施行,原《中华人民共和国经济合同法》《中华人民共和国技术合同法》《中华人民共和国涉外经济合同法》同时废止。这部《合同法》的颁布实施,标志着我国关于合同立法的日臻完善,也标志着我国市场经济法律体系建设取得了实质性的进展。其作用表现在以下几个方面:

第一,保障交易活动的顺利开展。交易活动,即以商品交换和劳务给付等为内容的民事活动。对于民事主体即各方当事人来说,需求的不间断性或持续性决定了交易活动的经常性,也就决定了对合同形式使用的不间断性。从事交易的合同主体、交易对象以及合同主体的交易合意本身,都需要合同法条款加以界定和规范。另外,交易合意的易变性和易损性,也都需要合同法加以规范和调整。合同法正是从规制交易合意的易变性、调整交易合意的易损性等方面,排除交易障碍,保障交易活动的顺利进行。

第二，提高交易活动的经济效益。合同是追逐利益的工具，各方当事人利用订立合同、履行合同，甚至转让合同实现各自不同的利益目标，从而达到以生产、经营活动实现经济利益的目的。

第三，推动市场经济的健康发展。市场经济的健康发展需要合同各方当事人以自愿、平等、等价有偿和诚实信用为原则订立合同、履行合同，而上述原则都是合同法规定的基本原则。

5.1.4 合同法的基本原则

合同法的基本原则是适用于合同行为、合同关系以及合同司法等活动的基本准则。

❶ 自由（自愿）原则

《合同法》第4条规定："当事人依法享有自愿订立合同的权利，任何单位和个人不得非法干预。"这一原则具体包括缔结合同的自由、选择相对人的自由、决定合同内容的自由和选择合同方式的自由。

❷ 平等、公平原则

《合同法》第3条规定："合同当事人的法律地位平等，一方不得将自己的意志强加给另一方。"《合同法》第5条规定："合同当事人应当遵循公平原则确定各方的权利和义务。"平等是指合同当事人的法律地位平等；公平则是指合同所确定的权利义务要符合社会正义的基本要求，保证合同当事人利益的均衡。

❸ 诚实信用原则

《合同法》第6条规定："当事人行使权利、履行义务应当遵循诚实信用原则。"这一原则具体包括：合同义务人应积极地履行义务；合同当事人在行使权利、履行义务时，禁止欺诈、胁迫、乘人之危，否则将导致合同撤销。

【小思考5-1】

如何理解合同上的自由原则？

答：当事人有订立或不订立合同的自由，当事人是否订立合同基于自己的自愿。当事人有选择合同另一方的自由,除政府指令性计划合同外,当事人选择与谁签订合同基于自己的意志。合同当事人有决定合同内容的自由,当事人签订何种内容的合同,其条款如何设定,只要符合法律将不受外人干涉。合同当事人有决定合同形式的自由,除法律有特殊要求外,合同形式由合同当事人自由决定。

5.2 合同的订立

订立合同是当事人双方依法就合同的主要条款达成协议的法律行为,是合同法的一项重要内容。

5.2.1 合同订立的一般程序

《合同法》第 13 条规定:"当事人订立合同应采取要约、承诺的方式。"

❶ 要约

要约是指一方当事人向他人作出的以一定条件订立合同的意思表示。前者称为要约人,后者称为受要约人。

要约必须具备以下条件才能成立:要约必须由特定的当事人作出;要约必须是向相对人作出;要约的内容必须具体、确定;要约必须表明经受要约人承诺,要约人即受该意思表示的约束。

要约可以以书面形式作出,也可以以对话形式作出。书面形式包括信函、电报、电传、传真、电子邮件等函件。究竟以什么形式作出要约,应根据法律规定或具体合同而定;无法律规定的,当事人可视具体合同自由选择要约形式。

关于要约的法律效力,《合同法》规定,要约到达受要约人时生效。具体规定如下:对话形式的要约自受要约人了解时发生效力;书面形式的要约于到达受要约人时发生效力;采取数据电文形式进行的要约,收件人指定特定系统接收数据电文的,该数据电文进入该特定系统时,视为到达时间,即为要约生效时间;未指定特定系统的,该数据电文进入收件人的任何系统的首次时间，视为到达时间，即为要约生效时间。

【小思考 5-2】

要约邀请与要约有何区别？

答：要约邀请，也称为要约引诱，是希望他人向自己发出要约的意思表示。现实生活中寄送的商品价目表、拍卖公告、招标公告、招股说明书、商品广告（符合要约规定的除外）等，均属于要约邀请。商品带有标价陈列、自动售货机的设置、投标书的寄送，则属于要约。

要约邀请与要约的区别在于：要约一般情况下是向特定人发出的，而要约邀请是向非特定人发出的。要约的内容具体确定，而要约邀请的内容没有这一要求。要约是订立合同的行为，因此，要约对要约人具有约束力；而要约邀请是订立合同的预备行为，对行为人不具有约束力。

❷ 承诺

承诺是受要约人同意接受要约的意思表示。

承诺必须具备以下条件才能成立：承诺须由受要约人作出；承诺必须在有效期内作出；承诺必须与要约的内容一致；承诺须向要约人作出。

承诺的方式，原则上应该符合要约的规定。如果要约没有对承诺方式作出特别规定，承诺的表示一般应以通知的方式作出，根据交易习惯或要约表明可以通过行为作出承诺的，行为亦可作为承诺的表示方式。

关于承诺的生效时间，《合同法》规定，承诺通知到达要约人时生效。承诺不需要通知的，根据交易习惯或者要约的要求作出承诺的行为时生效。采用数据电文形式订立的合同，收件人指定特定系统接收数据电文的，该数据电文进入该特定系统的时间为承诺生效时间；未指定特定系统的，该数据电文进入收件人的任何系统的首次时间为承诺生效时间。

5.2.2 合同订立的竞争程序

在订立合同时可以采用竞争的方式。依竞争程序订立合同，包括招标和拍卖两种方式。

❶ 招标

招标是由多数竞争人各自提出条件,而由招标人从竞争者中选择一人与之订立合同的一种订约方式。它一般要经过以下几个阶段:招标阶段,招标是招标人采取招标通知或招标公告的形式,向数人或公众发出的投标邀请。从法律性质上说,招标属于要约邀请。投标阶段,投标是投标人按照招标文件的要求,向招标人提出报价的行为。从法律性质上说,投标属于要约。开标和决标阶段,开标是在规定的时间和地点,按照规定的方式公开各投标人标书的内容;决标是于开标后,招标人在对各投标人的投标进行评标的基础上作出抉择,确定中标人。从法律性质上说,决标属于承诺。签订合同阶段,中标人在接到中标通知后,在指定的期间与地点同招标人签订合同书。

❷ 拍卖

拍卖是指由拍卖人从多数竞争人中选择出价最优者订立合同的一种订约方式。它一般要经过以下几个阶段:委托人与拍卖人签订委托拍卖合同;拍卖人发布拍卖公告,在法律上属于要约邀请的性质;竞买,其法律性质属于要约;拍定,其法律性质属于承诺,拍卖人一旦拍定,拍卖合同即告成立。

5.2.3 缔约过失责任

❶ 缔约过失责任的概念和特点

缔约过失责任是指在合同订立过程中,当事人一方有违背诚实信用原则的行为,应承担的损害赔偿责任。它具有以下特点:缔约过失责任发生在合同订立过程中;一方违背其依诚实信用原则所应负的义务;造成他人信赖利益的损失。

❷ 缔约过失责任的具体形式

对于缔约过失责任的适用范围,《合同法》第42条规定了承担缔约过失责任的情形:假借订立合同,恶意进行磋商;故意隐瞒与订立合同有关的重要事实或者提供虚假情况;有其他违背诚实信用原则的行为。

【观念应用 5-1】

缔约过失责任

甲了解到乙有转让其餐馆的意图,而甲根本没有购买餐馆的意思,但为了阻止乙将餐馆卖给竞争对手丙,故意与乙进行长时间的谈判。当丙买了另一家餐馆时,甲终止了谈判,乙后来以比丙出价更低的价格将餐馆转让了,乙遭受了差价损失。

问:甲应承担什么责任?

法律分析:《合同法》第42条规定:"当事人在订立合同过程中有下列情形之一,给对方造成损失的,应当承担损害赔偿责任:(一)假借订立合同,恶意进行磋商……"本例中甲的行为就是假借订立合同,恶意进行磋商,应承担缔约过失责任。所谓"假借",就是根本没有与对方订立合同的真实意思,与对方进行谈判只是借口,目的是损害对方或者他人利益,恶意地与对方进行合同谈判。

此外,合同被确认无效或被撤销以后,有过错的一方应赔偿他方因此所受的损失,行为人没有代理权、超越代理权或者代理权终止后以被代理人的名义订立的合同,未经被代理人追认。当事人的这些责任,从性质上讲,都是缔约过失责任。

❸ 缔约过失责任的范围

缔约过失责任的范围应限制在对当事人信赖利益的赔偿上,主要包括以下几个方面的损失:①订约费用。②履行的费用。③合理的间接损失。

5.2.4 合同的内容

合同的内容是指合同当事人在合同关系中所享有的权利和履行的义务,在合同形式上表现为合同的条款。根据《合同法》第12条的规定,合同的内容由当事人约定,一般包括以下条款:

❶ 当事人的名称或姓名和住所

合同是双方或多方当事人之间的协议,当事人是谁、住在何处或营业场所在何处应予明确。合同如无当事人名称或姓名及住所条款,则不能成为合同。在合同实务中,当事人名称或姓名和住所条款往往列入合同的首部。如为涉外合同，还应标明当事人的国籍。

❷ 标的

标的是合同法律关系的客体，是当事人权利义务共同指向的对象。没有标的即没有客体，没有客体的合同关系是不可能存在的。合同的标的可以是货物，也可以是劳务，还可以是工程项目等，但法律禁止的行为或禁止转让的物不得成为合同的标的。

❸ 数量

数量是以数字和计量单位来衡量标的的尺度。标的数量要确切：首先应选择双方共同接受的计量单位；其次要确定双方认可的计量方法；最后应允许规定合理的磅差和尾差。

❹ 质量

质量是标的的内在素质和外观形态的综合，包括标的的名称、品种、规格、等级、标准、技术要求。有国家质量标准的，则按国家质量标准进行约定；没有国家质量标准的，也可按"凭样品"来规定质量条款。

❺ 价款或报酬

价款或报酬是有偿合同的重要条款。价款是取得标的物所应支付的代价，报酬是获得服务所应支付的代价。

❻ 履行期限、地点和方式

履行期限是指享有权利的一方要求对方履行义务的时间，可以规定为即时履行，也可以规定为定时履行，还可以规定为在一定期限内履行。如果是分期履行，还应写明每期的准确时间。履行地点是确定验收地点的依据，也是确定运输费用由谁负担、风险由谁承担的依据，有时还是确定标的物所有权是否转移、何时转移的依据。履行方式是指当事人采取什么办法来履行合同的义务。

❼ 违约责任

违约责任是指违反合同义务应当承担的民事责任，应明确规定违约致损的计算方法、赔偿范围等。

⑧ 解决争议的方法

解决争议的方法是指纠纷发生后以何种方式解决当事人之间的纠纷。合同当事人可以在合同中约定纠纷的解决方式。如果当事人在合同中约定仲裁的，在纠纷发生时，当事人就只能通过仲裁解决纠纷，而不能通过诉讼解决；如果当事人在合同中约定以诉讼的方式解决纠纷，则不能以仲裁方式解决。

5.2.5 格式条款合同

格式条款合同，又称格式合同，是指由一方当事人预先制定的，并由不特定的第三人所接受的，具有完整性和定型化的合同条款的合同。在合同实务中，一些法律上和事实上垄断经营的行业均适用格式条款合同。

采用格式条款订立合同的，提供格式条款的一方应当遵循公平原则确定当事人之间的权利和义务，并采取合理的方式提请对方注意免除或者限制其责任的条款，按照对方的要求，对该条款予以说明。否则，该免责条款无效。

合同双方当事人对格式条款合同的条款发生争议的，应按照通常理解予以解释；对格式条款有两种以上解释的，应作出不利于提供格式条款合同一方的解释。

5.2.6 合同的形式

合同的形式是指缔约当事人达成协议的表现形式。根据《合同法》的规定，合同的形式主要有：

① 口头形式

口头形式是指当事人双方就合同内容面对面或以通信设备交谈达成协议。凡当事人无约定或法律未规定特定合同形式的合同，均可采用口头形式。

❷ 书面形式

书面形式是指合同书、信件和数据电文（包括电报、电传、传真、电子数据交换和电子邮件）等可以有形地表现所载内容的形式，它还包括特殊的书面形式，如公证形式、鉴证形式、批准形式、登记形式等。

❸ 其他形式

其他形式是指除口头形式、书面形式以外的合同形式。这里的"其他形式"是指可以根据当事人的行为或者特定情形推定成立的合同。

【观念应用5-2】

合同的其他形式

甲乙双方的租房合同5月份到期，但乙方在5月底仍接收甲方支付的6月份的租金。

问：甲乙之间的租房合同成立并有效吗？

法律分析：《合同法》第10条规定："当事人订立合同，有书面形式、口头形式和其他形式。"其他形式是指口头形式、书面形式以外的合同形式。依照我国《合同法》，其他形式是指行为推定形式。本例中就可以推定乙同意6月份继续租房于甲，乙接受甲的租金的这一行为就可推定甲乙之间的租房合同成立并有效。

5.3 合同的效力

合同的效力是指已经成立的合同在当事人之间产生的一定的法律约束力。

5.3.1 合同生效

❶ 合同成立与合同生效

合同成立与合同生效是两个不同的概念。合同成立是指当事人达成协议建立了合同关系。合同生效是指合同具备法定条件后才产生法律效力。在多数情况下，合同成立时具备了生效条件，其成立和生效时间是一致的，但也有不一致的情况。

❷ 合同的生效要件

《合同法》虽未就合同的生效要件作出明确规定，但依其立法精神以及合同实践，并结合《民法总则》第 143 条的规定，从理论上可以把合同的一般生效要件归纳为以下几个方面：

第一，行为人具有相应的民事行为能力；

第二，意思表示真实；

第三，不违反法律、行政法规的强制性规定，不违背公序良俗；

第四，合同的内容必须确定和可能。

❸ 合同的生效时间

合同的生效时间是确定合同生效的时间界限。依据《合同法》的规定，合同生效时间可分为以下几种情形：依法成立的合同，自成立时合同生效，即合同成立的时间为合同生效的时间；法律、法规规定应当办理批准、登记手续的合同，合同生效时间为办理批准、登记手续的时间；附条件的合同，合同生效的时间为条件成就时间；附生效期限的合同，自期限届至时合同生效。

5.3.2 无效合同

❶ 无效合同的概念

无效合同是指严重欠缺合同的生效要件，不发生合同当事人追求的法律后果，不受国家法律保护的合同。它可分为全部无效合同和部分无效合同。无效合同具有违法性、不得履行性和自始无效的特征。

❷ 无效合同的种类

第一，一方以欺诈、胁迫的手段订立合同，损害国家利益。因欺诈、胁迫而订立的合同并不当然无效，只有当因欺诈、胁迫而订立的合同损害国家利益时，合同无效。

第二，恶意串通，损害国家、集体或第三人利益的合同。这一无效的原因由主观和客观两个因素构成。主观因素为恶意串通，客观因素为合同损害国家、集体或者第三人的利益。

第三，违反法律、行政法规中的强制性规定的合同。合同违反强制性规定是指合同的内容违反了法律、行政法规中的强制性规定。

第四，违反社会公共利益的合同。例如，以从事犯罪或帮助犯罪作为内容的合同、规避课税的合同、违反人格和人格尊严的合同、违反公平竞争的合同等都是无效合同。

第五，以合法形式掩盖非法目的的合同。它是指当事人订立的合同在形式上是合法的，但在缔约目的和内容上是非法的。例如，订立赠予合同的目的在于逃避法院的强制执行，订立联营合同的目的在于非法拆借资金等。

5.3.3 可变更、可撤销合同

❶ 可变更、可撤销合同的概念

可变更、可撤销合同是指欠缺合同有效要件，存在可变更、可撤销原因的合同。

对于可变更、可撤销合同，当事人可请求人民法院或者仲裁机构变更或撤销。当事人请求变更的，人民法院或者仲裁机构不得撤销。

❷ 可变更、可撤销合同的种类

第一，因重大误解订立的合同。

第二，在订立时显失公平的合同。

第三，一方以欺诈、胁迫手段或者乘人之危，使对方在违背真实意思的情况下订立的合同。

❸ 撤销权的行使

具有撤销权的当事人自知道或者应当知道撤销事由之日起 1 年内行使。当事人在这期间没有行使撤销权的，撤销权消灭。具有撤销权的当事人知道撤销事由后明确表示或者以自己的行为放弃撤销权的，撤销权也随之消灭。

【观念应用 5-3】

显失公平的合同

某山区农民赵某家中有一花瓶，系由赵某的祖父留下。李某通过他人得知赵某家有一祖传花瓶，遂上门索购。赵某不知该花瓶真实价值，于是李某用 1.5 万元买下。随后，李某将该花瓶送至某拍卖行进行拍卖，卖得价款 11 万元。赵某在 1 个月后得知此事，认为李某欺骗了自己，通过许多渠道找到李某，要求李某退回花瓶。李某以买卖花瓶是双方自愿的，不存在欺骗，拒绝赵某的请求。经人指点，赵某到李某所在地的人民法院提起诉讼，请求撤销合同，并请求李某返还该花瓶。

问：法院应如何处理？

法律分析：李某与赵某之间的合同属于显失公平的买卖合同，且显失公平系由于赵某欠缺交易经验所致，因此法院应根据《合同法》第 54 条的规定撤销该花瓶买卖合同，并依据《合同法》第 58 条的规定，要求李某将花瓶退还给赵某，赵某将收到的花瓶款退还给李某。

❹ 合同无效或被撤销的法律后果

合同无效或被撤销以后会引起以下法律后果：

（1）返还财产。合同无效或被撤销后，当事人依据合同取得的财产，应返还给对方。如果标的物已经不存在或者已被第三人善意取得，不能返还时，可用赔偿损失的方法抵偿。

（2）赔偿损失。因合同无效或被撤销的合同的订立和履行给当事人造成损失的，有过错的一方应当赔偿对方因此受到的损失；双方都有过错的，应当各自按照自己的过错承担相应的责任。

（3）追缴财产或返还集体、第三人。当事人恶意串通，损害国家、集体或者第三人利益而取得的财产收归国家所有或者返还集体或者第三人。

5.3.4 效力待定合同

❶ 效力待定合同的概念

效力待定合同是指合同是否有效处于不确定状态，尚待享有形成权的第三人同意或拒绝来确定的合同。

❷ 效力待定合同的种类

第一，限制民事行为能力人依法不能独立订立的合同。限制民事行为能力人订立的合同，经法定代理人追认后，该合同有效，但纯获利益的合同或者与其年龄、智力、精神状况相适应而订立的合同除外。相对人可以催告法定代理人在1个月内予以追认。法定代理人未作表示的，视为拒绝追认。合同被追认之前，善意相对人有撤销的权利。撤销应当以通知的方式作出。

第二，无权代理人以他人名义订立的合同。行为人没有代理权、超越代理权或者代理权终止后以被代理人名义与相对人订立的合同，非经被代理人追认，对于被代理人不发生法律效力，除非构成表见代理。

【小思考5-3】

表见代理及其构成要件是什么？

答：表见代理是指行为人虽无代理权，但由于本人的行为，造成善意第三人确信其有代理权并与之实施民事行为，因而法律规定本人必须承担法律效果的代理。其构成要件为：①代理人无代理权；②无权代理人客观上存在相对人相信其有代理权的理由；③相对人须为善意且无过失；④相对人与无权代理人实施法律行为且符合法律行为的有效要件和代理的外部特征。

相对人可以催告被代理人在1个月内予以追认。被代理人未作表示的，视为拒绝追认。合同被追认之前，善意相对人有撤销的权利。撤销应当以通知的方式进行。

第三，无处分权人订立的处分他人财产的合同。无处分权人与相对人订立了处分他人财产权的合同，经权利人追认或行为人订立合同后取得处分权时，合同自始有效。否则，合同无效。但该无效不得对抗善意第三人。

【小思考5-4】

效力待定合同与无效合同有哪些区别？

答：①无效合同自始无效，而效力待定合同的效力在第三人同意或拒绝前处于悬而未决的状态。②无效合同是确定无效的,不因第三人的同意而有效;而效力待定合同由于其有效与无效处于未确定的状态,可因第三人的同意而确定有效。③无效合同是当然无效的,无须第三人以拒绝的意思表示来确定其无效;而效力待定的合同由于其有效与无效是不确定的,因此要确定其无效,须具有形成权的第三人以拒绝的意思表示。

5.4 合同的履行

合同的履行是双方当事人各自承担约定义务的实施阶段,是贯彻合同法的重要环节。合同的履行是指债务人全面地、适当地完成约定的义务,以使债权人的债权得以完全实现。

5.4.1 合同履行的原则

合同履行的原则是当事人在履行合同过程中应当遵循的基本准则,主要有两项:

❶ 全面履行原则

全面履行原则是指当事人严格履行合同所确定的义务,不得违约履行或以赔偿代替履行。这一原则还要求当事人按合同规定的数量、质量、期限、地点和方式等履行义务。

❷ 诚实信用原则

诚实信用原则是指当事人本着诚实、善意的态度,根据合同的性质、目的和交易习惯履行通知、协助、保密等义务。

5.4.2 合同内容没有约定或约定不明时的履行规则

合同生效后,当事人就质量、价格或者报酬、履行地点等内容没有约定或者约定不明确的,可以协议补充;不能达成补充协议的,按照合同有关条款或者交易习惯确定。按照有关条款或交易习惯仍不能确定的,按下列规则履行:

(1)质量要求不明确的,按照国家标准、行业标准履行;没有国家标准、行业标准的,按照通常标准或者符合合同目的的特定标准履行。

（2）价格或者报酬不明确的，按照订立合同时履行地的市场价格履行；依法应当执行政府定价或者指导价的，按照规定履行。

（3）履行地点不明确，给付货币的，在接受一方所在地履行；交付不动产的，在不动产所在地履行；其他标的，在履行义务一方所在地履行。

（4）履行期限不明确的，债务人可以随时履行，债权人也可以随时要求履行，但应当给对方必要的准备时间。

（5）履行方式不明确的，按照有利于实现合同目的的方式履行。

（6）履行费用的负担不明确的，由履行义务一方负担。

5.4.3 双务合同履行中的抗辩权

❶ 同时履行抗辩权

当事人互负债务的合同，没有先后履行顺序的，应当同时履行。一方在对方履行之前有权拒绝其履行要求；一方在对方履行债务不符合约定时，有权拒绝其相应的履行要求。当事人享有的这种拒绝权在理论上称为同时履行抗辩权。

同时履行抗辩权行使的条件：需基于同一双务合同；根据合同约定或合同性质，要求当事人同时履行合同义务，双方没有先后顺序；双方债务已届清偿期；一方当事人有证据证明应同时履行义务的对方当事人未履行或未适当履行合同；对方有履行的可能性。

❷ 后履行抗辩权

后履行抗辩权是指双务合同当事人应当先后履行其义务时，后履行一方在先履行一方未完成履行前，可拒绝履行自己相应的义务。《合同法》第 67 条规定："当事人互负债务，有先后履行顺序，先履行一方未履行的，后履行一方有权拒绝其履行要求。"

后履行抗辩权行使的条件：当事人基于同一双务合同，互负债务；当事人的履行有先后顺序；应当先履行的当事人不履行或不适当履行合同；后履行抗辩权的行使人是履行顺序在后的一方当事人。

③ 不安抗辩权

不安抗辩权是指双务合同中负有先履行义务的一方，在合同尚未履行或没有完全履行时，因法定事由暂时停止履行自己承担的合同义务的权利。

不安抗辩权行使的条件：当事人基于同一双务合同，互负债务；当事人的履行有先后顺序；不安抗辩权的行使人是履行义务顺序在先的一方当事人；后履行合同的一方当事人有丧失或可能丧失履行债务能力的情形。

《合同法》规定，应当先履行债务的当事人，有确切证据证明对方有下列情形之一的，可以中止履行：经营状况严重恶化；转移财产，抽逃资金，以逃避债务；丧失商业信誉；有丧失或者可能丧失履行债务能力的其他情形。

当事人没有确切证据中止履行的，应当承担违约责任。

当事人依法行使不安抗辩权，中止履行的应及时通知对方。对方提供适当担保时，应当恢复履行。中止履行后，对方在合理期限内未恢复履行能力并且未提供适当担保的，中止履行的一方可以解除合同。

【观念应用 5-4】

你会行使不安抗辩权吗？

A县田某是个体粮油商，一次从农户手中收购油菜籽50吨，还与A县油厂签订了《粮油购销合同》。合同约定：油厂付定金5万元，田某将50吨油菜籽送到该油厂验收后3日内付清货款。合同签订后，田某在前往油厂送油菜籽途中，巧遇B县胡某。胡某正持生效的判决书申请A县法院强制执行该油厂去年拖欠油菜籽款一案，其所签合同内容与田某合同完全相同。细心的田某便停止送货，到厂方经多方了解，发现油厂拖欠客户巨额油菜籽款，初步证实油厂经营状况严重恶化。

问：

（1）田某不履行交付油菜籽的行为合法吗？

（2）田某应该怎样处理？

法律分析：《合同法》规定："应当先履行债务的当事人，有确切证据证明对方有下列情形之一的，可以中止履行：（一）经营状况严重恶化；（二）转移财产，抽逃资金，以逃避债务……中止履行后，对方在合理期限内未恢复履行能力并且未提供适当担保的，中止履行的一方可以解除合同。"

本例中，田某掌握了油厂不能履行合同的确切证据，可以中止履行。

田某应持胡某与油厂的判决书等证据到法院，证明油厂的行为有使他"不安"的情况存在，请求法院判决解除合同。

后经法院主持调解，双方达成调解协议，约定解除合同，油厂支付田某定金5万元。

5.4.4 合同的保全

合同的保全是指法律为防止因债务人的财产不当减少而给债权人的债权带来危害，允许债权人对债务人或第三人的行为行使代理权或撤销权，以保护其债权的法律制度。

❶ 代位权

代位权是指合同债务人怠于行使对第三人的到期债权而害及债权人的债权时，债权人为保全自己的债权，可以用自己的名义代位行使债务人对第三人的权利。

代位权的构成要件是：债务人享有对第三人的到期债权。债务人怠于行使其到期债权。债权人有保全其债权的必要。例如，不行使代位权，债权的实现就不可能。债务人已陷于迟延。债务定有履行期的，债务人届期不履行，即构成迟延；债务未定履行期的，经债权人催告后，债务人仍不履行的，才构成迟延。

代位权的行使主体应是债权人，债权人以自己的名义行使代位权。债权人行使代位权应通过诉讼程序。代位权行使的界限以保全合同债权为限度。债权人行使债权的必要费用，由债务人负担。

❷ 撤销权

撤销权是指合同债权人对于合同债务人所为的危害债权行为，请求法院予以撤销的权利。

撤销权的构成要件是：债务人放弃债权或无偿转让财产的行为，只需具备有害债权这一客观要件；对于债务人以明显不合理的低价转让财产的行为，须具备有害债权这一客观要件和受让人有损债权的恶意这一主观要件。

撤销权的行使范围以债权人的债权为限。债权人行使撤销权的必要费用，由债务人负担。撤销权自债权人知道或者应当知道撤销事由之日起1年内行使。自债务人的行为发生之日起5年内没有行使撤销权的，该撤销权消灭。

5.5 合同的变更、转让和终止

合同依法成立后即具有法律效力，当事人应按照约定全面履行自己的义务。但是，因实际情况的变化，当事人需要变更合同。出现法定事由时，可以终止合同的效力。当事人亦可转让合同的权利和义务。

5.5.1 合同的变更

❶ 合同变更的概念

合同的变更有广义和狭义之分。广义的合同变更包括主体的变更和内容的变更；狭义的合同变更仅指合同内容的变更。《合同法》中的变更是指狭义的合同变更，它是指合同订立后，因为当事人的协商或者法定原因而将合同权利和义务予以改变的情形。

❷ 合同变更的原则与条件

（1）协商一致原则。协商一致是指合同当事人各方就已订立的合同的内容进行变更，经过协商，各方意思表示一致，这也是合同变更的基本条件。

（2）法定事由原则。法定事由原则是指一方当事人因为出现了法定事由，主要是合同中存在欺诈、胁迫、重大误解、显失公平等情形，导致合同权利义务对一方当事人不合理、不公正。基于此，一方当事人可以依法请求对方当事人协商变更合同或者行使合同变更权，请求法院或仲裁机构裁判变更合同。它既是当事人单方依法变更合同的原则，也是合同变更的条件。

（3）合同变更的限制条件原则。这些限制条件是：①禁止单方擅自或者任意变更合同。

②合同变更后有生效的特殊形式约定的,应办理相应的合同批准、登记或公证手续。③当事人对合同变更的内容应当约定明确、清楚,否则,不发生效力。④当事人不得因其主体姓名名称的变更或者法定代表人、负责人、承办人的变动,而主张或请求合同变更。

5.5.2 合同的转让

❶ 合同转让的概念

合同转让是指合同权利人或义务人将其权利或义务全部或部分,或者合同权利义务一并让与合同外第三人的行为。

❷ 合同转让的形式

(1)权利转让。它是指合同债权人将合同权利全部或部分转让给第三人。

(2)义务转移。它是指合同债务人将合同义务全部或部分转移给第三人。

(3)权利义务概括转让。它是指合同当事人一方经过对方同意,将其合同权利义务一并转让给第三人。

❸ 合同转让的限制

合同转让的限制是指转让合同的各种制约条件的总和。这些限制包括:合同具有不可转让的特定属性,主要是指与人身有密切关系的合同,一般不宜转让;当事人约定不得转让的合同,不能转让;法律规定不得转让的合同;合同转让权利人的附随义务;合同转让义务人的取得同意义务;合同转让生效应办理法定的批准、登记手续;权利义务概括转让的对方主体同意;主体变更不破除权利义务等。

5.5.3 合同的终止

❶ 合同终止的概念

合同的终止是指合同关系因法定事由或约定事由的出现而消灭,即合同中的民事权利义务结束或停止的情形。

须特别注意的是，合同前义务和合同后义务，并不当然随着合同终止一并消灭。例如，《合同法》第 92 条规定："合同的权利义务终止后，当事人应当遵循诚实信用原则，根据交易习惯履行通知、协助、保密等义务。"再如，根据《合同法》第 57 条和第 98 条规定，当事人请求损害赔偿的权利不因合同终止而消灭；合同中的结算和清理条款仍然有效；解决争议的方法条款继续生效。

❷ 合同终止的原因

根据《合同法》第 91 条规定，合同权利义务终止的原因有：

第一，债务已经按照约定履行。债务按照约定履行，使合同订立的目的得以实现。

第二，合同解除。合同解除分为约定解除和法定解除两种情况。

约定解除又分为两种情况：一是在合同中约定了解除条件，一旦该条件成立，合同解除；二是当事人未在合同中约定解除条件，但在合同履行完毕前，经双方协商一致而解除合同。

法定解除的事由有：因不可抗力致使不能实现合同目的；在履行期限届满之前，当事人一方明确表示或者以自己的行为表明不履行主要债务；当事人一方迟延主要债务，经催告后在合理期限内仍未履行；当事人一方迟延履行债务或者有其他违约行为致使不能实现合同目的；法律规定的其他情形。

第三，债务相互抵消。抵消可分为法定抵消和约定抵消两种情况。法定抵消是指互负同种类、同性质的债务，且债务清偿期均已届满时，为使相互间相当额之债务同归消灭的一方意思表示。约定抵消是指当事人互负债务，但标的物的性质、种类不同的，经双方当事人协商一致，也可抵消。

第四，债务人依法将标的物提存（简称提存）。提存是指由于债权人的原因而无法交付债的标的物时，债务人将标的物提交提存机关而消灭合同的情形。

第五，债权人免除债务。

第六，债权债务同归于一人。

第七，法律规定或当事人约定终止的其他情形。

5.6 违约责任

市场经济是一种契约经济,它通过合同关系把各种市场主体联系在一起,使市场运行网络化和秩序化。违反合同的行为会破坏市场经济秩序。因此,我国《合同法》规定,违反合同的行为将被追究相应的法律责任。

5.6.1 违约责任的概念和特征

违约责任是指当事人不履行合同义务或者履行合同义务不符合约定所应承担的民事责任。它以有效的合同关系存在为前提,以合同当事人违反有效的合同义务为发生条件。

违约责任具有以下特征:

❶ 违约责任的财产性

在《合同法》中规定的违约责任主要有赔偿损失、实际履行、违约金等,都是使违约方承担其违约行为导致的财产损害后果,不具有任何人身惩罚性质。

❷ 违约责任的补偿性

承担违约责任的主要目的在于弥补合同当事人因违约行为所遭受的损失。

❸ 违约责任的可约定性

违约责任作为民事责任,当然具有强制性,表现为基于法律规定强制违约方承担相应的法律后果。但是,当事人可以在法律许可的范围内,事先对违约责任承担的方式、数额作出约定,还可以特别约定限制或免除违约责任的事由和条件。

【小思考5-5】

缔约过失责任与违约责任有哪些区别?

答:一是,缔约过失责任以先合同义务为成立前提,违约责任以合同债务为成立前提;先合同义务是法定义务,合同债务主要是约定义务,核心是给付义务。二是,缔约过失责任以过错为要件,实行过错责任原则;而合同责任不以过错为要件,实行严格责任原则,只要违反了合同义务，给对方造成了损失，就要负违约责任。三是，缔约过失责任的赔偿范围是信赖利益的损失，违约责任赔偿的是履行利益的损失。

5.6.2 违约形态

① 预期违约

预期违约是指在合同履行期到来之前，一方当事人向另一方明确肯定地表示将不履行合同，或者以自己的行为或者客观事实表明将不履行合同的行为。《合同法》第108条、第94条对此作了相应的规定。预期违约包括明示预期违约和默示预期违约两种情形。

② 不履行

不履行是指当事人根本未履行任何合同义务的违约情形。

③ 迟延履行

迟延履行是指在履行期之后的履行，或者说是违反履行期的违约行为。它包括债权人迟延和债务人迟延两种情形。

④ 不适当履行

不适当履行是指虽有履行但履行质量不符合合同约定或法律规定的违约情形。它包括瑕疵履行和加害履行两种情形。

⑤ 其他违约行为

这主要是指违反履行数量、地点、方式或其他附随义务等违约情形。

5.6.3 违约责任的承担形式

① 违约补救措施

《合同法》第107条规定："当事人一方不履行合同义务或者履行合同义务不符合约定的，应当承担继续履行、采取补救措施或者赔偿损失等违约责任。"违约补救措施的内容既可以表现对违约后果的消除或减轻，如修理、重作或更换等，又可以是继续履行合同义务以实现合同目的。

❷ 强制实际履行

强制实际履行是指当债务人不履行合同义务时，债权人请求法院或仲裁机关以国家强制力强制债务人履行合同义务的违约责任形式。其目的不在于强调损害弥补，而是强调实现债权人订立合同所希望达到的目的。

《合同法》第110条规定："当事人一方不履行非金钱债务或者履行非金钱债务不符合约定的，对方可以要求履行，但有下列情形之一的除外：（一）法律上或者事实上不能履行；（二）债务的标的不适于强制履行或者履行费用过高；（三）债权人在合理期限内未要求履行。"

强制实际履行后，如果债权人还遭受其他损失的，可以请求债务人承担赔偿损失或支付违约金的责任。

❸ 赔偿损失

赔偿损失是指违约方不履行合同义务或履行合同义务不符合约定，给对方造成损失，依法或依约应向对方承担的补偿责任形式。

赔偿损失须具备以下构成要件：有违约行为；有损害事实；违约行为与损害事实之间有因果关系。

损失赔偿额应当相当于因违约所造成的损失，包括合同履行后可以获得的利益，但不得超过违反合同一方订立合同时预见或者应当预见到的因违反合同可能造成的损失。但是，经营者对消费者提供商品或服务有欺诈行为的，应当按照《消费者权益保护法》的规定赔偿损失。

❹ 违约金责任

违约金是指当事人事先约定的在一方违约后应向对方给付一定数额金钱的责任形式。

违约金具有补偿性，约定的违约金视为违约的损害赔偿，损害赔偿额应相当于违约造成的损失。但约定的违约金过分高于或低于造成的损失的，当事人可以请求人民法院或仲裁机构予以适当减少或增加。

❺ 定金责任

定金不仅具有担保作用,还可以作为违约责任形式。《合同法》第 115 条规定:"当事人可以依照《担保法》约定一方向对方给付定金作为债权的担保。"债务人履行债务后,定金应当抵作价款或收回。给付定金的一方不履行约定的债务的,无权要求返还定金;收受定金的一方不履行约定的债务的,应当双倍返还定金。《合同法》第 116 条又规定:"当事人既约定违约金又约定定金的,一方违约时,对方可以选择适用违约金或定金条款。"

5.6.4 违约责任的免除

按照《合同法》的规定,违约免责条件有:

❶ 不可抗力

不可抗力是指当事人在订立合同时不能预见,对其发生和后果不能避免并不能克服的自然事件和社会事件。因不可抗力导致合同不能履行的,根据不可抗力的影响,可以部分或者全部免除责任,但法律另有规定除外。当事人迟延履行后发生不可抗力的不能免除。当事人一方因不可抗力不能履行合同的,应当及时通知对方,以减轻可能给对方造成的损失,并应当在合理期限内提供证明。

❷ 法律有特别规定或当事人有特别约定

合同订立时,法律有特别规定或当事人有免责条款的特别约定,当发生合同不履行或不完全履行且又符合这些免责条款的,可以免除违约责任。

{ 本章小结 }

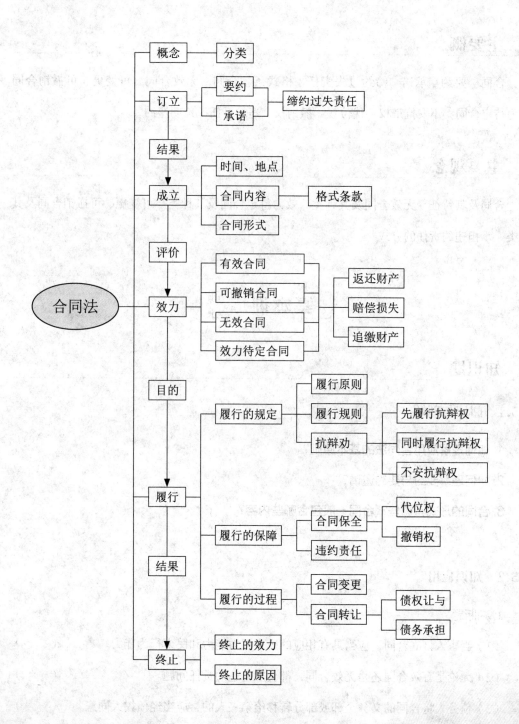

主要概念和观念

主要概念

合同 要约 承诺 缔约过失责任 格式条款合同 无效合同 可变更、可撤销合同 效力待定合同 不安抗辩权 代位权 撤销权 违约责任 预期违约

主要观念

合同及其特征 无效合同及其种类 效力待定合同及其种类 可变更、可撤销合同及其种类 承担违约责任的方式

基本训练

知识题

5.1 阅读与理解

1. 如何理解应用合同法的基本原则?
2. 如何理解要约与要约邀请?
3. 合同的形式有哪些?合同一般包含哪些内容?

5.2 知识应用

1. 判断题

（1）当事人订立合同，应当具有相应的民事权力能力和民事行为能力。　　（　　）

（2）无论是有效合同还是无效合同，都会发生违约责任问题。　　（　　）

（3）债务人将合同的义务全部或部分转移给第三人的，应当经债权人同意。　　（　　）

（4）定金的数额由当事人约定，但不能超过合同标的额的10%。　　（　　）

（5）招股说明书属于要约。   （   ）

（6）撤销权的行使范围以债权人的债权为限。债权人行使撤销权的必要费用，由债务人负担。   （   ）

2. 选择题

（1）下列意思表示属于要约的有（   ）。

  A. 招标公告 B. 投标 C. 拍卖公告 D. 商业广告

（2）下列合同中不属于诺成性合同的有（   ）。

  A. 买卖合同 B. 租赁合同 C. 定金合同 D. 借用合同

（3）下列原因可以导致合同权利义务终止的有（   ）。

  A. 提存 B. 抵消 C. 不可抗力 D. 混同

（4）下列合同中，属于《合同法》调整的合同是（   ）。

  A. 收养合同 B. 监护协议 C. 融资租赁合同 D. 劳动合同

（5）下列各项中，当事人可以请求人民法院或仲裁机构变更或撤销的有（   ）。

  A. 因重大误解订立的合同 B. 有给对方造成损失免责条款的合同

  C. 因欺诈而订立且损害国家利益的合同 D. 超越权限而订立的合同

★ 技能题

5.1 规则复习

1. 如何判断一个合同是否生效？

2. 什么是缔约过失责任？哪些情形下要承担缔约过失责任？

3. 合同履行有哪些基本原则与规则？

4. 合同履行的抗辩权有哪些？它们各自的适用条件是什么？

5. 合同保全措施有哪些？它们的适用条件是什么？

5.2 操作练习

财产所有权自财产交付时起转移

2000年6月20日,李某与张某协商,张某愿以1 000元人民币购买李某的一头耕牛,双方签订了买卖合同。张某当场交付人民币500元,声明第二天上午将余款500元交齐并一同去完税后将牛牵走。不料,当晚牛被雷电击毙。第二天上午张某携款而来,见牛已死亡,要求李某退还500元人民币。李某则认为,昨天张某已给500元,买卖已成交,所有权已归买方,现牛系意外死亡,自己人不负责,故拒绝退款。为此,张某诉至法院,要求李某退还人民币500元。

问:财产所有权从何时发生转移?本案应如何进行处理?

观念应用

案例分析

汽车买卖纠纷案

甲某与某工厂订立了一份买卖汽车的合同,约定由工厂在6月底将一部行驶3万公里的卡车交付给甲,价款3万元,甲交付定金5000元,交车后15天内余款付清。合同还约定,工厂晚交车1天,要扣除车款50元,甲晚交款1天,应多交车款50元,一方有其他违约情形,应向对方支付违约金6000元。合同订立后,该卡车因外出运货耽误,未能在6月底以前返回。7月1日,卡车途经山路时,遇暴风雨,被一块落下的石头砸中,车头受损,工厂对卡车进行了修理,于7月10日交付给甲。10天后,甲在运货中发现卡车发动机有毛病,经检查,该发动机经过大修理,遂请求退还卡车,并要求工厂双倍返还定金,支付6000元违约金,赔偿因其不能履行对第三人的运输合同而造成的营业收入损失3000元。另有人向甲提出,甲可以按照《消费者权益保护法》请求双倍赔偿。工厂意识到对自己不利,即提出汽车没有运输过户手续,合同无效,双方只需返还财产。

问:

(1) 汽车买卖合同是否有效?

(2) 卡车受损,损失应由谁承担?

(3) 甲能否按照《消费者权益保护法》请求双倍赔偿?

(4) 甲能否要求退车?

(5) 甲能否请求工厂支付违约金并双倍返还定金?

(6) 甲能否请求工厂赔偿经营损失?

(7) 甲能否同时请求工厂支付 6000 元违约金和支付每天 50 元的延迟履行违约金?

资料来源　陈新玲:《经济法》,北京,科学出版社,2005。

❋ 单元实训

根据《工业品买卖合同》(示范文本)的格式签订一份工业品买卖合同。

工业品买卖合同

(示范文本)

合同编号:＿＿＿＿＿＿＿＿＿＿＿＿＿＿＿＿＿＿＿＿＿＿

出卖人:＿＿＿＿＿＿　签订地点:＿＿＿＿＿＿＿＿＿＿＿＿

买受人:＿＿＿＿＿＿　签订时间:＿＿＿年＿＿＿月＿＿＿日

第一条　标的、数量、价款及交(提)货时间。

标的名称	牌号商标	规格型号	生产厂家	计量单位	数量	单价	金额	交(提)货时间及数量
合计人民币金额(大写):								

(注:空格如不够用,可以另接)

第二条　质量标准。

第三条　出卖人对质量负责的条件及期限。

第四条　包装标准、包装物的供应和回收。

第五条　随机的必备品、配件、工具数量及供应办法。

第六条　合理损耗标准及计算方法。

第七条　标的物所有权自_____时起转移，但买受人未履行支付价款义务的，标的物属于_____所有。

第八条　交（提）货方式、地点。

第九条　运输方式及到达站（港）和费用负担。

第十条　检验标准、方法、地点及期限。

第十一条　成套设备的安装与调试。

第十二条　结算方式、时间及地点。

第十三条　担保方式（也可另立担保合同）。

第十四条　本合同解除的条件。

第十五条　违约责任。

第十六条　合同争议的解决方式：本合同在履行过程中发生的争议，由双方当事人协商解决；也可由当地工商行政管理部门调解；协商或调解不成的，按下列第_____种方式解决：

（一）提交_____仲裁委员会仲裁；

（二）依法向人民法院起诉。

第十七条　本合同自_____起生效。

第十八条　其他约定事项。

出卖人	受买人	鉴（公）证意见：
出卖人（章）：	受买人（章）：	
住所：	住所：	
法定代表人：	法定代表人：	
委托代理人：	委托代理人：	
电话：	电话：	
传真：	传真：	
开户银行：	开户银行：	鉴（公）证机关（章）
账号：	账号：	经办人：
邮政编码：	邮政编码：	年　月　日
监制部门：	印制单位：	

第 6 章

工业产权法

学习目标

知识目标：了解工业产权的概念和特征，理解商标的概念和分类，掌握商标注册的原则和条件、商标的有效期限、续展，理解专利权的概念、授予专利权的条件，熟悉专利申请和审批程序，把握对侵犯工业产权行为的认定等方面的知识。

技能目标：一是正确理解商标注册的原则；二是熟悉商标禁用的标志；三是正确区分职务发明和非职务发明；四是正确理解授予专利权的条件。

能力目标：能够利用商标法知识，为企业进行品牌策划和营销，熟悉商标注册和专利申请的程序，正确判定商标、专利侵权行为。

引 例

工业产权的保护

某独家经销丹麦"北欧风情"系列进口家具的贸易有限公司,几年前推出这种简捷、舒适的欧式家具后,大小厂家争相模仿,市场"克隆"成风,并以低价与其恶意竞争。据初步调查,"特雷通"享有的家具外观设计专利使用权,被"拿来主义者"任意侵犯;其设计的广告样本被照搬照抄,就是其"北欧风情"注册商标也被人当作招牌,导致"特雷通"销售量和利润逐年急剧下滑。于是它对仿冒大户——上海傲耐家具制造有限公司提起诉讼。由于被告获取的非法利润难以确定,诉讼久而未决,但侵权还在各处继续。

法律分析:原告可以在起诉前向法院申请采取诉前禁令,即在诉前申请法院责令停止侵权行为。因为《商标法》和《专利法》明确规定,如果知识产权权利人或者利害关系人有证据证明他人已在实施或者即将实施侵犯其商标权或专利权的行为,不及时制止将会使其合法权益受到难以弥补的损害,所以可以在起诉前向人民法院申请责令停止有关行为的措施。诉前禁令制度的建立有利于将侵权行为扼杀在萌芽状态,在最大程度上保护权利人的合法权益。

工业产权法是当今知识时代最重要的法律制度之一,法律对商标权、专利权的保护,不仅是对当事人利益的保护,更重要的还是对未来文明的保护。

6.1 工业产权法概述

工业产权是人们依照法律对应用于商品生产和流通中的创造发明和显著标记等智力成果,在一定期限和地域内享有的专有权。工业产权的范围很广泛,主要包括发明、实用新型、外观设计、商标、服务标记、厂商品称、货源标记以及制止不正当竞争所享有的权利。

6.1.1 工业产权的特征

以智力成果为客体的工业产权是无形财产,它与有形财产所有权相比有以下主要特征:

❶ 专有性

工业产权的专有性,又称排他性,是法律赋予权利人的一种独占权利,任何人非经权利人同意不得使用,否则即为侵权。

❷ 地域性

工业产权的地域性是指一国授予的专利权或商标权只能在该国领域内有效,在其他国家不发生法律效力。

❸ 时间性

工业产权的时间性是指该种权利的保护有一定的有效期限,超过这个期限则自行消灭,任何人都可以自由地使用。

❹ 确认性

工业产权的确认性是指国家依照专门法律规定的程序予以确认,并进行保护的制度。商标专用权和专利权的取得,依据的法律就是商标法和专利法,并按照其程序申请,经国家专门机构的审查批准,以法定形式正式确认,才能给予法律保护。

6.1.2 工业产权法的概念

工业产权法是调整因确认、保护和使用工业产权而发生的各种社会关系的法律规范的总称。

6.1.3　工业产权的国际保护

目前，保护工业产权最主要的国际条约和国际组织有：

1883年3月20日在巴黎签订的《保护工业产权巴黎公约》。该公约到1989年3月已有99个成员国，中国于1985年3月19日正式成为该公约的成员国。

1891年4月14日在西班牙马德里签订的《商标国际注册马德里协定》。该协定于1892年7月15日正式生效，中国于1989年加入该协定。

1970年6月19日在华盛顿签订的《专利合作条约》（PCT）。该条约于1978年1月24日生效。中国于1994年加入该条约。

1973年6月12日在维也纳签订的《商标国际注册条约》（TRT）。该条约于1980年正式生效。它与《商标国际注册马德里协定》是并行的，一个国家可以同时参加两个或只参加一个。

1967年9月14日在斯德哥尔摩，根据"成立世界知识产权组织公约"而建立了政府间的国际机构——世界知识产权组织（WTPO）。1974年该组织成为联合国15个专门机构之一，管理着14个公约和协定，其中包括我国已经加入的4个公约和协定。中国于1980年加入该组织。

2001年12月11日中国加入《与贸易有关的知识产权协议》。

6.2　商标法

【观念应用6-1】

滴滴打车商标权侵权纠纷案

原告：广州市睿驰计算机科技有限公司（简称睿驰公司）

被告：北京小桔科技有限公司（简称小桔公司）

【案情】

睿驰公司是第 35 类和第 38 类嘀嘀和滴滴文字商标的权利人，前者核定服务项目为商业管理、组织咨询、替他人推销等，后者核定服务项目包括信息传送、计算机辅助信息和图像传送等。睿驰公司认为小桔公司经营的滴滴打车（最初名为嘀嘀打车）在服务软件程序端显著标注"滴滴"字样侵犯其注册商标专用权。

法律分析： 法院认为，从标识本身看，滴滴打车服务使用的图文组合标识与睿驰公司的文字商标区别明显。睿驰公司所称其商标涵盖的商务和电信两类商标的特点，均非滴滴打车服务的主要特征。此外，考虑睿驰公司商标、滴滴打车图文标识使用的实际情形，亦难以导致相关公众混淆误认。综上所示，滴滴打车不构成对睿驰公司经营行为产生混淆来源的影响，因此小桔公司不侵权。

随着"互联网+"商业模式的推广，通过应用软件提供服务已成为普遍经营方式。由于应用软件的名称往往比较简短，可选用的文字、图案相当有限，应用软件名称与注册商标之间的冲突不可避免，因应用软件名称引发的商标侵权纠纷也日渐增多。本案中，法院并未仅以滴滴打车服务涉及电信、软件、商业等为由抽象认定其与电信、软件、商业等服务类似，而是紧紧抓住不同服务的本质属性和主要特征，综合考虑不同服务的目的、内容、方式、对象、混淆可能性等因素，最终认定滴滴打车服务本质仍然是为客户提供运输信息和运输经纪服务。本案判决具有鲜明的时代特点，其中蕴含的抓本质、抓重点的分析方法为"互联网+"商业模式下正确认定类似服务提供了重要借鉴。

6.2.1 商标和商标法

❶ 商标的概念

商标俗称"牌子"，尽管各国的法律对商标的概念表述不一，但对**商标是商品生产者或经营者用以标明自己所生产或经营的商品或服务与他人生产或经营的同一商品或服务有所区别的标志**的理解是一样的。商标作为商品的标记，不是用于泛指商品而言的，而是用在"一定商品"上即指使用于"一定范围"和"一定质量"的商品上，其目的是为了出售商品而非赠与。

我国历史博物馆陈列的商标铜板——"白兔"商标,就是宋朝时期山东济南一家专门制作细针的刘家针铺的商品标记,这是我国目前认定比较完整的最早商标。

❷ 商标的种类

(1)根据商标构成要素分类,任何能够将自然人、法人或者其他组织的商品与他人的商品区别开的标志,包括文字、图形、字母、数字、三维标志、颜色组合和声音等,以及上述要素的组合,均可作为商标。

(2)按商标标示对象的不同分类,商标可分为商品商标和服务商标。商品商标是我们通常所指的使用在商品上的商标。服务商标是用于区别服务项目提供者的标记,如我国久负盛名的"王开"照相馆、"同仁堂"中药店等。

(3)根据商标使用者划分,商标可分为制造商标、销售商标、集体商标。制造商标,又称生产商标,是指生产企业生产产品使用的商标。销售商标是指销售者为销售商品使用的商标。集体商标是指以团体、协会或者其他组织名义注册,供该组织成员在商事活动中使用,以表明使用者在该组织中的成员资格的标志。

【小思考6-1】

为了创造自己的品牌,某饭店注册了"好再来"商标,该商标的用途属于哪一类的商标?

答:该商标属于服务商标。

(4)根据商标管理分类,商标可分为注册商标与未注册商标。注册商标是指依法定程序,经国家商标主管机关核准注册的商标。在其有效期间内,商标所有人享有专用权,并受国家法律保护。未注册商标是指未经核准注册而在市场上使用的商标,这种商标不享有商标权,但受民法、反不正当竞争法的保护。

(5)根据使用人的动机划分,商标可分为联合商标、防御商标、证明商标。联合商标是指同一个商标所有人在相同的商品上注册一些相似的商标,或在同一类型的不同商品上注册几个相似的商标。防御商标是指商标所有人在非类似商品上将其商标分别注册。证明商标是指由对某种商品或者服务具有监督能力的组织所控制,而由该组织以外的单位或者个人使用于其商品或者服务，用以证明该商品或者服务的原产地、原料、制造方法、质量或者其他特定品质的标志，如绿色食品。

❸ 商标的作用

商标主要有以下几种作用：

第一，区别不同生产和经营者所生产或经销的同一种商品，这也是商标最本质的特征。

第二，区别不同质量的商品，便于监督商品质量，维护商标信誉。

第三，有利于宣传和扩大商品的销路。

第四，有利于开辟国际市场，维护我国经济权益。

❹ 商标法

商标法，是调整因商标的确认、使用、管理及保护而产生的各种社会关系的法律规范的总和。商标法中具体规定了商标注册的原则和条件，商标注册的申请、审查和核准，注册商标的续展、转让和使用许可，商标使用的管理，商标权的保护，商标侵权的认定等内容。1982年，第五届全国人民代表大会第二十四次会议通过了《中华人民共和国商标法》（以下简称《商标法》），于1983年3月1日起施行。之后分别于1993年2月22日和2001年10月27日通过了对该法进行的修订，同时国务院也及时修订了《中华人民共和国商标法实施条例》（以下简称《商标法实施条例》），根据2013年8月30日第十二届全国人民代表大会第四次会议《关于修改＜中华人民共和国商标法＞的决定》第三次修正，于2014年5月1日起施行。

6.2.2 商标和商标法

商标注册时商标使用人取得商标权的前提和条件，只有经核准注册的商标，才受法律保护。

❶ 商标注册的原则

（1）自愿注册与强制注册相结合原则。

自愿注册是指商标使用人根据实际需要，自行决定是否对商标进行注册。但是，自愿注册的原则并不排除对某些商品"必须申请商标注册"的要求。《商标法》第6条规定："法律、行政法规规定必须使用注册商标的商品，必须申请商标注册，未经核准注册的，不得在市场销售。"根据法律规定，实行强制注册的商品只有烟草制品（包括卷烟、雪茄烟和有包装的烟丝）必须使用注册商标，使用未注册商标的烟草制品，禁止生产和销售。

【观念应用6-2】

人用药品不需商标注册

某公司经卫生行政部门许可，在中国境内销售一种进口药品，该药品使用的商标未在我国注册。

问：该公司销售药品合法吗？

法律分析：《商标法》第6条规定："法律、行政法规规定必须使用注册商标的商品，必须申请商标注册，未经核准注册的，不得在市场销售。"我国对商标注册实行自愿原则，即是否注册，取决于当事人的自愿。但对于一些特殊商品如卷烟，因其涉及消费者的生命健康或者人身安全，为了保护消费者的利益，相关法律或者行政法规规定该类商品必须使用注册商标，未经核准注册的，不得在市场上生产和销售。为了与这些法律相呼应，商标法也作了相应规定。应当注意：在2002年9月15日以前，实行强制注册的商品不仅包括烟草制品，还包括人用药品。但在之后，人用药品不再受此限制，只有烟草制品（包括卷烟、雪茄烟和有包装的烟丝）必须使用注册商标，使用未注册商标的烟草制品禁止生产和销售。

（2）申请在先和使用在先相结合原则。

《商标法》第31条规定："两个或者两个以上的申请人，在同一种商品或者类似商品上，以相同或者近似的商标申请注册的，初步审定并公告申请在先的商标；同一天申请的，初步审定并公告使用在先的商标，驳回其他人的申请，不予公告。"

（3）一标多类原则。

《商标法》第22条规定："商标注册申请人可以通过一份申请就多个类别的商品申请注册同一商标。"

"一标多类"是我国商标申请制度与国际接轨的一次重大变革。设置这一制度的出发点在于方便申请人针对同一商标在多个类别的注册申请,将明显减少申请人商标申请的费用,这对规模较大、跨类经营较多以及注重保护性商标注册的企业来说无疑是个好消息。

(4)诚实信用原则。

《商标法》第7条规定:"申请注册和使用商标应当遵循诚实信用原则。"遵循诚实信用原则的目的在于倡导市场主体从事有关商标的活动时应诚实守信,同时对当前存在的大量商标抢注行为予以规制。可以预见的是,该条款将在日后的商标确权以及维权案件中作为兜底条款被大量适用。

❷ 商标注册的申请

商标注册的申请是商标使用人向商标注册主管机关表示要求取得商标专用权意愿的一种方式。

我国《商标法实施细则》规定,商标注册申请人必须是依法登记并能够独立承担民事责任的自然人、法人或者其他组织以及符合《商标法》第17条规定的外国人或者外国企业。

商标注册申请人应当按规定的商品分类表填报使用商标的商品类别和商品名称,提出注册申请。商标注册申请人在准备有关申请文件后,应及时提出商标注册申请。商标注册申请等有关文件,可以以书面方式或者数据电文方式提出。每件商标申请应按规定报送以下书件和费用:商标注册申请书一份;商标图样5份,指定颜色的还应当提交着色图样5份,且附送黑白稿1份;有关证明文件;交纳商标注册费用。

为申请商标注册所申报的事项和所提供的材料应当真实、准确、完整。

❸ 商标注册的审查

(1)商标注册的形式审查。

商标注册的形式审查是确定是否具备受理该商标申请的起码条件,是指审查申请手续是否完备,填报项目是否符合要求。如申请书件是否齐备,商标注册申请是否具备申请资格,填报有关证书号码是否一致,是否按《商标注册用商品和服务国际分类表》按类申请,特殊商品有无主管部门的许可证等事项。

（2）商标注册的实质审查。

实质审查是商标审查人依照法律规定对形式审查合格的商标注册申请所进行的检索、分析、对比、调查研究，并决定给予初步审定或驳回申请的一系列活动。

第一，审查商标是否具有显著性。我国《商标法》第9条规定："申请注册的商标应当有显著特征，便于识别，并不得与他人在先取得的合法权利相冲突。"

第二，审查申请注册商标有无违反《商标法》的禁用条款。我国《商标法》第10条规定："下列标志不得作为商标使用：同中华人民共和国的国家名称、国旗、国徽、国歌、军旗、军徽、军歌、勋章相同或者近似的，以及同中央国家机关的名称、标志、所在地特定地点的名称或有标志性建筑物的名称、图形相同的；同外国的国家名称、国旗、国徽、军旗相同或者近似的，但该国政府同意的除外；同政府间国际组织的名称、旗帜、徽记相同或者近似的，但经该组织同意或者不易误导公众的除外；与表明实施控制、予以保证的官方标志、检验印记相同或者近似的，但经授权的除外；同"红十字""红新月"的名称、标志相同或者近似的；带有民族歧视性的；带有欺骗性，容易使公众对商品的质量等特点或者产地产生误认的；有害于社会主义道德风尚或者有其他不良影响的。"

【观念应用6-3】

"Oscar 奥斯卡"可以申请注册商标

某公司申请"Oscar 奥斯卡"作为服务商标注册申请，但远在美国加州登记注册的"OscarAerosol, Inc."（奥斯卡气雾剂公司）以该公司已登记注册为名不予主张申请。

问：该公司的申请能通过吗？

法律分析：申请商标使用的文字"Oscar 奥斯卡"，虽然是公众熟知的美国电影奖名称，但有其他常见含义。《牛津高级英汉双解词典（第四版）》及《新英汉词典》均将"Oscar"列入普通人名表及常用英美姓名表，音译为中文"奥斯卡"，且目前尚无证据表明"Oscar 奥斯卡"使用在推销服务项目上作为商标会产生不良影响。因此，商标评审委员会应当决定申请商标可以初步审定并公告。

县级以上行政区划的地名或者公众知晓的外国地名不得作为商标。但是，地名具有其他含义或者作为集体商标、证明商标组成部分的除外，已经注册的使用地名的商标继续有效。

《商标法》第11条规定："下列标志不得作为商标注册：仅有本商品的通用名称、图形、型号的；仅仅直接表示商品的质量、主要原料、功能、用途、重量、数量及其他特点的；缺乏显著特征的，但经过使用取得显著特征并便于识别的，可以作为商标注册。"

《商标法》第12条规定："以三维标志申请注册商标的，仅由商品自身的性质产生的形状，为获得技术效果而需有的商品形状或者使商品具有实质性价值的形状，不得注册。"

未经授权，代理人或者代表人以自己的名义将被代理人或者被代表人的商标进行注册，被代理人或者被代表人提出异议的，不予注册并禁止使用。

就同一种商品或者类似商品申请注册的商标与他人在先使用的未注册商标相同或者近似，申请人与该他人具有前款规定以外的合同、业务往来关系或者其他关系而明知该他人商标存在，该他人提出异议的，不予注册。

商标中有商品的地理标志，而该商品并非来源于该标志所标示的地区会误导公众的，不予注册并禁止使用；但是，已经善意取得注册的继续有效。这里所称地理标志，是指标示某商品来源于某地区，该商品的特定质量、信誉或者其他特征，主要由该地区的自然因素或者人文因素所决定的标志。

第三，审查申请注册的商标是否与他人申请在先或已注册的商标相同或者近似。我国《商标法》第30条规定："申请注册的商标，凡不符合本法有关规定或者同他人在同一种商品或者类似商品上已经注册的或者初步审定的商标相同或者近似的，由商标局驳回申请，不予公告。这里我们要对什么是"同一商品""类似商品""相同商标"和"近似商标"作一判断和裁定。

同一商品是依其原料、形状、性能、用途等因素以及习惯判断的，一般是指名称相同的商品，或名称虽不相同，但从别的情况考虑具有同一性的商品。例如，自行车用的车架、车条、车轴、车圈、车闸用途不同，但在自行车零部件这一概念上也应属于同一商品。

类似商品一般是指两种或两种以上的商品在所用原料、功能、用途、外观形状以及销售场所等方面，具有同一共同点的商品。如果使用相同或者近似的商标容易引起混淆，消费者会误认为是同一企业所产。所以，我国在1988年11月1日的商品分类表中又规定了类似商品区分表。

相同商标是指在同一种商品上或者类似商品上使用的两个或两个以上的商标，如三五与555，三九与999等。

近似商标是指在同一种商品或者类似商品上使用的两个或两个以上的商标，有外观近似、读音近似、含意近似的，如"皇妹"与"皇姝"，"雅霜"与"娅霜"等。

【观念应用6-4】

"牌匾"不构成侵权。

天津狗不理包子集团公司（以下简称狗不理公司）已取得"狗不理"注册商标。某年1月7日，被告甲饭店与被告G某签订合作协议一份。聘请G某为该店的面案厨师。同年3月甲饭店开业后，在店门上悬挂"正宗天津狗不理包子第五代传人G某"为内容的牌匾一幅。该店自3月起开始经营包子。狗不理公司起诉甲饭店及G某，称其侵犯了"狗不理"商标专用权。

资料来源于 黄勤南：《知识产权法案例教程》，北京知识产权出版社，2001。

问：甲饭店的行为构成商标侵权吗？

法律分析：法院申请认为，G某是"狗不理"创始人高贵友的第五代传人。两被告签订合作协议和制作上述牌匾的行为，是宣传"狗不理"的传人G某的个人身份，不是在"狗不理"包子或类似商品上使用与原注册商标相同或近似的商标、商品名称或商品装潢，故被告不构成侵权，驳回原告的起诉。

（3）驰名商标的保护。

我国《商标法》第13条规定："就相同或者类似商品申请注册的商标是复制、摹仿或者翻译他人未在中国注册的驰名商标，容易导致混淆的，不予注册并禁止使用。就不相同或者不相类似商品申请注册的商标是复制、摹仿或者翻译他人已经在中国注册的驰名商标、误导公众，致使该驰名商标注册人的权益可能受到损害的，不予注册并禁止使用。"

认定驰名商标应当考虑下列因素：①相关公众对该商标的知晓程度；②该商标使用的持续时间；③该商标的任何宣传工作的持续时间、程度和地理范围；④该商标作为驰名商标受保护的记录；⑤该商标驰名的其他因素。

在商标注册审查、工商行政管理部门查处商标违法案件过程中，当事人依照本法第13条规定主张权利的，商标局根据审查、处理案件的需要，可以对商标驰名情况作出认定。

在商标争议处理过程中，当事人依照本法第13条规定主张权利的，商标评审委员会根据处理案件的需要，可以对商标驰名情况作出认定。

在商标民事、行政案件审理过程中，当事人依照本法第13条规定主张权利的，最高人民法院指定的人民法院根据审理案件的需要，可以对商标驰名情况作出认定。

生产、经营者不得将"驰名商标"字样用于商品、商品包装或者容器上，或者用于广告宣传、展览以及其他商业活动中。

❹ 商标注册的驳回与核准

（1）商标注册申请的驳回。商标申请经商标局实质审查，凡不符合《商标法》有关规定的，由商标局驳回申请。商标申请被驳回后，申请人如对驳回理由不服，可以在收到驳回通知书15天内向商标评审委员会送交驳回商标复审申请书，并向商标评审委员会申请复审，然后由商标评审委员会对申请复审的理由进行研究，作出裁定。

【观念应用6-5】

莫言商标驳回复审行政案

原告：王东海

被告：国家工商总局商标评审委员会（简称商标评审委员会）

【案情】

王东海向国家工商总局商标局（简称商标局）提出注册第11733424号莫言商标（简称申请商标）的申请，指定使用于国际分类第34类烟草等商品上。商标局和商标评审委员会均作出驳回申请商标注册的决定。王东海不服上述决定，提起行政诉讼。

法院认为：申请商标与我国首位获得诺贝尔文学奖的作家莫言笔名相同。在未经莫言本人同意或经其许可的情况下，他人以莫言作为商标注册，将对我国文化领域的社会公共利益和公共秩序产生消极、负面影响。抢注知名人士姓名、笔名、艺名，借助知名人士效应获得利益的行为不但有违诚实信用原则，损害该知名人士的特定利益，而且在一定程度上损害了社会公共秩序和公序良俗。如果法院允许这种商标抢注行为发生，会严重冲击我国正常的商标注册秩序，并助长不劳而获、坐享他人之利的不良风气。因此，这种行为不应得到支持。

法律分析：根据《商标法》第10条第一款第（八）项的规定，有害于社会主义道德风尚或者有其他不良影响的标志，不得作为商标使用。一般情况下，这里的"其他不良影响"是指对我国政治、经济、文化、宗教、民族等社会公共利益和公共秩序产生消极、负面影响。如果有关标志的注册仅损害特定民事权益，例如他人的姓名权，并不涉及社会公共利益或公共秩序，则不适用该条规定。在商标注册实践中，大量商标掮客在各种类别上申请注册了海量的知名人物姓名的商标，以获取不正当利益，这极大地损害我国正常的商标秩序和国际形象，但通过授权程序予以驳回依据不足。法院通过本案的裁判，针对我国商标审查实践对涉及姓名权的商标审查的标准进行了适当的发展，确定了社会公众广为知晓的知名人物姓名权的商标审查标准：他人将知名人物姓名或笔名、艺名等相关权利申请为商标时，如果该知名人物在我国政治、经济、文化等领域具有重大影响，则应当认为该商标的注册具有《商标法》第十条第一款第（八）项所指的"其他不良影响"，应当予以驳回。

（2）商标注册的初步审定和公告。对申请注册的商标，商标局应当自收到商标注册申请文件之日起9个月内审查完毕，凡符合《商标法》有关规定的，由商标局予以初步审定、公告。两个或者两个以上的商标注册申请人，在同一种商品或者类似商品上，以相同或者近似的商标申请注册的，初步审定并公告申请在先的商标；同一天申请的，初步审定并公告使用在先的商标，驳回其他人的申请，不予公告。商标注册流程如图6-1所示。

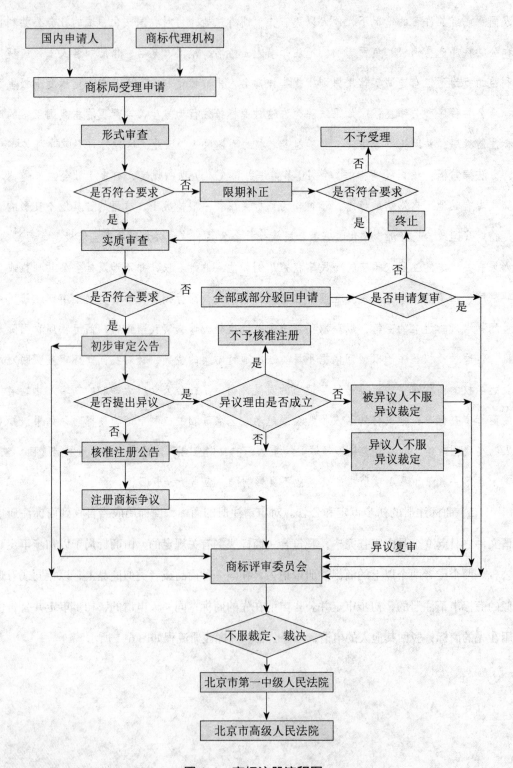

图 6-1 商标注册流程图

(3)商标异议。申请商标注册不得损害他人现有的在先权利,也不得以不正当手段抢先注册他人已经使用并有一定影响的商标。对初步审定公告的商标,自公告之日起3个月内,认为公告商标违反了商标法第10、11、12条规定的,即可能侵犯公众利益的商标,任何人有权提出异议;认为公告商标违反了商标法第13、15、16、30、31、32条规定,即可能侵犯特定权利人利益的,则只有在先权利人和利害关系人才能提出异议。公告期满无异议的,予以核准注册,发给商标注册证,并予公告。

对驳回申请、不予公告的商标,商标局应当书面通知商标注册申请人。商标注册申请人不服的,可以自收到通知之日起15日内向商标评审委员会申请复审,由商标评审委员会应当自收到申请之日起9个月内作出决定,并书面通知申请人。当事人对商标评审委员会的决定不服的,可以自收到通知之日起30日内向人民法院起诉。

对初步审定、予以公告的商标提出异议的,商标局应当听取异议人和被异议人陈述事实和理由,经调查核实后作出裁定。当事人不服的,可以自收到通知之日起15日内向商标评审委员会申请复审,由商标评审委员会作出裁定,并书面通知异议人和被异议人。当事人对商标评审委员会的裁定不服的,可以自收到通知之日起30日内向人民法院起诉。人民法院应当通知商标复审程序的对方当事人作为第三人参加诉讼。

法定期限届满,当事人对商标局做出的驳回申请决定、不予注册决定不申请复审或者对商标评审委员会做出的复审决定不向人民法院起诉的,驳回申请决定、不予注册决定或者复审决定生效。

经审查异议不成立而准予注册的商标,商标注册申请人取得商标专用权的时间自初步审定公告三个月期满之日起计算。自该商标公告期满之日至准予注册决定做出前,对他人在同一种或者类似商品上使用与该商标相同或者近似的标志的行为不具有追溯力。但是,因该使用人的恶意给商标注册人造成的损失,应当给予赔偿。

5 注册商标的管理

(1)注册商标的续展。注册商标的续展是指注册商标所有人依法办理手续,延长注册商标的有效期。注册商标的有效期为10年,外国人或者外国企业在中国申请商标注册的,经审查核准的注册商标的有效期也为10年。

注册商标的有效期限的计算，自核准注册之日算起，即在审定公告发布后3个月内，无人提出异议，或经裁定异议不成立之日算起。

注册商标有效期满，需要继续使用的，商标注册人应当在期满前12个月内按照规定办理续展手续；在此期间未能办理的，可以给予6个月的宽展期。每次续展注册的有效期为10年，自该商标上一届有效期满次日起计算。期满未办理续展手续的，注销其注册商标。

商标局应当对续展注册的商标予以公告。

（2）注册商标的变更。《商标法》第41条规定："注册商标需要变更注册人的名义、地址或者其他注册事项的，应当提出变更申请。申请变更商标注册人名义的，每一个申请应当向商标局寄送变更商标注册人名义申请书和变更证明各一份，并交回原商标注册证。"

（3）注册商标的转让。转让注册商标的，转让人和受让人应当签订转让协议，并共同向商标局提出申请。受让人应当保证使用该注册商标的商品质量。转让注册商标经核准后，予以公告。受让人自公告之日起享有商标专用权。

转让注册商标的，商标注册人对其在同一种商品上注册的近似的商标，或者在类似商品上注册的相同或者近似的商标，应当一并转让。

对容易导致混淆或者有其他不良影响的转让，商标局不予核准，书面通知申请人并说明理由。

注册商标的转让大致有以下几种：一是由于企业的合并、兼并、改制和改组所引起的商标转让；二是由于企业的经营范围扩大所引起的商标转让；三是由于商标被他人抢注，商标的首先使用人为了获得该商标的统一专有使用权所引起的商标转让；四是为扩大传统品牌出口，生产企业与外贸企业所引起的商标专用权转让；五是以高额代价与该注册商标所有人达成的商标转让协议。

（4）商标的许可。《商标法》第43条规定："商标注册人可以通过签订商标使用许可合同，许可他人使用其注册商标。"许可人应当监督被许可人使用其注册商标的商品质量，而被许可人应当保证使用该注册商标的商品质量。

经许可使用他人注册商标的，必须在使用该注册商标的商品上标明被许可人的名称和商品产地。

许可他人使用其注册商标的，许可人应当将其商标使用许可报商标局备案，由商标局公告。商标使用许可未经备案不得对抗善意第三人。

（5）注册商标的无效。《商标法》第44条规定："已经注册的商标，违反本法第10条、第11条、第12条规定的，或者是以欺骗手段或者其他不正当手段取得注册的，由商标局宣告该注册商标无效；其他单位或者个人可以请求商标评审委员会宣告该注册商标无效。"

《商标法》第45条规定："已经注册的商标，违反本法第13条第二款和第三款、第15条、第16条第一款、第30条、第31条、第32条规定的，自商标注册之日起5年内，在先权利人或者利害关系人可以请求商标评审委员会宣告该注册商标无效。"对恶意注册的，驰名商标所有人不受5年的时间限制。法定期限届满，当事人对商标局宣告注册商标无效的决定不申请复审或者对商标评审委员会的复审决定、维持注册商标或者宣告注册商标无效的裁定不向人民法院起诉的，商标局的决定或者商标评审委员会的复审决定、裁定生效。依照本法第44条、第45条的规定宣告无效的注册商标，由商标局予以公告，该注册商标专用权视为自始即不存在。宣告注册商标无效的决定或者裁定，对宣告无效前人民法院做出并已执行的商标侵权案件的判决、裁定、调解书和工商行政管理部门做出并已执行的商标侵权案件的处理决定以及已经履行的商标转让或者使用许可合同不具有追溯力。但是，因商标注册人的恶意给他人造成的损失，应当给予赔偿。依照前款规定不返还商标侵权赔偿金、商标转让费、商标使用费，明显违反公平原则的应当全部或者部分返还。

（6）注册商标的撤销。商标注册人在使用注册商标的过程中，自行改变注册商标、注册人名义、地址或者其他注册事项的，由地方工商行政管理部门责令限期改正；期满不改正的，由商标局撤销其注册商标。注册商标成为其核定使用的商品的通用名称或者没有正当理由连续3年不使用的，任何单位或者个人都可以向商标局申请撤销该注册商标。商标局应当自收到申请之日起9个月内做出决定。有特殊情况需要延长的，经国务院工商行政管理部门批准，可以延长3个月。

注册商标被撤销、被宣告无效或者期满不再续展的,自撤销、宣告无效或者注销之日起1年内,商标局对与该商标相同或者近似的商标注册申请,不予核准。

6.2.3 注册商标专用权的保护

❶ 商标专用权的保护范围

注册商标的专用权以核准注册的商标和核定使用的商品为限。

❷ 侵犯商标专用权的行为

《商标法》第57条规定:"有下列行为之一的,均属侵犯注册商标专用权:

(一)未经商标注册人的许可,在同一种商品上使用与其注册商标相同的商标的;

(二)未经商标注册人的许可,在同一种商品上使用与其注册商标近似的商标,或者在类似商品上使用与其注册商标相同或者近似的商标,容易导致混淆的;

(三)销售侵犯注册商标专用权的商品的;

(四)伪造、擅自制造他人注册商标标识或者销售伪造、擅自制造的注册商标标识的;

(五)未经商标注册人同意,更换其注册商标并将该更换商标的商品又投入市场的;

(六)故意为侵犯他人商标专用权行为提供便利条件,帮助他人实施侵犯商标专用权行为的;

(七)给他人的注册商标专用权造成其他损害的。"

将他人注册商标、未注册的驰名商标作为企业名称中的字号使用,误导公众,构成不正当竞争行为的,依照《中华人民共和国反不正当竞争法》处理。

商标注册人申请商标注册前,他人已经在同一种商品或者类似商品上先于商标注册人使用与注册商标相同或者近似并有一定影响的商标的,注册商标专用权人无权禁止该使用人在原使用范围内继续使用该商标,但可以要求其附加适当区别标识。

❸ 对侵权行为的处理

有侵犯注册商标专用权行为之一,引起纠纷的,由当事人协商解决;不愿协商或协商不成的,商标注册人或者利害关系人可以向人民法院起诉,也可以请求工商行政管理部门处理。涉嫌犯罪的应当及时移送司法机关依法处理。

(1)行政责任。工商行政管理部门处理时,认定侵权行为成立的,责令立即停止侵权行为,没收、销毁侵权商品和主要用于制造侵权商品、伪造注册商标标识的工具,违法经营额5万元以上的,可以处违法经营额5倍以下的罚款,没有违法经营额或者违法经营额不足5万元的,可以处25万元以下的罚款。对5年内实施两次以上商标侵权行为或者有其他严重情节的,应当从重处罚。销售不知道是侵犯注册商标专用权的商品,能证明该商品是自己合法取得并说明提供者的,由工商行政管理部门责令停止销售。对侵犯商标专用权的赔偿数额的争议,当事人可以请求进行处理的工商行政管理部门调解,也可以依照《中华人民共和国民事诉讼法》向人民法院起诉。经工商行政管理部门调解,当事人未达成协议或者调解书生效后不履行的,当事人可以依照《中华人民共和国民事诉讼法》向人民法院起诉。

(2)民事责任。侵犯商标专用权的赔偿数额,按照权利人因被侵权所受到的实际损失确定;实际损失难以确定的,可以按照侵权人因侵权所获得的利益确定;权利人的损失或者侵权人获得的利益难以确定的,参照该商标许可使用费的倍数合理确定。对于恶意侵犯商标专用权,情节严重的,可以在按照上述方法确定数额的1倍以上3倍以下确定赔偿数额。赔偿数额应当包括权利人为制止侵权行为所支付的合理开支。

权利人因被侵权所受到的实际损失、侵权人因侵权所获得的利益、注册商标许可使用费难以确定的,由人民法院根据侵权行为的情节判决给予300万元以下的赔偿。

销售不知道是侵犯注册商标专用权的商品,能证明该商品是自己合法取得并说明提供者的,不承担赔偿责任。

(3)刑事责任。未经商标注册人许可,在同一种商品上使用与其注册商标相同的商标,构成犯罪的,除赔偿被侵权人的损失外,依法追究刑事责任。

伪造、擅自制造他人注册商标标识或者销售伪造、擅自制造的注册商标标识,构成犯罪的,除赔偿被侵权人的损失外,依法追究刑事责任。

销售明知是假冒注册商标的商品,构成犯罪的,除赔偿被侵权人的损失外,依法追究刑事责任。

【观念应用 6-6】

商标权的保护范围

某厂于 2010 年 5 月 1 日就其生产销售的彩条毛巾开始使用"月季花"图形注册商标。同年 6 月 15 日，某公司就其生产销售的女衬衫使用"月季花"图形商标。当地工商行政管理部门以某公司侵权为由责令其立即停止使用"月季花"图形商标，并处以罚款。

问：工商行政管理部门的处罚正确吗？

法律分析：该公司的行为不属于侵犯商标专用权的范畴，工商行政管理部门的处理不正确。因为两个厂家生产的产品既非同一产品也非类似产品，故而某公司的行为不属于侵犯商标专用权的范畴。

❹ 商标侵权案件的复议

根据《商标法实施细则》规定，对工商行政管理机关对侵权行为的处理不服的，当事人（双方或多方）可以在收到通知之日起 15 日内向上一级工商行政管理机关申请复议，复议机关应在收到复议申请之日起 45 日内，作出复议决定。

6.3 专利法

【观念应用 6-7】

丧失新颖性的例外

2004 年 1 月，甲公司的高级工程师乙研制出一种节油设备，完成了该公司的技术攻坚课题，达到国际领先水平。2005 年 2 月，甲公司将该设备样品提供给我国政府承认的某国际技术展览会展出。同年 3 月，乙未经单位同意，在向某国外杂志的投稿论文中透露了该设备的核心技术，该杂志将论文全文刊载。同年 6 月，丙公司依照该杂志的报道很快研制了样品，并作好了批量生产的准备。甲公司于 2005 年 7 月向我国专利局递交专利申请书。

问：甲公司的申请能授予专利权吗？

法律分析：根据《专利法》第22条，授予专利权的发明和实用新型，应当具备新颖性、创造性和实用性。另外，根据《专利法》第24条，申请专利的发明创造在申请日以前6个月内，在中国政府主办或者承认的国际展览会上首次展出的；在规定的学术会议或者技术会议上首次发表的；他人未经申请人同意而泄露其内容的，不丧失新颖性。因此，在丙公司已研制出新样品的情况下，甲公司的发明仍具有新颖性可以被授予专利权。

6.3.1 专利和专利法

❶ 专利的含义

专利通常有两种含义：

专利是专利权的简称，它是指发明创造人或其权利受让人对特定的发明创造在一定期限内依法享有的独占实施权，这是专利的基本含义。

专利是指受专利法保护的发明创造，即专利技术，一般包括发明、实用新型和外观设计三种。

❷ 专利法的概念

专利法是调整在确认和保护发明创造的专有权以及在利用专有的发明创造过程中产生的社会关系的法律规范的总称。

1984年3月12日，第六届全国人大常委会第四次会议通过了《中华人民共和国专利法》（以下简称《专利法》），1985年1月19日通过了《中华人民共和国专利法实施细则》，两者自1985年4月1日起施行。1992年9月4日，第七届全国人大常委会第二十七次会议通过了《关于修改〈中华人民共和国专利法〉的决定》。1992年12月21日国务院批准修订了《中华人民共和国专利法实施细则》。为了做好"加入WTO"的准备，2000年8月25日第九届全国人大常委会第十七次会议通过了《关于第二次修正〈中华人民共和国专利法〉的决定》。2008年12月27日第十一届全国人大常委会第六次会议通过了《关于第三次修正〈中华人民共和国专利法〉的决定》，并于2009年10月1日起施行。

❸ 专利法的任务

我国《专利法》第1条规定："为了保护专利权人的合法权益，鼓励发明创造，推动发明创造的应用，提高创新能力，促进科学技术进步和经济社会发展，制定本法。"

6.3.2 专利权的主体和客体

❶ 专利权的主体

专利权主体是指有权提出专利申请并取得专利权的单位和个人。依据专利法，我国专利权主体有以下几种：

（1）职务发明创造的单位。职务发明创造是指发明人或设计人为执行本单位的任务或者主要是利用本单位的物质条件所完成的发明创造。

执行本单位任务是指：①在从事本职工作中所作出的发明创造；②履行本单位交付的本职工作之外任务所作出的发明创造；③退职、退休或调动工作一年以内作出的，与在原单位承担的本职工作或者分配的任务有关的发明创造。

职务发明创造申请专利的权利属于该单位，申请被批准后，该单位为专利权人。

利用本单位的物质技术条件所完成的发明创造，单位与发明人或者设计人订有合同，对申请专利的权利和专利权的归属作出约定的，从其约定。

【观念应用6-8】

职务发明？非职务发明？

2007年甲大学环境科研所环境化学研究室副主任A，应某市环保局邀请，同意帮助研究有关印染污水处理工作。A一直从事微量元素与健康研究工作，当时分管后勤工作。同年寒假，A在甲大学实验室利用废旧原料、工具及试纸，对有关厂家提供的印染污水进行试验和测试，完成了"印染污水处理方法与工艺"发明专利。此后，甲大学就该项发明向中国专利局申请了职务发明专利，并于2011年11月1日获得专利权，而A认为该发明专利权归属有误，于2012年10月向某市中级人民法院提起诉讼，请求判令该发明专利为非职务发明。

甲大学在诉讼期间则坚持认为该发明属职务发明创造，理由是：①A研究印染污水处理是经校方认可的，属单位交付的任务。②A是副主任，研究该项技术是本职工作。③A在该校实验室搞科研，利用了单位的物质条件。

问：该项发明属于职务发明吗？

法律分析： 从本案可看出，A从事"印染污水处理方法与工艺"研究并非其本职工作，而且是在假期完成的，并非甲大学交付的科研任务，也未予投资。A的发明构思方法简单，无需复杂仪器，试纸可在市场随处购买，不属于利用单位的物质条件，因此其发明是非职务发明创造，申请专利权人和专利权应归属A，至于利用甲大学的仪器、设备和一些原料可适当支付一定使用费。

（2）非职务发明创造的个人。非职务发明创造是指企事业工作人员，不是为执行本单位任务，未利用本单位物质条件所完成的发明创造。非职务发明申请专利的权利属于发明人或者设计人，申请被批准后，该发明人或者设计人为专利权人。

（3）共同发明人、设计人。由两个或两人以上共同完成的发明创造称为共同发明创造。完成该项发明的创造人，称为共同发明人或共同设计人。

两个以上单位或者个人合作完成的发明创造、一个单位或个人接受其他单位或者个人委托所完成的发明创造，除另有协议的以外，申请专利的权利属于完成或者共同完成的单位或者个人，申请被批准后，申请的单位或者个人为专利权人。

（4）外国的个人或单位。《专利法》规定："在中国没有经常居所或者营业所的外国人、外国企业或者外国其他组织在中国申请专利的，依照其所属国同中国签订的协议或者共同参加的国际条约，或者依照互惠原则，根据本法办理。"

❷ 专利权的客体

专利权客体是指专利法保护对象，即依法可以取得专利权的发明创造。我国专利权的客体有：发明、实用新型、外观设计。

（1）发明。发明是指对产品、方法或其改进所提出的新的技术方案。因此，发明包括三种：一是产品发明；二是方法发明；三是改进发明，这是对已有产品发明或方法发明提出的实质性革新的技术方案。

（2）实用新型。实用新型是指对产品的形状、构造或者其结合所提出的适于实用的新的技术方案。实用新型也属于发明的范畴，但与发明主要有两点不同：一是实用新型只适用于产品形状、构造或者其结合所提出适于实用的、新的技术方案，不适用于方法。二是实用新型发明水平较低，因此有人把它称为"小发明"，把取得的专利称为"小专利"。

（3）外观设计。外观设计是指对产品的形状、图案或者其结合以及色彩与形状、图案的结合所作出的富有美感并适于工业应用的新设计。实用新型与外观设计都关系到形状，其区别在于：实用新型主要关系到产品的功能，外观设计主要关系到产品的外观，而不涉及产品的制造和设计技术。

【小思考6-2】

甲酒厂为了突出自己的产品，对本厂生产的酒瓶进行了设计，将酒瓶设计成葫芦形状，并将百岁老人图绘制于瓶体上，并在色彩方面也做出了独具匠心的设计。该产品上市后，深受广大消费者的欢迎。

问：酒瓶这一设计能向专利局提出外观设计专利申请吗？

答：根据《专利法实施细则》之规定，甲酒厂的酒瓶设计完全符合外观设计专利的特征，可以向专利局提出外观设计专利申请。

6.3.3 授予专利权的条件

❶ 授予发明和实用新型专利的实质条件

授予专利权的发明和实用新型，应当具备新颖性、创造性和实用性。

（1）新颖性。新颖性是指该发明或者实用新型不属于现有技术，也没有任何单位或者个人就同样的发明或者实用新型在申请日以前向国务院专利行政部门提出过申请，并记载在申请日以后公布的专利申请文件或者公告的专利文件中。

另外，《专利法》还规定：申请日以前6个月内，有下列情形之一的，不丧失其新颖性：①在中国政府主办或者承认的国际展览会上首次展出的；②在规定的学术会议或者技术会议上首次发表的；③他人未经申请人同意而泄露其内容的。

【观念应用6-9】

丧失新颖性，不授予专利权

某中学教师A利用业余时间于某年1月研制出一种"节能打火机"。这种产品特征是：节能、稳定、寿命长。同年3月，A被学校派去外地参加一个教学交流会，在甲市某大学的一次报告会上，A详尽地介绍了他的"节能打火机"的原理和设计方案，受到师生的欢迎。同年4月，A向专利局提出实用新型专利申请，结果被驳回。

问：专利局驳回申请的理由是什么？

法律分析：原因就在于A某研制的"节能打火机"的原理和方案在一次不属于专利法规定的学术会议上（即某大学的报告会上）公开了，所以丧失了新颖性。

（2）创造性。创造性是指申请专利的发明或者实用新型要比现有技术有明显的进步，这是对授予专利的发明或实用新型的质量要求。《专利法》规定："创造性是指与现有技术相比，该发明有突出的实质性特点和显著的进步，该实用新型有实质性的特点和进步。"现有技术是指申请日以前在国内外为公众所知的技术。

（3）实用性。实用性是指一项发明或者实用新型能够在工业上或者产业上获得应用的本质特征。《专利法》规定："实用性是指该发明或者实用新型能够制造或者使用，并且能够产生积极效果。"

❷ 授予外观设计专利的实质条件

授予专利权的外观设计，应当不属于现有设计；也没有任何单位或者个人就同样的外观设计在申请日以前向国务院专利行政部门提出过申请，并记载在申请日以后公告的专利文件中。

授予专利权的外观设计与现有设计或者现有设计特征的组合相比，应当具有明显区别。

授予专利权的外观设计不得与他人在申请日以前已经取得的合法权利相冲突。

现有设计是指申请日以前在国内外为公众所知的设计。

❸ 不授予专利权的客体

根据《专利法》规定，对下列各项不授予专利权：

（1）科学发现。

（2）智力活动的规则和方法。

（3）疾病的诊断和治疗方法。

（4）动物和植物品种。

（5）用原子核变换方法获得的物质。

（6）对平面印刷品的图案、色彩或者二者的结合作出的主要起标识作用的设计。

（7）对违反法律、社会公德或者妨害公共利益的发明创造，不授予专利。

（8）对依赖遗传资源完成的发明创造，该遗传资源的获取或者利用违反法律、行政法规规定的，不授予专利。

对第（4）项所列产品的生产方法，可以依照本法规定授予专利权。

【小思考6-3】

依《专利法》的有关规定，下列哪些情况不能授予专利权？

A. 甲发明了仿真印钞机

B. 乙发明了对糖尿病特有的治疗方法

C. 丙发明了某植物新品种

D. 丁发明了某植物新品种的生产方法

答：ABC

6.3.4 专利的申请、审查和批准

❶ 专利的申请

（1）发明和实用新型专利的申请。《专利法》规定，申请发明或者实用新型专利的，应当提交申请书、说明书及其摘要和权利要求书等文件。

申请书是申请人向国务院专利行政部门表示请求授予专利权的申请文件，而说明书是一份重要的技术性文件。申请人通过说明书将发明或实用新型向公众公开，达到使所属技术领域的技术人员能够实现的程度。说明书既是申请人要求权利的依据，又是申请人解释权利的方式，摘要是对说明书内容的简短说明。权利要求书是申请人申请专利保护范围，它不仅是确定该发明或实用新型专利权范围的根据，也是判断他人是否侵权的依据，权利要求书具有直接的法律效力。

（2）外观设计专利的申请。由于外观设计是指对产品的形状、图案和色彩的设计，很难用文字说明或者写成权利要求书，只能通过图片或者照片才能正确体现出来。因此，《专利法》规定申请外观设计专利的，应当提交请求书以及该外观设计的图片或者照片等文件，并且应当写明使用该外观设计的产品及其所属的类别。

两个以上的申请人分别就同样的发明创造申请专利的，专利权授予最先申请的人。

❷ 专利的审查、批准

（1）初步审查。国务院专利行政部门收到专利申请后，首先进行初步审查，又称形式审查。它主要审查申请文件是否齐全及其是否符合规定；委托专利代理的是否提交委托书；是否属于不授予专利权的范围。

（2）公布申请。国务院专利行政部门收到发明申请后，经初步审查认为符合要求的，应在申请满18个月即行公布，从公布之日起，申请人就享有临时性保护。

（3）实质审查。实质审查主要是对发明的新颖性、创造性和实用性进行严格审查。《专利法》规定："发明专利申请自申请日起3年内，国务院专利行政部门可以根据申请人随时提出的请求，对其申请进行实质审查；申请人无正当理由逾期不请求实质审查的，该申请即被视为撤回。"

（4）撤回或驳回。国务院专利行政部门对发明专利申请进行实质审查后，认为不符合《专利法》规定的，应当通知申请人，要求其在指定的期限内陈述意见，或者对其申请进行修改；无正当理由逾期不答复的，该申请即被视为撤回。发明专利申请经申请人陈述意见或者进行修改后，国务院专利行政部门仍然认为不符合《专利法》规定的，应当予以驳回。

（5）授予专利权。发明专利申请经实质审查没有发现驳回理由的，国务院专利行政部门应当作出授予发明专利权的决定，发给发明专利证书，并予以登记和公告。

实用新型和外观设计专利申请经初步审查没有发现驳回理由的，国务院专利行政部门应当作出授予实用新型专利权或者外观设计专利权的决定，发给相应专利证书，并予以登记和公告。

（6）维持或撤销专利权。自国务院专利行政部门公告授予专利权之日起6个月内，任何单位或者个人认为专利权的授予不符合专利法规定的，都可以请求国务院专利行政部门撤销该专利权，国务院专利行政部门接到申请后，经审查作出撤销或维持专利权的决定。撤销专利权的决定由国务院专利行政部门登记和公告。被撤销的专利权视为自始即不存在。

（7）复审。国务院专利行政部门设立复审委员会。对国务院专利行政部门驳回申请的决定不服，或对撤销或维持专利权的决定不服，可以自收到通知之日起3个月内，向复审委员会请求复审。专利复审委员会复审后应作出决定，并通知专利申请人、专利权人或者撤销专利权的请求人。

（8）向人民法院起诉。专利申请人对专利复审委员会复审决定不服的，可以自收到通知之日起3个月内向人民法院起诉。

6.3.5 专利权的期限、终止和无效

❶ 专利权的期限

发明专利权的期限为20年，实用新型专利权和外观设计专利权的期限为10年，均自申请日起计算。

❷ 专利权的终止

专利权在以下情况下终止：①期限届满；②专利权人未按规定缴纳年费；③专利权人以书面声明放弃其权利。专利权在后两种情况下终止，即期限届满前终止由国务院专利行政部门登记和公告。

3 专利权的无效

自国务院专利行政部门公告授予专利权之日起,任何单位和个人认为该专利权的授予不符合《专利法》规定的,都可以请求专利复审委员会宣告该专利权无效。专利复审委员会对宣告专利权无效的请求应当及时审查和作出决定,并通知请求人和专利权人。宣告专利权无效的决定,由国务院专利行政部门登记和公告。对专利复审委员会宣告专利权无效或者维持专利权的决定不服的,可以自收到通知之日起3个月内向人民法院起诉。人民法院应当通知无效宣告请求程序的对方当事人作为第三人参加诉讼。

宣告无效的专利权视为自始即不存在。宣告专利权无效的决定,对在宣告专利权无效前人民法院作出并已执行的专利侵权的判决、调解书,已经履行或者强制执行的专利侵权纠纷处理决定,以及已经履行的专利实施许可合同和专利权转让合同,不具有追溯力。但是因专利权人的恶意给他人造成的损失,应当给予赔偿。依照前款规定不返还专利侵权赔偿金、专利使用费、专利权转让费,明显违反公平原则的,应当全部或者部分返还。

6.3.6 专利的内容与强制许可实施

1 专利权的内容

专利权的内容就是专利权人的权利,包括专利人身权和专利财产权两类。

专利人身权主要是指发明人、设计人的署名权和标记权。

专利财产权即专利权人享有占有、使用、收益和处分其发明创造的权利,表现为独占权、许可实施权和转让权三个方面。

2 专利实施的强制许可

有下列情形之一的,国务院专利行政部门根据具备实施条件的单位或者个人的申请,可以给予实施发明专利或者实用新型专利的强制许可:专利权人自专利权被授予之日起满3年,且自提出专利申请之日起满4年,无正当理由未实施或者未充分实施其专利的;专利权人行使专利权的行为被依法认定为垄断行为,为消除或者减少该行为对竞争产生的不利影响的。

在国家出现紧急状态或者非常情况时，或者为了公共利益的目的，国务院专利行政部门可以给予实施发明专利或者实用新型专利的强制许可。

为了公共健康目的，对取得专利权的药品，国务院专利行政部门可以给予制造并将其出口到符合中华人民共和国参加的有关国际条约规定的国家或者地区的强制许可。

一项取得专利权的发明或者实用新型比前已经取得专利权的发明或者实用新型具有显著经济意义的重大技术进步，其实施又有赖于前一发明或者实用新型的实施的，国务院专利行政部门根据后一专利权人的申请，可以给予实施前一发明或者实用新型的强制许可。在依照上述规定给予实施强制许可的情形下，国务院专利行政部门根据前一专利权人的申请，也可以给予实施后一发明或者实用新型的强制许可。

国务院专利行政部门作出的给予实施强制许可的决定，应当及时通知专利权人，并予以登记和公告。给予实施强制许可的决定，应当根据强制许可的理由规定实施的范围和时间。强制许可的理由消除并不再发生时，国务院专利行政部门应当根据专利权人的请求，经审查后作出终止实施强制许可的决定。

取得实施强制许可的单位或者个人不享有独占的实施权，并且无权允许他人实施。

取得实施强制许可的单位或者个人应当付给专利权人合理的使用费，或者依照中华人民共和国参加的有关国际条约的规定处理使用费问题。付给使用费的，其数额由双方协商；双方不能达成协议的，由国务院专利行政部门裁决。

专利权人对国务院专利行政部门关于实施强制许可的决定不服的，专利权人和取得实施强制许可的单位或者个人对国务院专利行政部门关于实施强制许可的使用费的裁决不服的，可以自收到通知之日起3个月内向人民法院起诉。

❸ 国家推广应用

国有企业事业单位的发明专利，对国家利益或者公共利益具有重要意义的，国务院有关主管部门和省、自治区、直辖市人民政府报经国务院批准，可以决定在批准的范围内推广应用，允许指定的单位实施，由实施单位按照国家规定向专利权人支付使用费。中国集体所有制单位和个人的发明专利，对国家利益或者公共利益具有重大意义，需要推广应用的，参照前款规定办理。

6.3.7 专利权的保护

❶ 专利权的保护范围

发明或者实用新型专利权的保护范围以其权利要求的内容为准，说明书及附图可以用于解释权利要求的内容。

外观设计专利权的保护范围以表示在图片或者照片中的该产品的外观设计为准，简要说明可以用于解释图片或者照片所表示的该产品的外观设计。

❷ 专利纠纷的处理

未经专利权人许可，实施其专利和假冒专利的行为，构成侵犯专利权。侵犯专利权引起纠纷的，由当事人协商解决；不愿协商或者协商不成的，专利权人或者利害关系人可以向人民法院起诉，也可以请求管理专利工作的部门处理。管理专利工作的部门处理时，认定侵权行为成立的，可以责令侵权人立即停止侵权行为，当事人不服的，可以自收到处理通知之日起15日内依照《中华人民共和国行政诉讼法》向人民法院起诉；侵权人期满不起诉又不停止侵权行为的，管理专利工作的部门可以申请人民法院强制执行。进行处理的管理专利工作的部门应当事人的请求，可以就侵犯专利权的赔偿数额进行调解；调解不成的，当事人可以依照《中华人民共和国民事诉讼法》向人民法院起诉。

侵犯专利权的赔偿数额按照权利人因被侵权所受到的实际损失确定；实际损失难以确定的，可以按照侵权人因侵权所获得的利益确定。权利人的损失或者侵权人获得的利益难以确定的，参照该专利许可使用费的倍数合理确定。赔偿数额还应当包括权利人为制止侵权行为所支付的合理开支。

权利人的损失、侵权人获得的利益和专利许可使用费均难以确定的，人民法院可以根据专利权的类型、侵权行为的性质和情节等因素，确定给予1万元以上100万元以下的赔偿。

侵犯专利权的诉讼时效为两年，自专利权人或者利害关系人得知或者应当得知侵权行为之日起计算。

发明专利申请公布后至专利权授予前使用该发明未支付适当使用费的,专利权人要求支付使用费的诉讼时效为两年,自专利权人得知或者应当得知他人使用其发明之日起计算,但是,专利权人于专利权授予之日前即已得知或者应当得知的,自专利权授予之日起计算。

❸ 不视为侵犯专利权的情形

有下列情形之一的,不视为侵犯专利权:

(1)专利产品或者依照专利方法直接获得的产品,由专利人或者经其许可的单位、个人售出后,使用、许诺销售、销售、进口该产品的。

(2)在专利申请日前已经制造相同产品、使用相同方法或者已经作好制造、使用的必要准备,并且仅仅在原有范围内继续制造、使用的。

(3)临时通过中国领陆、领水、领空的外国运输工具,依照其所属国同中国签订的协议或者共同参加的国际条约,或者依照互惠原则,为运输工具自身需要而在其装置和设备中使用有关专利的。

(4)专为科学研究和实验而使用有关专利的。

(5)为提供行政审批所需要的信息,制造、使用、进口专利药品或者专利医疗器械的,以及专门为其制造、进口专利药品或者专利医疗器械的。

为生产经营目的使用、许诺销售或者销售不知道是未经专利权人许可而制造并售出的专利侵权产品,能证明该产品合法来源的,不承担赔偿责任。

本章小结

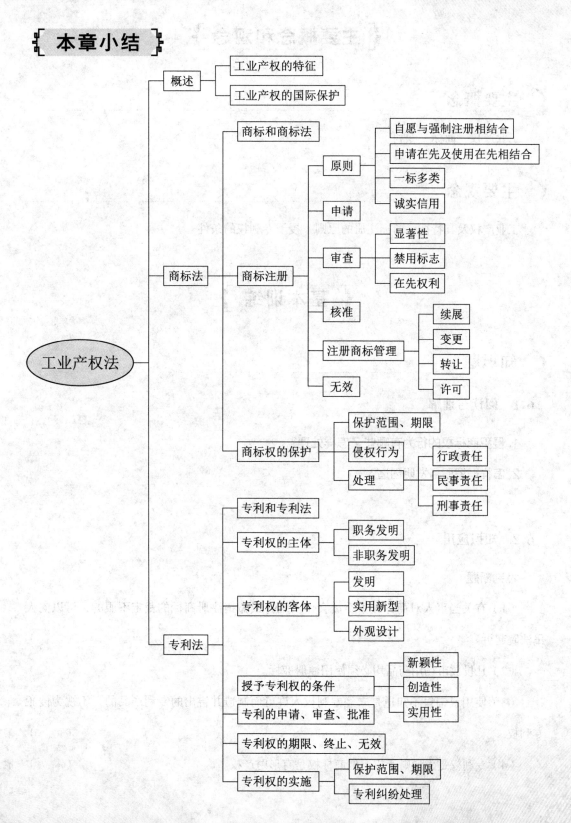

主要概念和观念

主要概念

工业产权　商标　专利

主要观念

工业产权及其特征　商标注册的原则　授予专利权的条件

基本训练

知识题

6.1　阅读与理解

1. 侵犯商标权的行为有哪些？怎样处理？
2. 怎样理解职务发明创造？

6.2　知识应用

1. 判断题

（1）有关当事人对商标评审委员会作出维持或撤销注册商标的裁定不服的，可以向人民法院起诉。（　　）

（2）凡投放市场用药品均必须使用注册商标。（　　）

（3）使用或销售不知道是未经专利权人许可而制造并售出的专利产品的，不视为侵犯专利权。（　　）

（4）专利权是无形财产权，但商标权是有形财产权。（　　）

（5）职务发明创造的单位、发明创造的受让人、发明人的合法继承人，均可以成为专利申请人。（　　）

（6）国务院专利行政部门只能根据申请人的请求，对发明专利申请进行实质审查。（　　）

（7）发明专利申请经实质审查没有发现驳回理由的，由国务院专利行政部门作出授予发明专利权的决定，发明专利权自作出决定之日起生效。（　　）

（8）发明、实用新型和外观设计专利都可以强制许可。（　　）

（9）外观设计和实用新型专利的申请没有实质审查阶段。（　　）

（10）商标注册后才能使用。（　　）

2．选择题

（1）在我国可以申请注册的商标有（　　）。

  A．商品商标　　　　B．服务商标　　　　C．集体商标　　　　D．证明商标

（2）导致专利失去效力的情况有（　　）。

  A．专利权被宣告无效　　　　　　　B．专利权被撤销

  C．专利权超过法定期限　　　　　　D．当事人书面放弃专利权

（3）我国《专利法》中所讲的发明创造是指（　　）。

  A．发明　　　　B．发现　　　　C．实用新型　　　　D．外观设计

（4）商标局应依法驳回（　　）的商标注册申请。

  A．蜘蛛牌财务软件　　　　　　　　B．深圳牌手机

  C．鹿牌鹿茸膏　　　　　　　　　　D．纽约牌帆布

（5）关于商标和专利的关系，下列描述正确的是（　　）。

  A．保护的期限不同　　　　　　　　B．商标可以续展，专利不能续展

  C．保护的要求不同　　　　　　　　D．保护的角度不同

（6）注册商标的有效期为：（　　）

　　A.5 年　　　　　B.10 年　　　　　C.20 年　　　　　D.10 年 6 个月

（7）根据专利法的规定，下列（　　）发明创造不能授予专利权。

　　A. 电话机　　　　　　　　　　B. 中成药

　　C. 杂交水稻生产方法　　　　　D. 吸毒器具

（8）发明专利权的保护期限自（　　）日起计算。

　　A. 申请日　　　　　　　　　　B. 授权日

　　C. 公告日　　　　　　　　　　D. 有优先权的，为优先权日

（9）根据《专利法》的规定，以下发明创造中不能授予专利权的是（　　）。

　　A. 饮料的配方　　　　　　　　B. 转基因大豆的生产方法

　　C. 疾病治疗仪的制造方法　　　D. 疾病的预防和治疗方法

☆ 技能题

6.1　规则复习

1. 商标注册的实质性审查内容有哪些？

2. 专利权的主体有哪些？

3. 不视为侵犯专利权的行为有哪些？

6.2 操作练习

商标注册

中国纺织品公司某省纺织分公司在其经销的丝绸衬衣绣有一朵荷花，并用"荷花"作为其商标名称，2006 年 2 月向商标局提出注册申请并公告。2006 年 4 月 28 日，中国丝绸公司某省公司向商标局提出异议，认为公告的纺织分公司的"荷花"商标与其在丝绸内衣上使用的莲花牌注册商标极为相似，图形均为一朵花，看起来一模一样。商标局经过审查后，裁定

异议成立，驳回了纺织分公司的申请，该分公司不服，打算请求复审。

根据上述材料，结合商标法的有关内容，回答下列问题：

1. 向商标局申请商标注册一般应提交哪些文件？

2. 假设纺织分公司与某省丝绸公司在同一天提出了商标注册申请，请问商标局应如何受理？

3. 你认为某省丝绸公司提出异议的时间超过了法定时效吗？

4. 假设你是省纺织分公司的法律顾问，对于该公司要求复审的建议应在何时怎样提出？简要回答。

5. 判断下列各题是否正确：

（1）假设同年纺织分公司改用其省的名称作为商标，被商标局核准注册。

（2）丝绸公司于2007年从该省省会搬至某市，并向商标局就其注册商标提出变更申请，改变一下注册人的地址。

（3）丝绸公司拟将注册商标莲花的名称改为牡丹，向商标局提出了变更申请。

（4）纺织分公司认为其荷花牌商标在商标法未公布前就已为公众所熟悉，作为驰名商标，应当受到特殊保护，如果未注册，也应视为已注册商标受到商标法的保护。

（5）假设纺织分公司对复审结果仍不满意，那么应在收到通知之日起三个月内向人民法院起诉。

6. 使用注册商标应当标明（   ）字样或者注册标记（   ）或（   ）。

7. 何为近似商标？你认为争议双方的商标是近似商标吗？

注册商标的保护期限

2004年3月20日,甲企业就其生产的家用电器注册了"迪康"商标。后来乙企业使用该商标生产冰箱,并在2014年4月开始销售"迪康"牌冰箱。

问:下面哪些说法是正确的?

A. 甲对其商标的续展申请应当在商标有效期满后的6个月内提出

B. 乙企业对"迪康"的使用为非法使用

C. 乙企业可以在2014年3月20日后在家用电器上申请获得注册"迪康"商标

D. 甲企业在商标续展期内享有商标专用权

观念应用

案例分析

不视为侵犯专利权的情形之一

北京某公司于2005年1月10日就其完成的"漏电保护器"发明创造向中国专利局提出了实用新型专利申请。天津某公司于2004年独自完成了"漏电保护器"发明创造,并于2004年12月初开始组织生产,2004年12月底投入生产。2005年1月15日,天津某公司向中国专利局提出"漏电保护器"实用新型专利申请。

问:

(1)国务院专利行政部门应将专利权授予哪个公司?为什么?

(2)假如北京某公司获得专利权,那么天津某公司继续生产"漏电保护器"是否构成对北京公司专利权的侵犯?为什么?

单元实训

目的：从一个侧面了解、考查学生收集和处理信息的能力，表达能力，对事物认识的分析能力。

步骤：

（1）把授课班级分成若干小组，每组三人，确定一名主发言，两名辅发言，在两天之内根据老师布置的题目（商标、企业名称与域名冲突的司法救济），完成1 000~1 500字的小论文，并写清内容摘要、关键词、参考文献。

（2）根据布置的内容分别请每个小组谈谈上述论文题目的有关内容及自己的观点。发言讨论形式可多样，力求生动活泼，可用汉语也可以用外语。每组发言10分钟，交流5分钟。

（3）指导老师根据每组同学的论文及其答辩的情况适当给予平时成绩记载并作为学期考查的依据。

第 7 章 反不正当竞争法

学习目标

知识目标：了解反不正当竞争法的立法概况，理解反不正当竞争法的基本原则和作用，理解并掌握不正当竞争行为的概念和特征，掌握不正当竞争行为的类型及其法律责任等方面的知识。

技能目标：一是能够准确判断哪些行为属于不正当竞争行为；二是能够正确区分回扣与折扣、佣金的法律性质；三是正确理解商业秘密。

能力目标：能运用正当的竞争手段从事生产经营活动；能依法处理实践中存在的不正当竞争行为。

引例

折扣的法律性质

某市A机械厂于2004年12月经介绍人刘某介绍,向某市B铸造厂定制车床主构架100套,单价3万元,总价款为300万元。B厂为争取今后的业务发展,与A厂厂长协商一致,在订货合同上订明,B厂给予A厂10%的优惠。2005年1月15日,B厂依照合同履行义务,发货至A厂;A厂依照合同通过银行转账支付了270万元货款。B厂也作为营业收入的抵减项目记了账。为酬谢介绍人,B厂付给刘某"好处费"2000元,A厂向刘某支付"介绍费"1000元。两厂又分别将"好处费""介绍费"支出入了账,并代为扣缴了刘某的个人所得税。

折扣是指经营者在销售商品时,以明示并如实入账的方式给予对方的价格优惠。本例中B厂与A厂的"优惠"以及支付给刘某的"好处费"属于经济交往中正常的折扣和佣金,它与回扣有着本质的区别。回扣是商业贿赂的形式,属于不正当竞争行为。

7.1 反不正当竞争法概述

竞争是商品经济的必然现象,是市场经济运行的基本机制。竞争总是通过商品生产者和经营者的市场行为表现出来的,所以也可以说,竞争是商品生产者和经营者之间,为实现商品价值,争取较多的市场交易机会和较有利的市场交易地位的行为。在整个竞争过程中,每个商品生产者和经营者不可避免地都要接受市场竞争的选择,优胜劣汰。在竞争推动市场经济发展的同时,一些置商业道德和消费者利益于不顾的不正当竞争行为就相继伴随而来。因此,制止不正当竞争、维护公平交易的法律也就应运而生。

7.1.1 反不正当竞争法的概念

反不正当竞争法是指调整在维护公平竞争、制止不正当竞争行为过程中发生的社会关系的法律规范的总称。在我国的现实经济生活中，不正当竞争行为已经不是个别的偶发现象，有些不正当竞争行为，如制造、销售假冒伪劣商品的现象相当普遍，已成为一大社会公害，严重扰乱了社会经济秩序，损害了其他经营者和消费者的合法权益。为促进社会主义市场经济的健康发展，鼓励和保护公平竞争，保护经营者和消费者的合法权益，1993年9月2日第八届全国人民代表大会常务委员会第三次会议通过了《中华人民共和国反不正当竞争法》（以下简称《反不正当竞争法》），该法于2017年11月4日第十二届全国人民代表大会常务委员会第三十次会议修订，自2018年1月1日起施行。

7.1.2 《反不正当竞争法》的调整对象

《反不正当竞争法》调整在制止不正当竞争过程中发生的社会关系，具体包括以下几个方面：

（1）市场主体之间发生的竞争关系。

（2）不正当竞争行为的受害人与不正当竞争行为人之间发生的请求赔偿和赔偿关系。

（3）各级人民政府在保护公平竞争、制止不正当竞争行为过程中的权责关系。

（4）不正当竞争行为监督检查机关在行使查处不正当竞争行为职权时与不正当竞争行为人之间所发生的关系。

（5）监督检查不正当竞争行为的国家机关工作人员的权责关系。

7.1.3 《反不正当竞争法》的基本原则

《反不正当竞争法》第2条明确规定："经营者在生产经营活动中，应当遵循自愿、平等、公平、诚信的原则，遵守法律和商业道德。"这既是《反不正当竞争法》的基本原则，也是经营者在市场交易中应遵循的准则。

❶ 自愿竞争原则

商品生产者和经营者有权决定是否参加竞争以及参加何种竞争，其他任何主体都无权进行干涉。要实现自愿竞争，经济市场必须尊重生产经营者的独立的法律地位，赋予生产经营者自主决定各种事务而不受干涉的权利。

❷ 平等、公平竞争原则

平等、公平竞争是正当竞争的前提，也是市场经济健康发展的客观要求。竞争者应当公开地用正当竞争手段进行竞争，不允许欺诈和恶意串通。竞争者在竞争中的法律地位是平等的，竞争机会是均等的。无论竞争者的财产多少、规模大小、实力强弱，他们都平等地享有权利、承担义务，不允许以大欺小、以强凌弱、以富压贫进行竞争。

❸ 诚实信用，遵守公认的商业道德的原则

该原则要求经营者无论进行什么样的经济活动，都应出于正当的商业动机，以正当的符合商业道德规范的手段进行竞争，实现其经济目的。我国《反不正当竞争法》虽然列举了若干种不正当竞争行为，但由于经济生活的复杂性，且不断发生变化，因此《反不正当竞争法》很难涵盖各种不正当竞争行为。判断某种竞争行为是否正当，应根据行为人是否出于诚实信用的动机、是否符合公认的商业道德来进行判断。

7.1.4 《反不正当竞争法》的作用

《反不正当竞争法》是直接调整市场经济关系、规范市场主体行为的重要法律，它对于维护社会主义市场经济秩序的正常运行有着重要的作用。

❶ 保障社会主义市场经济健康发展

竞争对每个经营者都是平等的、自由的。而社会主义市场经济是一种规范化、制度化、法律化的经济，它要求所有参与竞争的经营者必须遵守共同的竞争规则。《反不正当竞争法》就是要制止形形色色的不正当竞争行为，从而保障社会主义市场经济健康、有序地发展。

❷ 鼓励和保护公平竞争，制止不正当竞争

公平的竞争可以产生积极的企业行为和社会效果，推动市场经济的健康发展。而不正当的竞争则会导致消极的企业行为和社会效果，破坏市场经济的秩序，阻碍市场经济的发展。《反不正当竞争法》的制定，就是对市场竞争行为进行规范，从而鼓励和保护公平竞争，制止和惩罚各种不正当竞争。

❸ 保护经营者的合法权益

经济生活中产生的各种不正当竞争行为，不但破坏、扰乱了社会经济秩序，而且直接或间接地损害了其他经营者的合法权益。对不正当竞争行为的禁止和制裁，正是保护了合法经营者的正当利益。

❹ 保护消费者的合法权益

竞争与消费者的利益紧密相关。正当竞争有助于实现消费者的利益，而不正当竞争则往往损害消费者的利益。因此，为了保护消费者的合法权益，市场经济必须打击和制裁不正当竞争行为。

【小思考7-1】

《反不正当竞争法》与《反垄断法》的作用有何区别？

答：首先，《反不正当竞争法》的侧重点是不正当竞争行为对公平竞争的破坏，其保护的重点是强调竞争的公平性；而《反垄断法》的侧重点是垄断行为对自由竞争的窒息，其保护的重点是强调竞争的自由性。其次，《反不正当竞争法》实质上保护的是大企业或名牌产品的企业，而《反垄断法》保护的主要是中小企业的利益。最后，《反不正当竞争法》对不正当竞争行为的否定是绝对的，只要实施了不正当竞争行为，法律就要予以处罚，一般没有例外；而《反垄断法》对垄断行为的否定则是相对的，允许有诸多的例外。

7.2 不正当竞争行为

纵观世界各国的反不正当竞争立法，对不正当竞争行为采取了不同的界定方法。归纳起来大致有以下三种情况：概括定义法、分项列举法和定义兼列举法。我国《反不正当竞争法》采取了定义兼列举法，既对不正当竞争行为下一个抽象的定义，又专门列举了不正当竞争行为的种种表现形式。

8.2.1 不正当竞争的概念与特征

不正当竞争有广义和狭义之分。广义的不正当竞争是指一切有碍和有损正当竞争的行为，包括垄断行为、限制竞争的行为、不公平交易的行为和不正当竞争行为。狭义的不正当竞争主要是指不正当竞争行为。

什么是不正当竞争？国际社会公认的表述以《保护工业产权巴黎公约》为代表，即"凡在工商业活动中违反诚实经营的竞争行为即构成不正当竞争行为"。我国《反不正当竞争法》第2条第2款规定："本法所称的不正当竞争行为，是指经营者在生产经营活动中，违反本法规定，扰乱市场竞争秩序，损害其他经营者或者消费者的合法权益的行为。"

不正当竞争行为一般具有以下特征。

❶ 主体的特定性

实施不正当竞争行为的主体是经营者，即"从事商品生产、经营或者提供服务（以下所称商品包括服务）的自然人、法人和非法人组织"。

❷ 行为的违法性

不正当竞争行为违反了《反不正当竞争法》的规定，既包括违反该法的原则规定，也包括违反该法列举的禁止不正当竞争行为的各种具体规定，还包括违反市场交易应遵循原则的规定。

③ 行为的危害性

不正当竞争行为具有社会危害性，其侵犯的客体既可能是竞争对手的财产权和人身权，又可能是市场管理秩序，还可能是消费者的合法权益。

【小思考 7-2】

不正当竞争行为与垄断行为的区别在哪里？

答：①主体不同。不正当竞争行为的主体是一般经营者，而垄断行为的主体是垄断企业。能实施不正当竞争行为的主体众多，而能实施垄断行为的主体却较少。②行为方式不同。不正当竞争行为所采用的是欺骗、胁迫、利诱及其他违反诚实信用原则的方式，而垄断行为所采用的是卡特尔、托拉斯、辛迪加、康采恩等方式。不正当竞争行为方式五花八门，而垄断行为方式却有一定的规律性。③目的不同。不正当竞争行为不管采用哪种方式，目的还是为了竞争，获取不当利益，而垄断行为本质上就是独占、限制竞争，为了获取垄断利润。④法律否定程度不同。由于能实施垄断行为的企业一般来说都具有相当的市场优势，因此，垄断行为不会被一概否定，一般都规定有适用除外，而不正当竞争行为却为法律所绝对禁止。

7.2.2 不正当竞争行为的类型

不正当竞争行为的表现形式是多种多样的。《反不正当竞争法》对我国目前存在的不正当竞争行为的方式和手段归纳为以下几种类型。

① 仿冒混淆行为

《反不正当竞争法》第 6 条规定："经营者不得实施下列混淆行为，引人误认为是他人商品或者与他人存在特定联系：

（一）擅自使用与他人有一定影响的商品名称、包装、装潢等相同或者近似的标识；

（二）擅自使用他人有一定影响的企业名称（包括简称、字号等）、社会组织名称（包括简称等）、姓名（包括笔名、艺名、译名等）；

（三）擅自使用他人有一定影响的域名主体部分、网站名称、网页等；

（四）其他足以引人误认为是他人商品或者与他人存在特定联系的混淆行为。"

【观念应用7-1】

"仝聚德"非"全聚德"

甲欲买"全聚德"牌的快餐包装烤鸭,临上火车前误购了商标不同而外包装十分近似的显著标明名称为"仝聚德"的烤鸭,遂向"全聚德"公司投诉。"全聚德"公司发现,"仝聚德"烤鸭的价格仅为"全聚德"的1/3。

问:如果"全聚德"起诉"仝聚德",其性质属于哪一类纠纷?

法律分析: "仝聚德"与"全聚德"很类似,极易造成消费者的误认,显然是仿冒混淆行为。因此,其性质属于仿冒混淆行为的不正当竞争纠纷。

❷ 商业贿赂行为

《反不正当竞争法》第7条规定:"经营者不得采用财物或者其他手段贿赂下列单位或者个人,以谋取交易机会或者竞争优势:

(一)交易相对方的工作人员;

(二)受交易相对方委托办理相关事务的单位或者个人;

(三)利用职权或者影响力影响交易的单位或者个人。"

商业贿赂行为的构成要件:①行为的主体。商业贿赂的主体分为行贿主体和受贿主体。行贿主体是经营者,受贿主体是行贿主体交易相对人中能够影响交易决策的个人。经营者的工作人员进行贿赂的,应当认定为经营者的行为,但是经营者有证据证明该工作人员的行为与为经营者谋取交易机会或者竞争优势无关的除外。②主观方面。商业贿赂是以获取交易机会或相对于竞争对手的优势为目的。③客观方面。商业贿赂的手段有给付或收取金钱、实物和其他利益等行为。

商业贿赂的主要表现形式是回扣,因此,要注意的是应把回扣同折扣、佣金区别开来。经营者在交易活动中,可以以明示方式向交易相对方支付折扣或者向中间人支付佣金。经营者向交易相对方支付折扣、向中间人支付佣金的,应当如实入账,接受折扣、佣金的经营者也应当如实入账。可见,是否如实入账以及是暗中支付还是明示支付是回扣与折扣、佣金的本质区别。

❸ 虚假宣传行为

虚假宣传行为包括以下两种情形：

（1）对商品作虚假陈述。《反不正当竞争法》第8条规定："经营者不得对其商品的性能、功能、质量、销售状况、用户评价、曾获荣誉等作虚假或者引人误解的商业宣传，欺骗、误导消费者。"

（2）组织虚假交易。《反不正当竞争法》第8条规定："经营者不得通过组织虚假交易等方式，帮助其他经营者进行虚假或者引人误解的商业宣传。"

虚假宣传行为的最终目的是通过宣传诱导消费者购买商品。

【观念应用7-2】

虚假宣传

江苏的一个保温瓶厂在新闻发布会上，公布了一条"惊世骇俗"的消息：他们说我国百姓几十年来一直使用的保温瓶胆存在着砒霜渗透的问题。他们为了弥补这一缺陷，经过几年的研制，生产出无毒的"金胆"，安全、可靠，是保温瓶生产的一次革命。这一消息引起广大消费者的关注，很多商场也关心这一问题，大家纷纷打听如何购买所谓的"金胆"。这家企业又及时地发出广告，开展"银胆"换"金胆"的销售活动，消费者只要交两元人民币可以用一个"银胆"换一个"金胆"，厂家大发其财。但是，与此同时，全国各地的"银胆"销售受到影响，厂家大量积压产品。另外，很多外国商人闻听此讯，也纷纷发出退货、解除合同等电文和传真。江苏某保温瓶厂"金胆"产品的宣传、广告及销售方法，冲击了其他生产保温瓶厂家的生产、经营，给这些企业造了巨大的经济损失，触怒了许多生产"银胆"的厂家，纷纷要求工商行政管理部门、各级技术监督管理部门调查有关事实真相，为"银胆"平反。江苏省技术监督部门经过技术鉴定，作出如下结论：①普通的保温瓶所使用的"银胆"根本不存在砒霜渗透的问题。②所谓的"金胆"和普通保温瓶使用的"银胆"在原材料、设计方法、外形、制造工艺等方面都完全一样。当地的工商行政部门经过调查也发现该保温瓶厂生产的所谓"金胆"实际上就是用换来的"银胆"冒充的。

问：该厂行为是否构成不正当竞争？

法律分析：本案例涉及经营者的虚假宣传行为构成不正当竞争及其法律责任问题。第一，保温瓶厂的虚假宣传行为已构成不正当竞争。《反不正当竞争法》第 8 条规定："经营者不得对其商品的性能、功能、质量、销售状况、用户评价、曾获荣誉等作虚假或者引人误解的商业宣传，欺骗、误导消费者。"本案保温瓶厂宣传其他保温瓶存在着砒霜渗透的问题，并声称自己所生产的保温瓶已经克服了该缺陷，实际上就是对其产品的性能作引人误解的虚假宣传，已经构成了不正当竞争。第二，保温瓶厂应当承担相应的法律责任。根据《反不正当竞争法》第 20 条的规定，监督检查部门应作出如下处罚：①责令该厂立即停止违法行为。②在全国性的报刊杂志上登报一个月，澄清事实的真相，消除影响。③赔偿"银胆"保温瓶生产厂家的经济损失。④处以 40 万元的罚款。

❹ 侵犯商业秘密行为

商业秘密是指不为公众所知悉、具有商业价值并经权利人采取相应保密措施的技术信息和经营信息。

侵犯商业秘密的行为：以盗窃、贿赂、欺诈、胁迫或者其他不正当手段获取权利人的商业秘密；披露、使用或者允许他人使用以前手段获取的权利人的商业秘密；违反约定或者违反权利人有关保守商业秘密的要求，披露、使用或者允许他人使用其所掌握的商业秘密。

第三人明知或者应知商业秘密权利人的员工、前员工或者其他单位、个人实施前款所列违法行为，仍获取、披露、使用或者允许他人使用该商业秘密的，视为侵犯商业秘密。

侵犯商业秘密的行为不仅侵犯商业秘密权利人的权利，给权利人带来巨大的经济损失，而且也扰乱了正常的经济秩序，使正当经营者本来拥有的竞争工具即商业秘密，丧失秘密性而失去价值。

【观念应用 7-3】

商业秘密具有价值性

当事人沈某曾任浙江某药业有限公司技术改良工艺项目组长，离职后擅自将掌握实验认证中间体技术数据成果，以 20 万元贩卖给江苏某元医药化工有限公司。台州市市场监管局接到举报后，经过深入研究认为，实验数据是权利人花费巨资试验得出的研究成果，虽不能直接投入生产，若同行获取可少走弯路，能以较少的研发成本获得研发硕果，且沈某以20万元贩卖权利人采取保密措施的实验室数据，符合商业秘密的基本特征，于是依法对沈某立案查处，并依法对侵犯商业秘密的沈某行政处罚5万元。这是该局查处浙江首起贩卖实验室数据的侵犯商业秘密案件。

法律分析：《反不正当竞争法》第9条第2款规定："商业秘密是指不为公众所知悉、具有商业价值并经权利人采取相应保密措施的技术信息和经营信息。"

之前《反不正当竞争法》将"实用性"作为商业秘密三大要件之一，市场监管部门查处侵犯商业秘密案件均以"拿来即可用"技术或经营信息，而实验室数据因无法直接投入"实用"得不到保护。新《反不正当竞争法》第9条第2款规定将商业秘密的"实用性"要件改成"价值性"，扩大了商业秘密的保护范围，即使实验室失败数据也能作为商业秘密保护。因此，台州市市场监管局的处罚决定符合法律规定。

❺ 不正当奖售行为

有奖销售是经营者的一种促销手段，是经营者以提供物品、金钱或其他条件作为奖励，刺激消费者购买商品或服务的行为。法律允许正当的有奖销售，禁止不正当的有奖销售。

《反不正当竞争法》第10条规定："经营者进行有奖销售不得存在下列情形：

（一）所设奖的种类、兑奖条件、奖金金额或者奖品等有奖销售信息不明确，影响兑奖；

（二）采用谎称有奖或者故意让内定人员中奖的欺骗方式进行有奖销售；

（三）抽奖式的有奖销售，最高奖的金额超过五万元。"

【观念应用7-4】

谎称有奖的促销行为不可取

某省兴隆百货有限公司因经营不善，连年亏损。公司经理王卫球决定采取有奖销售办法推销商品，具体方法为：凡购买该公司80元以上物品者即可得到一张兑奖票，设1~10等奖和特等奖共11个等次。其中：特等奖1名，奖品为2室1厅住房；1等奖2名，奖品为"画中画"电视机1台；2等奖6名，奖品为美菱冰箱1台；3等奖10名，奖品为山地车1辆……从5等奖至10等奖，受奖人数越来越多，奖品价值逐渐降低，有收录机、毛巾被、随身听、床单、毛巾、香皂等。自从设奖后,该公司的销售额日增,最高一天销售额竟达52万元,创公司历年最好水平。时隔不久,该公司又采取了同样的办法进行销售,但是,始终未见特等奖及1、2等奖出现,于是有人告到工商行政管理局。

工商行政管理局接到投诉后进行了调查,查明兴隆百货公司根本没有设特等奖及1、2等奖的奖号,所谓的有奖销售实为一场骗局。最后工商行政管理局作出对兴隆百货公司予以罚款的决定。

问:工商行政管理局的处罚合法吗?

法律分析:《反不正当竞争法》第10条规定:"经营者进行有奖销售不得存在下列情形:(一)所设奖的种类、兑奖条件、奖金金额或者奖品等有奖销售信息不明确,影响兑奖;(二)采用谎称有奖或者故意让内定人员中奖的欺骗方式进行有奖销售;(三)抽奖式的有奖销售,最高奖的金额超过五万元。"

本案中,兴隆百货公司谎称有奖而实际无奖,且有奖销售的最高资金额显然超过了法定最高限额,其行为属于不正当竞争行为,违反了上述法律规定。依据《反不正当竞争法》第22条规定:"经营者违反本法第十条规定进行有奖销售的,由监督检查部门责令停止违法行为,处五万元以上五十万元以下的罚款。"

❻ 商业诋毁行为

《反不正当竞争法》第11条规定:"经营者不得编造、传播虚假信息或者误导性信息,损害竞争对手的商业信誉、商品声誉。"

商业诋毁行为的构成要件:行为的主体是从事市场交易活动的经营者;行为的主观方面是故意的;行为侵犯的客体是特定经营者(即行为人竞争对手)的商业信誉和商品声誉;行为的客观方面表现为编造、传播虚假信息或者误导性信息,对竞争对手的商业信誉、商品声誉进行诋毁或贬低。

❼ 不正当互联网经营行为

《反不正当竞争法》第12条规定:"经营者利用网络从事生产经营活动,应当遵守本法的各项规定。经营者不得利用技术手段,通过影响用户选择或者其他方式,实施下列妨碍、破坏其他经营者合法提供的网络产品或者服务正常运行的行为：

（一）未经其他经营者同意，在其合法提供的网络产品或者服务中，插入链接、强制进行目标跳转；

（二）误导、欺骗、强迫用户修改、关闭、卸载其他经营者合法提供的网络产品或者服务；

（三）恶意对其他经营者合法提供的网络产品或者服务实施不兼容；

（四）其他妨碍、破坏其他经营者合法提供的网络产品或者服务正常运行的行为。"

【观念运用 7-5】

乐视浏览器更改 UA 不正当竞争纠纷案

原告：合一信息技术（北京）有限公司（简称合一公司）

被告：乐视网信息技术（北京）股份有限公司（简称乐视公司）

合一公司经营优酷网，发现乐视公司经营的乐视盒子中的乐视浏览器在点播优酷网免费视频时，屏蔽了优酷网的贴片广告，有意针对优酷网更改浏览器 UA 设置并使用乐视播放器覆盖优酷播放器，构成了不正当竞争行为。乐视公司则表示，由于优酷网针对不同端口有不同的广告规则，对 iphone 端浏览器不提供视频广告，用户体验和资源较好，所以，安卓系统的乐视浏览器在访问优酷网时，乐视公司将浏览器 UA（User-Agent）设置为 iphone 端标识。

法院一审判决，判令乐视公司不得更改乐视浏览器 UA 设置、链接优酷网 iphone 端并赔偿合一公司 20 万元。一审宣判后，乐视公司提起上诉，二审经审理后维持原判。

法律分析：本案系浏览器经营者有意对自己的浏览器采取技术措施以获得视频网站为特定系统终端提供的服务内容，构成不正当竞争的典型案件。法院查明被告采取的技术措施并不是直接改变视频网站广告播放模式，而是直接对自己浏览器 UA 设置进行修改，使用户在通过乐视浏览器访问优酷网时，优酷网将安卓端乐视浏览器误认为 iphone 端浏览器，从而推送不带广告的视频内容。本案进一步明确了浏览器经营者的行为规则：由于终端设备系统设置、技术原因以及权利人区分终端设备授权等因素，视频网站或者出于主动的商业安排，或者由于技术兼容性等问题，会针对不同系统的终端设备推送不同的视频资源、提供不同服务。浏览器经营者为自身利益，有意采取技术措施获得视频网站为特定系统终端提供的服务，导致视频网站合法权益受到损害的，构成不正当竞争。

7.3 对涉嫌不正当竞争行为的调查

《反不正当竞争法》不仅在总则中对有关不正当竞争行为的查处作了原则性规定，而且在其中专门对不正当竞争行为的查处作了较为具体的规定。

7.3.1 监督检查部门

《反不正当竞争法》第4条规定："县级以上人民政府履行工商行政管理职责的部门对不正当竞争行为进行查处；法律、行政法规规定由其他部门查处的，依照其规定。"此外，《反不正当竞争法》第5条还规定："国家鼓励、支持和保护一切组织和个人对不正当竞争行为进行社会监督。国家机关工作人员不得支持、包庇不正当竞争行为。行业组织应当加强行业自律，引导、规范会员依法竞争，维护市场竞争秩序。"

从以上规定可以看出，我国对不正当竞争行为进行查处，既包括专门机构的查处，也包括其他组织和公民个人进行的社会监督。其中，县级以上人民政府履行工商行政管理职责的部门是对不正当竞争行为进行查处的主管机关，依照法律、行政法规规定，对相关行业系统内的不正当竞争行为进行查处，是对不正当竞争行为进行监督检查的职能部门。

7.3.2 监督检查部门的职权

监督检查部门调查涉嫌不正当竞争行为，可以采取下列措施：

（1）进入涉嫌不正当竞争行为的经营场所进行检查。

（2）询问被调查的经营者、利害关系人及其他有关单位、个人，要求其说明有关情况或者提供与被调查行为有关的其他资料。

（3）查询、复制与涉嫌不正当竞争行为有关的协议、账簿、单据、文件、记录、业务函电和其他资料。

（4）查封、扣押与涉嫌不正当竞争行为有关的财物。

（5）查询涉嫌不正当竞争行为的经营者的银行账户。

这里应当指出的是，采取以上措施应当向监督检查部门主要负责人书面报告，并经批准。其中采取第四项、第五项规定的措施，应当向设区的市级以上人民政府监督检查部门主要负责人书面报告，并经批准。同时应当遵守《中华人民共和国行政强制法》和其他有关法律、行政法规的规定，并应当将查处结果及时向社会公开。

7.4 法律责任

不正当竞争行为是一种侵犯其他经营者和消费者的合法权益，危害国家利益，扰乱市场竞争秩序的行为，具有严重的社会危害性。因此，我国《反不正当竞争法》对不正当竞争行为规定了严厉的制裁措施。

7.4.1 法律责任形式

❶ 行政责任

行政责任就是由监督检查部门做出的，违法者因其违反《反不正当竞争法》的规定所承担的行政处罚结果。其形式主要有：责令停止违法行为、没收违法商品、没收违法所得、罚款、吊销营业执照等。受到行政处罚的，由监督检查部门记入信用记录，并依照有关法律、行政法规的规定予以公示。

❷ 民事责任

经营者的合法权益受到不正当竞争行为损害的，可以向人民法院提起诉讼，并有权要求对方依法承担民事责任。

《反不正当竞争法》规定：因不正当竞争行为受到损害的经营者的赔偿数额，按照其因被侵权所受到的实际损失确定；实际损失难以计算的，按照侵权人因侵权所获得的利益确定。赔偿数额还应当包括经营者为制止侵权行为所支付的合理开支。

对于经营者实施混淆行为和侵犯商业秘密行为，权利人因被侵权所受到的实际损失、侵权人因侵权所获得的利益难以确定的，由人民法院根据侵权行为的情节判决给予权利人三百万元以下的赔偿。

❸ 刑事责任

《反不正当竞争法》第 31 条规定："违反本法规定构成犯罪的，依法追究刑事责任。"

经营者违反本法规定，应当承担民事责任、行政责任和刑事责任，其财产不足以支付的，优先用于承担民事责任。

7.4.2 各种不正当竞争行为的行政处罚

（1）经营者违反本法第 6 条规定实施混淆行为的，由监督检查部门责令停止违法行为，没收违法商品。违法经营额五万元以上的，可以并处违法经营额五倍以下的罚款；没有违法经营额或者违法经营额不足五万元的，可以并处二十五万元以下的罚款。情节严重的，吊销营业执照。

（2）经营者违反本法第 7 条规定贿赂他人的，由监督检查部门没收违法所得，处十万元以上三百万元以下的罚款。情节严重的，吊销营业执照。

（3）经营者违反本法第 8 条规定对其商品作虚假或引人误解的商业宣传，或者通过组织虚假交易等方式帮助其他经营者进行虚假或引人误解的商业宣传的，由监督检查部门责令停止违法行为，处二十万元以上一百万元以下的罚款；情节严重的，处一百万元以上二百万元以下的罚款，并吊销营业执照。

经营者违反本法第 8 条规定，属于发布虚假广告的，依照《中华人民共和国广告法》的规定处罚。

（4）经营者违反本法第 9 条规定侵犯商业秘密的，由监督检查部门责令停止违法行为，处十万元以上五十万元以下的罚款；情节严重的，处五十万元以上三百万元以下的罚款。

（5）经营者违反本法第 10 条规定进行有奖销售的，由监督检查部门责令停止违法行为，处五万元以上五十万元以下的罚款。

（6）经营者违反本法第 11 条规定损害竞争对手商业信誉、商品声誉的，由监督检查部门责令停止违法行为、消除影响，处十万元以上五十万元以下的罚款；情节严重的，处五十万元以上三百万元以下的罚款。

（7）经营者违反本法第 12 条规定妨碍、破坏其他经营者合法提供的网络产品或者服务正常运行的，由监督检查部门责令停止违法行为，处十万元以上五十万元以下的罚款；情节严重的，处五十万元以上三百万元以下的罚款。

经营者违反本法规定从事不正当竞争，有主动消除或者减轻违法行为危害后果等法定情形的，依法从轻或者减轻行政处罚；违法行为轻微并及时纠正，没有造成危害后果的，不予行政处罚。

经营者违反本法规定从事不正当竞争而受到行政处罚的，由监督检查部门记入信用记录，并依照有关法律、行政法规的规定予以公示。

7.4.3 其他违法行为的法律责任

其他违法行为的法律责任包括以下几种情形：

（1）监督检查部门的工作人员滥用职权、玩忽职守、徇私舞弊或者泄露调查过程中知悉的商业秘密的，依法给予处分。

（2）妨害监督检查部门依照本法履行职责，拒绝、阻碍调查的，由监督检查部门责令改正，对个人可以处五千元以下的罚款，对单位可以处五万元以下的罚款，并由公安机关依法给予治安管理处罚。

本章小结

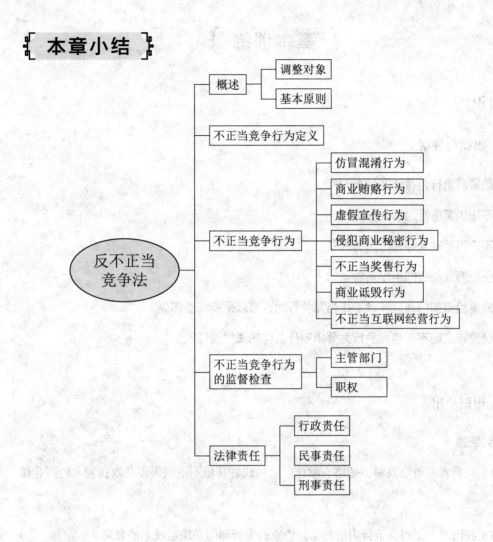

主要概念和观念

主要概念

反不正当竞争法　不正当竞争行为　商业秘密

主要观念

不正当竞争行为及其特征　不正当竞争行为的类型　《反不正当竞争法》的基本原则

基本训练

知识题

7.1 阅读与理解

1. 仿冒混淆行为有哪些种类?
2. 不正当奖售行为哪些形式?
3. 不正当互联网经营行为有哪些?
4. 侵犯商业秘密的手段有哪些?
5. 监督检查部门调查涉嫌不正当竞争行为,可以采取哪些措施?
6. 经营者实施不正当竞争行为要承担什么样的法律责任?

7.2 知识应用

1. 判断题

（1）经营者不得以盗窃、贿赂、欺诈、胁迫或者其他不正当手段获取权利人的商业秘密。（　　）

（2）我国对不正当竞争行为进行监督检查的主管部门是质量技术监督局。（　　）

（3）擅自使用与他人有一定影响的商品名称相同或者近似的标识的行为,既是侵犯注册商标权的行为,也是不正当竞争行为。（　　）

（4）佣金是给付中间人的,不是付给合同的另一方当事人的,但是,合同当事人的经办人也可以收取佣金。（　　）

（5）有奖销售都是不正当竞争行为。（　　）

（6）经营者销售或购买商品,可以以明示方式折扣。（　　）

2. 选择题

（1）商业秘密是指不为公众所知悉、具有（　　）并经权利人采取相应保密措施的技术信息和经营信息。

　　A. 创造性　　　　B. 新颖性　　　　C. 商业价值　　　　D. 专有性

（2）甲期货交易所章程规定，对日交易量超过一百手的客户，可以将手续费的2%作为折扣费退还给他们，并有完整的财务手续。其他交易所对此规定提出异议。说法正确的是哪一项？（　　）

　　A. 甲交易所的行为构成不正当竞争

　　B. 甲交易所的行为构成行贿

　　C. 甲交易所的行为既构成行贿又构成不正当竞争

　　D. 甲交易所的行为不构成不正当竞争

（3）抽奖式的有奖销售，最高奖的金额超过人民币（　　）元的为不正当竞争。

　　A.500　　　　　　B.1000　　　　　　C.5000　　　　　　D.50000

（4）下列各项，不属于不正当竞争行为构成要件的是（　　）。

　　A. 经营者违反法律规定　　　　　　B. 损害其他经营者的合法权益

　　C. 扰乱社会经济秩序　　　　　　　D. 给受害人造成了重大损失

（5）甲酒店向该市出租车司机承诺，为酒店每介绍一位客人，酒店向其支付该客人房费的20%作为奖励，与其相邻的乙酒店向有关部门举报了这一行为。有关部门调查发现甲酒店给付的奖励在公司的账面上皆有明确详细的记录。甲酒店的行为属于（　　）。

　　A. 正当的竞争行为　　　　　　　　B. 商业贿赂行为

　　C. 限制竞争行为　　　　　　　　　D. 虚假宣传行为

（6）《反不正当竞争法》中的"经营者"是指从事商品生产、经营或者提供服务的（　　）。

　　A. 自然人、法人和非法人组织　　　B. 某些经济组织

　　C. 公民个人　　　　　　　　　　　D. 各种法人

技能题

7.1 规则复习

1. 如何认定不正当竞争行为？
2. 如何确定不正当竞争行为的责任？

7.2 操作练习

伊利和蒙牛作为中国两大乳业巨头，他们之间的竞争异常激烈，不管是产品，还是市场份额。伊利在 2012 年推出"QQ 星营养果汁酸奶饮品"，包括香蕉和草莓口味，采用迪斯尼卡通形象 3D 立体包装，并通过在《爸爸去哪儿》中进行广告冠名，获得了很高的知名度。

然而，蒙牛在 2015 年推出了一款名为"未来星营养果汁酸奶饮品"的产品，口味也包括香蕉和草莓两种，同样以卡通形象为蓝本，进行 3D 立体包装。伊利认为，蒙牛的行为构成了不正当竞争，要求其停止使用涉案产品的装潢、产品名称等不正当竞争行为并赔偿经济损失 300 万元，还要刊登声明，消除影响。

问：你认为蒙牛的行为是否合法？为什么？如果违法，应如何处理？

观念应用

案例分析

侵犯商业秘密

甲乙两旅行社都是享有盛名的国家承办境外旅游客到国内观光的经济组织。2012 年，两旅行社均接待海外游客 20 万人次，经济效益不相上下。2015 年上半年，甲旅行社以高薪为条件，致使乙旅行社海外部 15 名工作人员全部辞职，转入甲旅行社工作。甲旅行社为此成立海外旅行二部，该 15 名原乙旅行社的工作人员在转入甲旅行社时将自己的业务资料、海外业务单位名单都带入甲旅行社。2015年上半年,两旅行社的业务均发生很大的变化,甲旅行社的海外游客骤然上升,效益大增,而乙旅行社业务受到极大影响,造成了较大的经济损失。

试分析:

(1)甲旅行社的行为是否构成不正当竞争?如是,应属哪种不正当竞争行为?为什么?

(2)对甲旅行社是否应进行法律制裁?如何制裁?

单元实训

某经销公司所在地的夏季气候十分炎热,凉席的销路一向很好。1995年春,该公司购买了一批凉席,准备在夏季卖出。但该年夏季气候反常,比往年夏季气温低许多,这样就造成该公司的凉席销路不好,在仓库内积压。为了销售积压的凉席,收回资金,该公司经理决定用奖励的方法来促销凉席,即将购买凉席的价款10%给予购买者。恰在此时,有一企业招待所的采购员李某来到该公司购买凉席100张,经双方协商,达成协议:李某所买凉席货款的10%系该公司给李某的奖励,对于这部分"奖励"双方均不入财务账。库存凉席很快便销售一空。但该地的工商行政管理部门闻讯前来调查,认为某经销公司的行为属商业贿赂行为,没收了其非法所得,并处以相应的罚款。

资料来源 李艳芳:《经济法案例分析》,北京,中国人民大学出版社,1999。

将学生以5~8人为一组分成若干小组,根据以上材料,对下列问题进行分析讨论,加深理解本章的有关内容:

(1)回扣的特征。

(2)回扣与折扣、佣金的区别。

(3)商业贿赂行为的认定。

第 8 章

消费者权益保护法

学习目标

知识目标：了解消费者权益保护法、消费者的概念，理解消费者权益保护法的基本原则，掌握消费者权利和经营者义务的具体内容以及侵犯消费者合法权益的法律责任等方面的知识。

技能目标：一是能够准确判断消费者的权利是否受到了经营者的侵犯；二是在消费者权益受到侵害时，能够正确运用合法的方式方法进行保护和救济。

能力目标：熟悉消费者的权利、经营者的义务；明确赔偿主体及消费争议的解决途径，增强消费者的维权意识。

/消费者权益保护法/ •第**8**章•

✪ 引 例

购衣服被侵权

　　星期天,小华和小明这对好朋友去买衣服,看到一知名品牌专卖店写着"全场3折,售完为止",便兴高采烈走进去,向店主说:"请推荐一些适合我们的新款衣服。"店主一看她俩是学生模样,便说:"你们自己看,都是新的,没什么可介绍的。"小华和小明试了好几套衣服,但都觉得不满意,决定不买了。谁知店主拦住她俩并凶狠地说:"穷学生,不买试什么,没有钱就别上街,真是吃饱撑的。"小华一听顿觉自尊心受到伤害,便说:"谁买不起?"于是气冲冲地拿了一件衣服(标价360元)到收银台付款,收银员说:"360元。"小华指着招牌争辩说:"不是3折吗?应该120元钱。"店主说:"那是指旧款,这是新款。"小华不想买了,店主说:"第一桩生意,说买就得买,这是生意规矩。"小华极不情愿地买下了衣服,并穿上新衣与小明一起往外走,突然小明重重地摔倒在地。原来地上有很多水,本来地就很滑,再沾上水就更滑了,小华准备扶起小明往外走,店主却赶上来说:"我少了一件衣服,是不是你们拿了,把你们的包检查一下!"小华和小明说:"我们没拿,干吗让你检查?"店主说:"不让检查就说明你们心虚,说明衣服是你们偷的。"此时,围了许多人,小华和小明为了表明自己的清白就让他搜了包。接着,小明在小华的帮助下上了医院,被诊断是脚扭伤骨折,花去医药费450元。小华在送小明回家的途中,发现新买的衣服已断线,扣子也掉了几颗,最后小华和小明同声说到:"真倒霉。"在该案中,店主侵犯了小华和小明的哪些合法权益?小华和小明应该怎么办?

　　保护消费者权益是保护弱者的现代法治观念的典型表现形式。在本例中,经营者侵犯了消费者的知情权、自主选择权、保障安全权、人格尊严权和公平交易权,消费者有权依法维护自己的合法权益。

8.1 消费者权益保护法概述

消费作为社会再生产的一个重要环节,是生产、交换、分配的目的与归宿。它包括生产消费和生活消费两大方面。其中,生活消费作为人类的基本需要,是当今社会法律规制的重要领域。

8.1.1 消费者的概念

消费者权益保护法是保障消费者合法权益的法律,因此要搞清什么是消费者权益保护法,首先必须正确理解消费者的概念。**消费者就是为了满足个人生活消费需要而购买、使用商品或者接受服务的人。** 它与经营者相对称,经营者就是向消费者出售商品或提供服务的市场主体。消费者具有以下特征:

①消费者的消费性质属于生活消费。
②消费者消费的客体是法律允许提供的商品和服务。
③消费者的消费方式包括购买、使用商品和接受服务。
④消费者作为消费主体,其范围包括一切进行生活消费的个人及群体。

8.1.2 消费者权益保护法的概念

消费者权益保护法是保障消费者合法权益、规制经营者经营活动和调整生活消费关系的法律规范的总称。

广义的消费者权益保护法是指调整生活消费关系的所有法律、法规,包括《中华人民共和国消费者权益保护法》《中华人民共和国反不正当竞争法》《中华人民共和国产品质量法》《中华人民共和国商标法》《中华人民共和国食品卫生法》以及其他法律、法规中有关消费者权益保护的规范。狭义的消费者权益保护法仅指《中华人民共和国消费者权益保护法》(1993 年 10 月 31 日第八届全国人大常委会第四次会议通过,自 1994 年 1 月 1 日起施行。根据 2009 年 8 月 27 日第十一届全国人民代表大会常务委员会第十次会议《关于修改部分法律的决定》第一次修正,根据 2013 年 10 月 25 日第十二届全国人民代表大会常务委员会第五次会议《关于修改＜中华人民共和国消费者权益保护法＞的决定》第二次修正，自2014年3月15日施行。以下简称《消费者权益保护法》）。该法是我国保护消费者权益的基本法律。

8.1.3 《消费者权益保护法》的适用范围

根据《消费者权益保护法》的规定，《消费者权益保护法》的适用范围是：

消费者为生活消费需要购买、使用商品或者接受服务，其权益受本法保护。

经营者为消费者提供其生产、销售的商品或者提供服务，应当遵守本法。

在《消费者权益保护法》对某些问题未作规定时，经营者应当遵守其他有关法律、法规。

农民购买、使用直接用于农业生产的生产资料，参照本法执行。

8.1.4 《消费者权益保护法》的基本原则

《消费者权益保护法》的基本原则是指能全面反映《消费者权益保护法》所调整的生活消费关系的客观要求，并贯穿于《消费者权益保护法》之中的，保障消费者合法权益、规制经营者活动过程中必须遵循的基本准则。

❶ 经营者依法提供商品或服务的原则

《消费者权益保护法》第3条规定："经营者为消费者提供其生产、销售的商品或者提供服务，应当遵守本法；本法未作规定的，应当遵守其他有关法律、法规。"经营者在经营活动中严格履行法律的各项义务，是实现消费者有关权利的条件和前提。经营者向消费者提供商品或服务，应当符合有关法律、法规所规定的标准，应当保证其提供的商品或者服务符合保障人身、财产安全的要求。

❷ 公平交易原则

《消费者权益保护法》第4条规定："经营者和消费者进行交易，应当遵循自愿、平等、公平、诚实信用的原则。"这些原则都是民商法的基本原则，《消费者权益保护法》加以强调并确认为该法的原则，对于强化保护消费者合法权益的功能，显得尤为重要。这一原则要求：

①经营者与消费者进行交易时,双方当事人意思表示完全出于自愿,不允许一方将自己的意思强加给对方。②经营者与消费者在交易过程中的法律地位平等,不允许经济实力强大的经营者欺凌相对弱小的消费者。③经营者与消费者在进行交易过程中,经营者提供商品或服务应得到公平的补偿,消费者应得到公平的价格和选择,即兼顾双方的利益。④经营者和消费者应相互尊重,平等协商,不允许采取欺诈、胁迫等手段进行交易。

❸ 国家保障原则

《消费者权益保护法》第5条规定:"国家保护消费者的合法权益不受侵害。国家采取措施,保障消费者依法行使权利,维护消费者的合法权益。"国家倡导文明、健康、节约资源和保护环境的消费方式,反对浪费。这一原则是由国家的职能和性质以及消费者的弱者地位决定的,体现了国家对生活消费关系的适度干预,是《消费者权益保护法》的最为重要的原则。其具体体现在以下几个方面:①国家通过消费者权益保护立法保障消费者合法权益。②国家通过行政管理手段保障消费者合法权益。③国家通过加强司法工作保障消费者的合法权益。

❹ 行政监督与社会监督相结合的原则

《消费者权益保护法》第6条规定:"保护消费者合法权益是全社会的共同责任。国家鼓励、支持一切组织和个人对损害消费者合法权益的行为进行社会监督。"一方面国家应充分发挥有关行政管理机关的监督管理职能,另一方面社会组织和公民应通过各种渠道、各种途径对经营者损害消费者合法权益的行为进行社会监督。

【小思考8-1】

什么是生活消费?

答:生活消费是指人们在日常生活中消耗各种物质资料、精神产品及接受服务等用以满足自身或家庭生活需要的一系列行为或者过程,主要包括人们的衣、食、住、行等活动。机关、事业单位的日常工作消费也是应纳入生活消费之中的,工作消费在形式上是个体成员的集团性消费活动,在实质上仍是个体成员的消费活动。

8.2 消费者的权利和经营者的义务

消费者的权利与经营者的义务是对应的，消费者所享有的权利一般就是经营者所承担的义务。

8.2.1 消费者的权利

《消费者权益保护法》第 2 章专门规定了消费者应当享有的权利。这些权利可以归纳为以下 9 项：

❶ 安全保障权

安全保障权是消费者最基本的权利，是指消费者在购买、使用商品和接受服务时所享有的保障其人身、财产安全不受损害的权利。由于消费者取得商品和服务是用于生活消费，因此，商品和服务必须绝对可靠，经营者必须绝对保证商品和服务的质量不会损害消费者的生命与健康。消费者依法有权要求经营者提供的商品和服务必须符合保障人身、财产安全的条件。

❷ 知悉真情权

知悉真情权，或称获取信息权、了解权，是指消费者享有的知悉其购买、使用的商品或者接受的服务的真实情况的权利。依据《消费者权益保护法》的规定，消费者有权根据商品或者服务的不同情况，要求经营者提供商品的价格、产地、生产者、用途、性能、规格、等级、主要成分、生产日期、有效期限、检验合格证明、使用方法说明书、售后服务，或者服务的内容、规格、费用等有关情况。唯有如此，才能保障消费者在与经营者在签约时做到知己知彼，并表达其真实的意思。

【观念应用 8-1】

商家销售返修机，知情权被侵犯

2016 年 3 月，消费者华女士向无锡市消委会投诉，她于 2014 年 11 月 7 日在无锡苏宁电器人民路店购买了一台联想笔记本电脑，价格 4165 元，2015 年 10 月 26 日发现电脑系统出现故障，到无锡联想专修店维修，经联想专修店工程师检测发现该电脑为返修机。华女士于是在 2015 年 10 月 27 日前往苏宁电器店向商家反映情况，商家承认电脑确实是返修机，并主动提出愿意回收电脑、退款。而消费者认为商家明知电脑是返修机，却未在购买时进行告知，存在欺诈行为，要求商家作出赔偿，但商家不肯赔偿，消费者遂投诉至无锡市消委会，请求维权。接到投诉后，消委会立即向苏宁电器客服部经理以及联想电脑经销商负责人了解情况，经多次协调，商家同意退货、退款，并补偿消费者 5000 元。

问：商家侵犯了消费者的什么权利？

法律分析：上述案例中，商家在售前隐瞒商品的真实情况，违反了《消费者权益保护法》的规定，侵害了消费者的知情权。

❸ 自主选择权

自主选择权是指消费者享有的自主选择商品或者服务的权利。该权利包括以下几个方面：自主选择提供商品或者服务的经营者的权利；自主选择商品品种或者服务方式的权利；自主决定购买或者不购买任何一种商品、接受或者不接受任何一项服务的权利；在自主选择商品或服务时所享有的进行比较、鉴别和挑选的权利。

❹ 公平交易权

公平交易权是指消费者在购买商品或者接受服务时所享有的获得质量保障和价格合理、计量正确等公平交易条件的权利。为了保障消费者的公平交易的实现，经营者必须依《反垄断法》和《反不正当竞争法》等对劣质销售、价格不公、计量失度等不公平交易行为加以禁止。此外，消费者还有权拒绝经营者的强制交易行为，这与前述的《消费者权益保护法》的基本原则的要求也是一致的。

❺ 获得赔偿权

获得赔偿权是指消费者在因购买、使用商品或者接受服务而受到人身、财产损害时，依法享有的要求获得赔偿的权利。依法求偿权是弥补消费者所受损害的必不可少的救济性权利。

❻ 依法结社权

依法结社权是指消费者享有的依法成立维护自身合法权益的社会组织的权利。政府对合法的消费者团体不应加以限制，并且在制定有关消费者方面的政策和法律时，还应当向消费者团体征求意见，以求更好地保护消费者权利。消费者的依法结社权是十分重要的，它使消费者能够从分散和弱小走向集中和强大，并通过集体的力量来改变自己的弱者地位，以此与实力雄厚的经营者相抗衡。因此，对消费者的依法结社权必须予以保障。

❼ 获得知识权

获得知识权，也称获取知识权，是从知悉真情权中引申出来的一种消费者权利，是指消费者所享有的获得有关消费和消费者权益保护方面的知识的权利。只有保障消费者的接受教育权，消费者才能更好地掌握所需商品或者服务的知识和使用技能，以便基本正确使用商品，提高自我保护意识。由于厂商与消费者在信息、实力等方面的差距越来越大，因此，强调消费者要接受教育、获取相关知识，以提高自我保护的能力，已变得越来越重要。

❽ 获得尊重权

获得尊重权是指消费者在购买、使用商品和接受服务时所享有的其人格尊严、民族风俗习惯得到尊重的权利。尊重消费者人格尊严和民族风俗，不仅是社会文明进步的表现，也是尊重和保障人权的重要内容。

❾ 信息保护权

信息保护权是指消费者在购买、使用商品和接受服务时，享有个人信息依法得到保护的权利。

❿ 监督批评权

监督批评权是指消费者享有的对商品和服务以及保护消费者权益工作进行监督的权利。此外，消费者有权检举、控告侵害消费者权益的行为和国家机关及其工作人员在保护消费者权益工作中的违法失职行为，有权对保护消费者权益工作提出批评、建议。

【观念应用 8-2】

试衣服遭强卖，选择权被侵犯

2月28日，我和同学在某服装店看见一款裙子，就忍不住试穿了一下，觉得很漂亮，一问价格，要300多元。我和同学没带那么多钱，只好把裙子放了回去。准备离开时，两位售货员小姐却拦住了我们的去路，说："试穿了，就必须买下，否则，别想离开。"我们据理力争，但两位售货员依然强词夺理。眼看天已经黑了，我们只得给售货员留下20元钱才得以离开。

问：售货员的做法侵犯了消费者的权益吗？

法律分析：首先，售货员这样的做法肯定是错误的，她们违反了《消费者权益保护法》，对消费者依法享有的自主选择权构成了侵犯。

买与不买最终取决于消费者的购买决策和购买意愿。试穿并不意味着就要买，消费者试穿后，衣服质量合格，尺码合体，销售员也不能强令消费者购买。试穿是消费者判断商品是否合格、是否合体的一种方法、一项权利，与购买并不存在直接、必然的联系。

《消费者权益保护法》第9条规定："消费者享有自主选择商品或者服务的权利。消费者有权自主选择提供商品或者服务的经营者，自主选择商品品种或者服务方式，自主决定购买或不购买任何一种商品、接受或者不接受任何一项服务。消费者在自主选择商品或者服务时，有权进行比较、鉴别和挑选。"

在实际生活中，由于消费者缺乏对具体商品和服务的认识和了解，经营者应当主动向消费者介绍该商品或者服务的知识，实事求是地推荐商品和服务。但是，这种介绍、推荐和帮助不能代替消费者的意志，更不能违背消费者的意愿。

因此，本案中的消费者可以将情况向消费者协会等有关部门如实反映，相信一定会有妥善的处理，必要时也可通过法律途径解决。

8.2.2 经营者的义务

《消费者权益保护法》第3章专门规定了经营者的义务。这些义务可以归纳为以下几项。

❶ 依法定或约定履行的义务

经营者向消费者提供商品或服务,应当依照本法和其他有关法律、法规的规定履行义务,即经营者必须依法履行其法定义务。此外,经营者和消费者有约定的,应当按照约定履行义务,但双方的约定不得违背法律、法规的规定。可见,在不与现行法律、法规发生抵触的情况下,经营者应依约定履行义务。

经营者向消费者提供商品或者服务,应当恪守社会公德,诚信经营,保障消费者的合法权益,不得设定不公平、不合理的交易条件,不得强制交易。

❷ 听取意见和接受监督的义务

经营者应当听取消费者对其提供的商品或者服务的意见,接受消费者的监督,这是与消费者的监督批评权相对应的经营者义务。法律规定经营者的这一义务,有利于提高和改善消费者的地位。

❸ 保障人身和财产安全的义务

这是与消费者的保障安全权相对应的经营者的义务。

(1)经营者应当保证其提供的商品或者服务符合保障人身、财产安全的要求。对可能危及人身、财产安全的商品和服务,经营者应当向消费者作出真实的说明和明确的警示,并说明和标明正确使用商品或者接受服务的方法以及防止危害发生的方法。

(2)宾馆、商场、餐馆、银行、机场、车站、港口、影剧院等经营场所的经营者,应当对消费者尽到安全保障义务。

(3)经营者发现其提供的商品或者服务存在缺陷,有危及人身、财产安全危险的,应当立即向有关行政部门报告和告知消费者,并采取停止销售、警示、召回、无害化处理、销毁、停止生产或者服务等措施。采取召回措施的,经营者应当承担消费者因商品被召回支出的必要费用。

❹ 提供真实信息的义务

（1）经营者向消费者提供有关商品或者服务的质量、性能、用途、有效期限等信息，应当真实、全面，不得作虚假或者引人误解的宣传。

（2）经营者对消费者就其提供的商品或者服务的质量和使用方法等问题提出的询问，应当作出真实、明确的答复。

（3）经营者提供商品或者服务应当明码标价。

❺ 标明真实名称和标记的义务

经营者应当标明其真实名称和标记。租赁他人柜台或者场地的经营者，应当标明其真实名称和标记。即使租赁期满后，在法律规定的情况下，消费者仍有权要求经营者承担责任。

❻ 出具发票或单据的义务

经营者提供商品或者服务，应当按照国家有关规定或者商业惯例向消费者出具发票等购货凭证或者服务单据；消费者索要发票等购货凭证或者服务单据的，经营者必须出具，这是经营者的义务。由于发票或者服务单据具有重要的证据价值，对于界定消费者和经营者的权利义务亦具有重要意义，因此，明确经营者出具相应发票和单据的义务，有利于保护消费者权益。

❼ 质量担保义务

（1）经营者应当保证在正常使用商品或者接受服务的情况下，其提供的商品或者服务应当具有的质量、性能、用途和有效期限，但消费者在购买该商品或者接受该服务前已经知道其存在瑕疵，且该瑕疵不违反法律强制性规定的除外。

（2）经营者以广告、产品说明、实物样品或者其他方式表明商品或者服务质量状况的，应当保证其提供的商品或者服务的实际质量与表明的质量状况相符。

（3）经营者提供的机动车、计算机、电视机、电冰箱、空调器、洗衣机等耐用商品或者装饰装修等服务，消费者自接受商品或者服务之日起六个月内发现瑕疵并发生争议的，由经营者承担有关瑕疵的举证责任。

【观念应用8-3】

举证责任倒置

上海的汪女士去年在某品牌专柜为父母购买了一台腿部按摩器和一台颈椎按摩器。由于加热、开关等频出故障，两台按摩器先后于2015年12月和2016年2月更换过。不料，按摩器再次出现故障。汪女士以产品质量问题要求退货，却遭专柜方面拒绝。对方表示，汪女士需拿出权威机构出具的检测报告，确认属于产品质量问题方可退货。

问：汪女士应该怎么办？

法律分析： 消费者权益保护法第23条增加的一项条款实际上是对举证责任的重新分配。在我国民事诉讼程序中，除了一些特殊情况下举证责任倒置的以外，《民事诉讼法》规定的举证原则是"谁主张谁举证"，即当事人对自己提出的主张应当提供证据，并承担举证不能的不利后果。所以，过去消费者如果因为购买耐用商品或装饰装修等服务向法院提起维权诉讼，那么消费者需要就产品存在质量问题提供相应证据。对消费者而言，举证通常是维权的障碍所在。因为信息不对称、缺乏专业知识及一些情况下需事先鉴定等因素，导致消费者维权成本过高，不得不选择放弃。新消费者权益保护法实施后，实际上把这种特殊商品或服务的部分举证责任分配给了经营者。消费者在六个月内对购买耐用商品或装饰装修等服务发现瑕疵并发生争议的，经营者若不能提交充分证据证明商品没有质量问题的、损害是由消费者使用不当等原因造成的，就应承担举证不能的不利后果，这就为消费者维权提供了极大的便利，增加消费者胜诉的几率，鼓励消费者在产生纠纷后积极维权。但值得注意的是，举证责任倒置并非免除消费者的全部举证责任，消费者应当举证证明其向经营者购买了争议的商品或者服务，且该商品不能正常使用或者服务出现瑕疵。本案汪女士购买按摩器与耐用品相比，使用寿命相对较短，属于消费类电子产品，故不适用该条规定，汪女士仍需要对按摩器是在经营者处购买的以及按摩器存在质量问题进行举证。

❽ 售后服务或退货的义务

该项义务也可以说是消费者的反悔权，体现在两个方面：

（1）经营者提供的商品或者服务不符合质量要求的，消费者可以依照国家规定、当事人约定退货，或者要求经营者履行更换、修理等义务。没有国家规定和当事人约定的，消费者可以自收到商品之日起七日内退货；七日后符合法定解除合同条件的，消费者可以及时退货，不符合法定解除合同条件的，可以要求经营者履行更换、修理等义务。

依照前款规定进行退货、更换、修理的，经营者应当承担运输等必要费用。

（2）经营者采用网络、电视、电话、邮购等方式销售商品，消费者有权自收到商品之日起七日内退货，且无需说明理由，但下列商品除外：①消费者定做的商品；②鲜活易腐的商品；③在线下载或者消费者拆封的音像制品、计算机软件等数字化商品；④交付的报纸、期刊。

除前款所列商品外，其他根据商品性质并经消费者在购买时确认不宜退货的商品，不适用无理由退货。

消费者退货的商品应当完好。经营者应当自收到退回商品之日起七日内返还消费者支付的商品价款。退回商品的运费由消费者承担，经营者和消费者另有约定的，按照约定实行。

【观念运用8-4】

消费者享有7日"反悔权"

母亲节前，张小姐在某网站购买了数盒保健品想送给母亲，隔天收到货品送往母亲家，没想到张小姐的姐姐也为母亲购买了同品牌的数盒保健品，这下张小姐发了愁，这么多保健品要吃到什么时候呢，于是她想到了退货。她联系网店店主，店主却拒绝了张小姐，店主称："我们不是七日无条件退换货的店，在小店购物不退不换。"

问：某网站有退货的义务吗？

法律分析：《消费者权益保护法》第25条规定："经营者采用网络、电视、电话、邮购等方式销售商品，消费者有权自收到商品之日起七日内退货，且无需说明理由。"所以该网店的做法属于侵权，网店有义务为张小姐办理退货。

❾ 不得从事不公平、不合理的交易的义务

经营者在经营活动中使用格式条款的，应当以显著方式提请消费者注意商品或者服务的数量和质量、价款或者费用、履行期限和方式、安全注意事项和风险警示、售后服务、民事责任等与消费者有重大利害关系的内容，并按照消费者的要求予以说明。

经营者不得以格式条款、通知、声明、店堂告示等方式，作出排除或者限制消费者权利、减轻或者免除经营者责任、加重消费者责任等对消费者不公平、不合理的规定，不得利用格式条款并借助技术手段强制交易。

格式条款、通知、声明、店堂告示等含前款所列内容的，其内容无效。

❿ 不得侵犯消费者的人身权的义务

消费者的人身权是最基本的人权，消费者的人身自由、人格尊严不受侵犯。经营者不得对消费者进行侮辱、诽谤，不得搜查消费者的身体及其携带的物品，不得侵犯消费者的人身自由。

⓫ 依法保护消费者信息的义务

经营者收集、使用消费者个人信息，应当遵循合法、正当、必要的原则，明示收集、使用信息的目的、方式和范围，并经消费者同意。经营者不得违反法律、法规的规定和双方的约定收集、使用信息。

经营者及其工作人员对收集的消费者个人信息必须严格保密，不得泄露、出售或者非法向他人提供。经营者应当采取技术措施和其他必要措施，确保信息安全，防止消费者个人信息泄露、丢失。在发生或者可能发生信息泄露、丢失的情况时，经营者应当立即采取补救措施。

经营者未经消费者同意或者请求，或者消费者明确表示拒绝的，不得向其发送商业性信息。

【观念运用 8-5】

禁止泄露消费者信息

王某是普通的公司职员，经常收到莫名其妙的短信或者电话，内容包括房产广告、发票、保险等垃圾信息和诈骗信息。和王某一样，相当一部分消费者也会遇到这样的情形，垃圾短信和骚扰电话无孔不入，甚至影响到正常作息生活，消费者普遍认为隐私很难得到保护。

问：《消费者权益保护法》有何规定？

法律分析：超市、商场或其他服务机构，多数都会要求消费者办理会员卡，一部分消费者在办理会员卡的同时，无形中泄露了消费者的个人信息。这些信息不排除被一些不法分子买回去，提供给其他经营者，一些不法经营者便利用这些信息推销产品或服务，比如常见的手机垃圾短信，消费者个人一般很难知道是被谁给泄露出去的。《消费者权益保护法》第29条第2款规定："经营者及其工作人员对收集的消费者个人信息必须严格保密，不得泄露、出售或者非法向他人提供。经营者应当采取技术措施和其他必要措施，确保信息安全，防止消费者个人信息泄露、丢失。经营者未经消费者同意或者请求，或者消费者明确表示拒绝的，不得向其发送商业性信息。"在消费者明确表示拒绝接收商业性信息或其他垃圾信息后，经营者依然发送的，消费者可以依据法律规定通过法律途径解决。

8.3 消费者合法权益的保护

在消费者权益的保护方面，不仅经营者负有直接的义务，而且国家、社会也都负有相应的义务。只有各类主体都有效地承担相应的保护消费者权益的义务，消费者的各项权利才能得到有效的保障。为此，《消费者权益保护法》对于国家和社会在保护消费者权益方面的义务也都作出了规定。

8.3.1 消费者合法权益的国家保护

国家采取各种措施，保障消费者依法行使权利，维护消费者的合法权益。根据《消费者权益保护法》第4章的规定，国家对消费者合法权益的保护主要体现在以下几个方面。

❶ 立法保护

保护消费者合法权益，立法是基础，《消费者权益保护法》是保护消费者合法权益的基本法律。此外，我国制定和颁布的《产品质量法》《反不正当竞争法》《广告法》《食品安全法》等也都体现了对消费者合法权益的保护。为了体现和保护消费者合法权益，国家在制定有关法律、法规、规章和强制性标准时，应当听取消费者和消费者协会等的意见。

❷ 行政保护

政府的行政管理工作与消费者权益的保护水平直接相关。各级人民政府应当加强领导，组织、协调、督促有关行政部门做好保护消费者合法权益的工作，预防危害消费者人身、财产安全行为的发生，及时制止危害消费者人身、财产安全的行为。各级人民政府的工商行政管理部门和其他有关行政部门应当依照法律、法规的规定，在各自的职责范围内，采取措施，保护消费者的合法权益。有关行政部门应当听取消费者和消费者协会等对经营者交易行为、商品和服务质量的意见，及时调查处理。

❸ 司法保护

对违法犯罪行为有惩处权力的有关国家机关，应当依照法律、法规的规定，惩处经营者在提供商品和服务中侵害消费者合法权益的违法犯罪行为。人民法院应当采取措施，方便消费者提起诉讼。对符合《民事诉讼法》规定的起诉条件的消费者权益争议，人民法院必须受理，及时审理，以使消费者权益争议尽快得到解决。

8.3.2 消费者合法权益的社会保护

保护消费者的合法权益是全社会的共同责任，国家鼓励、支持一切组织和个人对损害消费者合法权益的行为进行社会监督，尤其是广播、电视、报刊等大众传播媒介应当做好维护消费者合法权益的宣传，对损害消费者合法权益的行为进行舆论监督。

在保护消费者合法权益方面，各种消费者组织起着至为重要的作用。《消费者权益保护法》第5章专门对消费者组织作了规定。依据该法规定，消费者组织包括消费者协会和其他消费者组织。消费者协会和其他消费者组织是依法成立的对商品和服务进行社会监督的保护消费者合法权益的社会组织，它们不得从事商品经营和营利性服务，不得以收取费用或者其他牟取利益的方式向社会推荐商品和服务。

中国消费者协会成立于1984年12月，并于1987年加入国际消费者联盟。消费者协会履行下列公益性职责：向消费者提供消费信息和咨询服务，提高消费者维护自身合法权益的能力，引导文明、健康、节约资源和保护环境的消费方式；参与制定有关消费者权益的法律、法规、规章和强制性标准；参与有关行政部门对商品和服务的监督、检查；就有关消费者合法权益的问题，向有关部门反映、查询、提出建议；受理消费者的投诉，并对投诉事项进行调查、调解；投诉事项涉及商品和服务质量问题的，协会可以委托具备资格的鉴定人鉴定，鉴定人应当告知鉴定意见；就损害消费者合法权益的行为，支持受损害的消费者提起诉讼或依照本法提起诉讼；对损害消费者合法权益的行为，通过大众传播媒介予以揭露、批评。

【小思考8-2】

消费者协会对哪些消费者的投诉不予受理？

答：根据消费者协会工作规则的规定，消费者协会对消费者投诉的下列案件不予受理：①消费者投诉时不能出具购物发票或小票的；②消费者购买的商品是处理品，并且销售者销售时声明是处理品，因商品出现问题而投诉的；③消费者向有关行政部门申诉，该部门已经处理完毕，或者由仲裁机构裁决以及向人民法院起诉，已经受理或判决的；④法律、法规规定必须取得许可证才能购买，而在没有许可证的情况下购买或禁止个人购买而购买的商品出现问题投诉的。

8.4 消费争议的解决

消费争议是指消费者与经营者之间因商品或服务质量造成消费者人身、财产损失而引发的纠纷。

8.4.1 消费争议的解决途径

《消费者权益保护法》第34条规定了解决争议的5种途径和方式。该5种方式的约束力和效力是逐渐增强的。

❶ 与经营者协商和解

协商和解是消费者与经营者在平等自愿基础上，就有关争议进行协商，最终达成解决争议的方案。这是在发生争议的初期常用的方式，具有方便、简捷、节约、及时等优点。

❷ 请求消费者协会或者依法成立的其他调解组织调解

调解是指在消费者与经营者之间，由消费者协会作为第三方，就有关争议进行协调，双方达成协议，以解决争议的方式。消费者协会应在双方自愿的前提下，依法公平调解。

对侵害众多消费者合法权益的行为，中国消费者协会以及在省、自治区、直辖市设立的消费者协会，可以向人民法院提起诉讼。

❸ 向有关行政部门投诉

向有关行政部门投诉是指向工商行政管理机关、技术监督机关及各有关专业部门投诉。有关行政部门应当自收到投诉之日起七个工作日内，予以处理并告知消费者。有关行政部门对消费者的投诉及其他经营者的争议，可依法进行调解，也可依法律规定和自己的职权，作出处理决定；对有违法行为的经营者，可依法作出行政处罚。

❹ 根据仲裁协议提请仲裁

❺ 向人民法院提起诉讼

【小思考 8-3】

消费争议有哪些种类？

答：从我国实践看，消费争议主要有以下 4 类：①消费者在购买、使用商品或接受服务的过程中，由于经营者不依法履行义务或不适当履行义务，或者消费者认为经营者不依法履行或不适当履行义务，致使消费者的合法权益受到损害所产生的争议；②消费者与经营者对提供的商品或者服务看法不一致所产生的争议；③经营者侵犯消费者的权利，或者消费者认为经营者侵犯其权利所产生的争议；④在消费过程中产生的其他争议。

8.4.2 求偿主体和赔偿主体的确定

为保证在发生消费争议时，能够准确确定责任承担者，我国《消费者权益保护法》就求偿主体以及最终赔偿主体（责任者）的确定，作出了如下规定：

（1）消费者在购买、使用商品时，其合法权益受到损害的，可以向销售者要求赔偿。销售者赔偿后，属于生产者的责任或者属于向销售者提供商品的其他销售者的责任的，销售者有权向生产者或者其他销售者追偿。

（2）消费者或者其他受害人因商品缺陷造成人身、财产损害的，可以向销售者要求赔偿，也可以向生产者要求赔偿。属于生产者责任的，销售者赔偿后，有权向生产者追偿。属于销售者责任的，生产者赔偿后，有权向销售者追偿。

（3）消费者在接受服务时，其合法权益受到损害的，可以向服务者要求赔偿。

（4）消费者在购买、使用商品或者接受服务时，其合法权益受到损害，因原企业分立、合并的，可以向变更后承受其权利义务的企业要求赔偿。

（5）使用他人营业执照的违法经营者提供商品或者服务，损害消费者合法权益的，消费者可以向其要求赔偿，也可以向营业执照的持有人要求赔偿。

（6）消费者在展销会、租赁柜台购买商品或者接受服务，其合法权益受到损害的，可以向销售者或者服务者要求赔偿。展销会结束或者租赁柜台租赁期满后，也可以向展销会的举办者、柜台的出租者要求赔偿。展销会的举办者、柜台的出租者赔偿后，有权向销售者或者服务者追偿。

（7）消费者通过网络交易平台购买商品或者接受服务，其合法权益受到损害的，可以向销售者或者服务者要求赔偿。网络交易平台提供者不能提供销售者或者服务者的真实名称、地址和有效联系方式的，消费者也可以向网络交易平台提供者要求赔偿；网络交易平台提供者作出更有利于消费者的承诺的，应当履行承诺。网络交易平台提供者赔偿后，有权向销售者或者服务者追偿。网络交易平台提供者明知或者应知销售者或者服务者利用其平台侵害消费者合法权益而未采取必要措施的，依法与该销售者或者服务者承担连带责任。

消费者因经营者利用虚假广告或其他虚假宣传方式提供商品或者服务，其合法权益受到损害的，可以向经营者要求赔偿。广告经营者、发布者发布虚假广告的，消费者可以请求行政主管部门予以惩处。广告的经营者、发布者不能提供经营者的真实名称、地址和有效联系方式的，应当承担赔偿责任。

【观念应用8-6】

营业执照借他人，推卸责任法不允

胡燕于2015年2月9日在某时装店购买了一套价格不菲的时装准备过年，但在春节期间发现该套时装存在着严重的质量问题，明显与其当初的广告宣传不符。春节后胡燕去找该家时装店交涉，但发现该店已易主。新店主告诉她，老店主是借用了他的营业执照营业，现在已将店内所有物资盘给了他，他不可能承担老店主的任何责任，如果要求赔偿，应当去找老店主。胡燕提着那套时装，站在时装店的门口不知如何是好。

问：胡燕应向谁主张赔偿？

法律分析：胡燕此时应该运用法律来维护自己的合法权益，因为新店主依法应承担将其营业执照借予他人，对消费者造成损害的连带法律责任。

我国《消费者权益保护法》第42条规定："使用他人营业执照的违法经营者提供商品或者服务，损害消费者合法权益的，消费者可以向其要求赔偿，也可以向营业执照的持有人要求赔偿。"该事件中，老店主借用了他人的营业执照，以营业执照持有人的名义销售存在严重质量问题的时装，并且与其广告宣传明显不符，属欺诈行为。由于老店主将店内物资转让给了营业执照的持有人，即新店主，根据该条规定，胡燕除了向老店主主张赔偿外，还可以向新店主主张赔偿。《最高人民法院关于适用〈中华人民共和国民事诉讼法〉若干问题的意见》第46条第2款也规定："营业执照上登记的业主与实际经营者不一致的，以业主和实际经营者为共同诉讼人。"所以，营业执照持有人（新店主）以所卖时装的行为不是自己所为而不承担任何责任的做法是错误的，胡燕在找不到老店主的情形下，新店主理应承担对胡燕的赔偿责任。具体赔偿数额根据《消费者权益保护法》第55条之规定："经营者提供商品或者服务有欺诈行为的，应当按照消费者的要求增加赔偿其受到的损失，增加赔偿的金额为消费者购买商品的价款或者接受服务的费用的3倍。"

综上所述，胡燕的损失既可以向经营者本人主张赔偿，也可以向营业执照的持有人主张赔偿，营业执照的持有人不能推卸法律责任。胡燕能得到赔偿的数额将是除其所遭受损失以外的3倍。

8.5 法律责任

《消费者权益保护法》规定了3种法律责任形式。

8.5.1 民事责任

❶ 承担民事责任的概括性规定

经营者提供商品或者服务有下列情形之一的，除本法另有规定外，应当依照其他有关法律、法规的规定，承担民事责任：商品或者服务存在缺陷的；不具备商品应当具备的使用性能而出售时未作说明的；不符合在商品或者其包装上注明采用的商品标准的；不符合商品说明、实物样品等方式表明的质量状况的；生产国家明令淘汰的商品或者销售失效、变质的商品的；销售的商品数量不足的；服务的内容和费用违反约定的；对消费者提出的修理、重作、更换、退货、补足商品数量、退还货款和服务费用或者赔偿损失的要求，故意拖延或者无理拒绝的；法律、法规规定的其他损害消费者权益的情形。

❷ 关于侵犯人身权的民事责任

《消费者权益保护法》第49~51条规定：

（1）经营者提供商品或者服务，造成消费者或者其他受害人人身伤害的，应当赔偿医疗费、护理费、交通费等为治疗和康复支出的合理费用以及因误工减少的收入；造成残疾的，还应当赔偿残疾生活辅助具费和残疾赔偿金。造成死亡的，还应当赔偿丧葬费和死亡赔偿金。

（2）经营者侵害消费者的人格尊严、侵犯消费者人身自由或者侵害消费者个人信息依法得到保护的权利的，应当停止侵害、恢复名誉、消除影响、赔礼道歉，并赔偿损失。

（3）经营者有侮辱诽谤、搜查身体、侵犯人身自由等侵害消费者或者其他受害人人身权益的行为，造成严重精神损害的，受害人可以要求精神损害赔偿。

【观念应用8-7】

精神损害赔偿

某天，方小姐到北京某大型超市购物，准备离开时被超市保安以偷窃为名强行拖回。保安用语言侮辱方小姐,并要强行搜身,后经民警核实,方小姐并未偷东西。然而,方小姐的精神受到严重伤害,除了母亲梅女士外不敢接触任何人,被家人送到精神病院住院治疗,花费巨大。梅女士作为方小姐的监护人起诉超市,要求超市对已经发生的费用作出赔偿。经鉴定,方小姐的精神病与超市的搜身有因果关系。

问:方小姐能要求精神赔偿吗?

法律分析:该超市的工作人员侮辱诽谤、搜查身体、侵犯方小姐人身自由的行为严重侵害了方小姐作为消费者的人身权益,对其造成了严重的精神损害。方小姐可以根据《消费者权益保护法》第49条规定,要求赔偿医疗费、护理费、交通费等为治疗和康复支出的合理费用以及因误工减少的收入。同时,方小姐还可以根据《消费者权益保护法》第51条规定,要求精神损害赔偿。超市的工作人员是履行超市的职务行为致使方小姐受到伤害的,应由超市承担民事赔偿责任。经法院调解,梅女士与超市达成调解,超市向方小姐支付包括精神抚慰金在内的各项赔偿金共计90万元人民币。

❸ 关于侵犯财产权的民事责任

《消费者权益保护法》第52条规定:

(1)经营者提供商品或者服务,造成消费者财产损害的,应当依照法律规定或者当事人约定承担修理、重作、更换、退货、补足商品数量、退还货款和服务费用或者赔偿损失等民事责任。

(2)经营者提供商品或者服务有欺诈行为的,应当按照消费者的要求增加赔偿其受到的损失,增加赔偿的金额为消费者购买商品的价款或者接受服务的费用的三倍;增加赔偿的金额不足五百元的,为五百元。法律另有规定的,依照其规定。

(3)经营者明知商品或者服务存在缺陷,仍然向消费者提供,造成消费者或者其他受害人死亡或者健康严重损害的,受害人有权要求经营者依照本法第49条、第51条等法律规定赔偿损失,并有权要求所受损失二倍以下的惩罚性赔偿。

(4)生产不符合食品安全标准的食品或者销售明知是不符合食品安全标准的食品,消费者除要求赔偿损失外,还可以向生产者或者销售者要求支付价款十倍的赔偿金。

【观念应用 8-8】

经营者提供商品或服务造成人身伤害的法律责任

2005年6月10日,原告舒某在其妹家中与其妹夫荣升碧、表弟李涛共进午餐。舒某拿起一瓶"蓝剑"啤酒,正欲开启,啤酒瓶突然爆炸,酒瓶的玻璃片击伤其左眼,导致左眼失明。舒某遂向四川省新津县人民法院提起诉讼,请求生产商蓝剑集团赔偿医疗费、住院费、护理费、误工损失、生活补助费等以及8万元的残疾赔偿金。原告起诉时,向法庭提交了破碎啤酒瓶与华西医科大学附属第一医院的病历记录、病情证明。事故发生后不久,蓝剑集团曾派人向荣升碧、李涛作了调查,形成了笔录并提交给法庭。

问:经营者承担侵犯人身权的责任范围是什么?

法律分析:《消费者权益保护法》第49条规定:"经营者提供商品或者服务,造成消费者或者其他受害人人身伤害的,应当赔偿医疗费、护理费、交通费等为治疗和康复支出的合理费用以及因误工减少的收入。造成残疾的,还应当赔偿残疾生活辅助具费和残疾赔偿金。造成死亡的,还应当赔偿丧葬费和死亡赔偿金。"

8.5.2 行政责任

经营者有下列情形之一的,除承担相应的民事责任外,其他有关法律、法规对处罚机关和处罚方式有规定的,依照法律、法规的规定执行;法律、法规未作规定的,由工商行政管理部门或者其他有关部门责令改正,可以根据情节单处或者并处警告、没收违法所得、处以违法所得一倍以上十倍以下的罚款,没有违法所得的,处以五十万元以下的罚款;情节严重的,责令停业整顿、吊销营业执照:

提供的商品或者服务不符合保障人身、财产安全要求的;在商品中掺杂、掺假、以假充真、以次充好,或者以不合格的商品冒充合格商品的;生产国家明令淘汰的商品或者销售失效、变质的商品的;伪造商品的产地,伪造或者冒用他人的厂名、厂址,篡改生产日期,伪造或者冒用认证标志、名优标志等质量标志的;销售的商品应当检验、检疫而未检验、检疫或者伪造检验、检疫结果的;对商品或者服务作虚假或者引人误解的宣传的;拒绝或拖延有关行政部门责令对缺陷商品或者服务采取停止销售、警示、召回、无害化处理、销毁、停止生产或者服务等措施的；对消费者提出的修理、重作、更换、退货、补足商品数量、退还货款和服务费用或者赔偿损失的要求，故意拖延或者无理拒绝的；侵害消费者人格尊严或者侵犯消费者人身自由的或者侵害消费者个人信息依法得到保护的权利的；法律、法规规定的对损害消费者权益应当予以处罚的其他情形。

经营者除依照法律、法规规定予以处罚外，处罚机关应当记入信用档案，向社会公布。

【观念运用8-9】

销售假冒产品进入信用档案

辽宁的宋先生春节期间在一家超市购买了一袋有机大米，吃了一半后，宋先生通过新闻得知市场上有些有机食品没有证书，属假冒产品。他赶紧查看了所购大米的包装袋，发现上面虽然有"有机食品"标志，却没有认证机构的标注。随后，宋先生到超市询问并索要证书，超市表示没法提供。因为"有机"二字才购买此大米，宋先生觉得自己花了高价买了假货，心里不是滋味。

问：《消费者权益保护法》对此有何规定？

法律分析：《消费者权益保护法》第56条对经营者应受到行政处罚的各种情形作出列举，且加大了行政处罚的力度，同时新增加了一项条款，即将经营者受处罚情况记入档案，并向社会公布。当经营者因违反规定而受到处罚时，就会被记入档案，并且公之于众。对经营者而言，公布处罚记录会产生非常大的负面影响，如被记入诚信"黑名单"后影响其向银行申请贷款以及申报各种奖项，甚至可能影响其参与重大经营项目的招投标等，在无形中加大了经营者的违法成本，对防止其实施违法行为起到了非常大的威慑作用。本案中宋先生购买的有机大米没有相应证书，销售者可能存在欺诈，宋先生可依法向消费者协会及工商部门投诉、举报，如核查属实确为假冒伪劣产品，则该经营者不但要受到行政处罚，而且最终的处罚结果将记入档案，并向社会公布。

8.5.3 刑事责任

有下列情形之一的，有关人员应依照有关法律、法规的规定，承担刑事责任：

（1）经营者提供商品或者服务，侵害消费者合法权益构成犯罪的，依法追究刑事责任。

（2）以暴力、威胁等方法阻碍有关行政部门工作人员依法执行职务的，依法追究刑事责任；拒绝、阻碍有关行政部门工作人员依法执行职务，未使用暴力、威胁方法的，由公安机关依照《中华人民共和国治安管理处罚法》的规定处罚。

（3）国家机关工作人员有玩忽职守或者包庇经营者侵害消费者合法权益的行为的，由其所在单位或者上级机关给予行政处分；情节严重，构成犯罪的，依法追究刑事责任。

本章小结

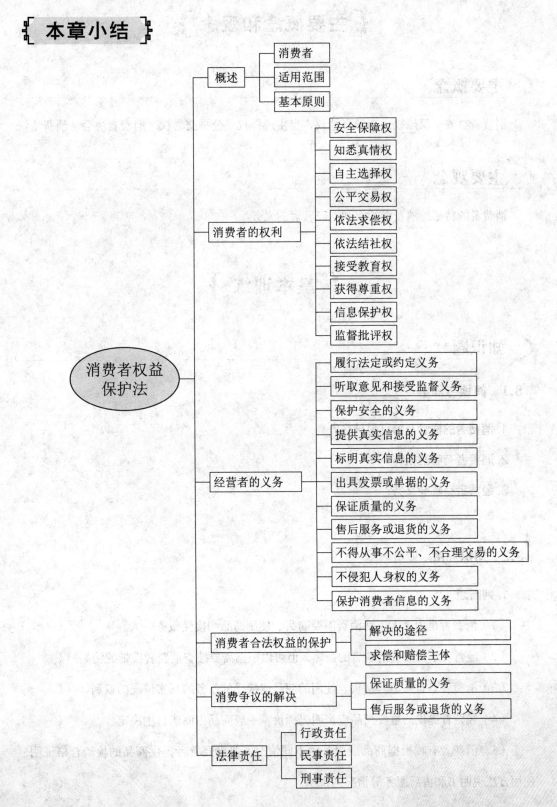

主要概念和观念

主要概念

消费者　安全保障权　知悉真情权　自主选择权　公平交易权　消费者协会　消费争议

主要观念

消费者的特征　消费者的权利　经营者的义务

基本训练

知识题

8.1　阅读与理解

1. 消费者的概念及特征是什么？

2. 消费者有哪些权利？

3. 经营者有哪些义务？

8.2　知识应用

1. 判断题

（1）消费者是为个人生活消费需要购买、使用商品和接受服务的人。（　　）

（2）经营者不得搜查消费者的身体，但可以根据需要搜查消费者携带的物品。（　　）

（3）消费者享有知悉其购买、使用的商品或接受的服务的真实情况的权利。（　　）

（4）经营者提供的重要商品应当明码标价，一般商品由商店自主决定。（　　）

（5）消费者有权根据商品或服务的不同情况，要求经营者提供商品的检验合格证明、使用方法说明书和售后服务等情况的说明。（　　）

（6）消费者在购买、使用商品时，其合法权益受到损害的，只能向销售者要求赔偿，不得向生产者要求赔偿。（　　）

（7）我国消费者权益保护法保护一切有偿取得商品和服务、满足生产消费的物质文化消费的单位和个人。（　　）

2. 选择题

（1）经营者提供商品有欺诈行为的，应当按照消费者的要求增加赔偿其受到的损失，增加赔偿的金额为消费者购买商品价款的（　　）。

  A.1 倍   B.2 倍   C.3 倍   D.4 倍

（2）我国的消费者协会属于（　　）。

  A. 国家机关   B. 事业单位   C. 企业单位   D. 社会团体

（3）经营者不得以（　　）等方式作出对消费者不公平、不合理的规定，或者减轻、免除其损害消费者合法权益应当承担的民事责任。

  A. 口头、书面   B. 合同、告示

  C. 格式条款、通知   D. 声明、店堂告示

（4）民事责任中的"三包"主要指（　　）。

  A. 包赔偿   B. 包修理   C. 包换货   D. 包退货

（5）消费者在购买、使用商品的时候，享有（　　）的权利。

  A. 自主选择   B. 依法结社

  C. 公平交易   D. 没收经营者的不合格商品

（6）消费者在购买、使用商品和接受服务时，享有其（　　）得到尊重的权利。

  A. 人格尊严   B. 个人性格

  C. 民族风俗习惯   D. 商业惯例

★ 技能题

8.1 规则复习

1. 《消费者权益保护法》的原则有哪些？
2. 如何解决消费争议？
3. 在消费者权益纠纷中如何确定求偿主体和赔偿主体？

8.2 操作练习

某省某县和平乡10户瓜农，在县城种子站购进20袋西瓜种，出芽率标明为95%，种下后，出芽率只有25%。再补种已错过农时，造成无法挽回的经济损失。

试分析：该10户瓜农的合法权益是否受《消费者权益保护法》的保护？该10户瓜农应向谁索赔？种子站应怎样承担责任？

{ 观念应用 }

★ 案例分析

无效的店堂告示

2014年10月8日，夏某到附近的一家超市购买生活用品。一进这家超市的大门，一块鲜艳的告示牌就映入眼帘，上面赫然写着"谨慎购买、概不退换"八个大字。夏某在食品柜挑选了一袋奶粉，又挑选了其他一些日常生活用品。当天下午，夏某在冲奶粉喝的时候，发现这袋奶粉已经过了保质期。奶粉的包装袋上印着保质期为6个月，生产日期为2014年3月12日。夏某立刻来到这家超市要求退货。值班经理认为不能退货，因为商店已经以告示牌的形式向广大顾客声明，请大家谨慎购买商品，一旦购买，概不予退换，而且告示牌是在十分显眼的地方，每位顾客一进门就会发现。夏某认为奶粉过了保质期，已不能食用，商店当然应该退货,这是常识,任何一家商店都应该这么做。双方争执不下,夏某便投诉到工商局,坚决要求这家超市退货,并且向他赔礼道歉。

问:

(1)本案中的这家超市违反了其应当承担的何种义务?我国的《消费者权益保护法》和《产品质量法》对这一问题是如何规定的?

(2)如何看待"谨慎购买、概不退换"这一店堂告示的效力?

单元实训

作为消费者,进行维权诉讼应注意哪些问题?

提示:

(1)明确对象。

(2)反映当事人法律关系存在的证据。

(3)反映损害事实存在的证据。

(4)诉讼时效。

第 9 章 产品质量法

学习目标

知识目标：了解产品质量法的立法目的和适用范围，理解产品、产品质量、产品瑕疵、产品缺陷的含义，理解并掌握产品质量监督管理制度、生产者和销售者的产品质量责任和义务等方面的知识。

技能目标：一是正确理解产品的含义；二是熟悉产品质量检验、标准、认证及监督检查等制度的具体内容；三是熟悉生产者、销售者违法行为及处罚标准。

能力目标：能处理涉及产品责任的现实问题。

引 例

冒用名优标志，应受行政处罚

2013年11月，某县质监局在进行市场商品质量监督抽查时，发现从未获得过任何优质产品称号的某食品厂生产的"脆酥蛋卷"包装袋上赫然印有国家优质产品标志。经质监局调查，该食品厂于2012年7月订购了15万条印有国家"优质"产品标志的包装袋，至查获时止，共用去6万多条，库存8万多条。县质监局据此作为处理决定：没收该厂违法所得5000元，罚款3500元，责令厂方收回尚未售出的、印有国家优质产品标志包装袋包装的"脆酥蛋卷"，库存包装袋必须经技术处理，消除"优质"标志后方能使用。食品厂不服此处理决定，于2013年12月向县法院起诉。

《产品质量法》是规制市场秩序、保护产品用户和消费者权益的重要法律。本例中，食品厂的行为属于冒用质量标志的行为。质量标志是依一定程序颁发给产品质量达到一定水平的企业的证明。产品质量标志是不容冒用的，因为质量标志事实上代表了一定的质量评价。冒用质量标志，企业就可能会以次充好或以假充真，违反社会主义市场经济诚实信用的原则，扰乱社会经济秩序。

9.1 产品质量法概述

产品与产品质量的含义、产品质量法的立法宗旨以及调整对象是学习研究产品质量法的基础。

9.1.1 产品和产品质量

❶ 产品的含义

产品这个词在经济生活中和法律领域大量使用,被赋予了广泛的含义。经济学上称之为具有使用价值,能满足人们的物质需要或精神需要的劳动生产物。其在法律上的含义较为确定,但也不尽相同。例如,《美国统一产品责任法》规定,产品是"具有真正价值的、为进入市场而生产的、能够作为组装零件或者作为部件、零件交付的物品,但人体组织、器官、血液组成成分除外"。《欧共体产品责任指令》规定,产品是指"除初级农产品和狩猎产品以外的所有动产,即使已被组合在另一动产或不动产之内。初级农产品是指种植业、畜牧业、渔业产品,不包括经过加工的这类产品。产品亦包括电"。德国《产品责任法》规定,产品是指"任何动产,即使已被装配在另一动产或不动产之内,还包括电,但未经初步加工的包括种植业、畜牧业、养蜂业、渔业产品在内的农产品(初级农产品)除外,狩猎产品亦然"。

《中华人民共和国产品质量法》第 2 条规定:"本法所称产品是指经过加工、制作,用于销售的产品。""建设工程不适用本法规定,但是,建设工程使用的建筑材料、建筑物配件和设备,属于前款规定的产品范围的,适用本法规定"。这就为产品的含义作了如下界定:产品质量法中的产品必须是经过加工、制作的产品;产品质量法中的产品必须是用于销售的产品;建设工程不适用产品质量法的规定;在一项建设工程中,作为构配件、零件、建筑材料使用在建设工程中的产品,都应受《产品质量法》的调整。

❷ 产品质量的含义

依据国际标准化组织颁布的 ISO8402 对质量所下定义,质量是指产品和服务满足规定或者潜在需要的特性和特征的总和。

一般认为，产品质量是指由国家的法律、法规、质量标准等所确定的或由当事人的合同所约定的有关产品适用、安全、外观等诸种特性的综合。它包括产品的适用性、安全性、耐用性、可靠性、经济性、卫生性等。

9.1.2 产品质量法的概念

产品质量法是对调整产品生产者、销售者与用户或消费者之间以及在产品进行监督管理过程中所发生的社会关系的法律规范的总称。广义的产品质量法是以产品质量为对象，由不同立法机关制定并具有不同层次效力的法律、法规所组成的产品质量法律体系。狭义的产品质量法特指1993年2月22日第七届全国人大常委会第三十次会议通过，于2000年7月8日第九届全国人大常委会第十六次会议第一次修正、2009年8月27日第十一届全国人大常委会第十次会议第二次修正的《中华人民共和国产品质量法》（以下简称《产品质量法》）。这部法律是我国目前规范产品质量的基本依据。

9.1.3 产品质量法的立法目的

❶ 加强对产品质量的监督管理，提高产品质量水平

产品质量对社会经济生活会产生重大的影响，不仅影响国民经济运行质量的提高、国家综合国力的增强、国家形象的改善，还会对满足社会的需要、维护人民群众的利益、扩大出口、提高经济效益有直接的作用。因此，国家必须运用法律手段对产品质量实施监督管理，将产品质量纳入法制的轨道，达到提高产品质量水平的目的。

❷ 明确产品质量责任

产品生产者、销售者应当对所提供产品质量负责，明确产品质量责任是《产品质量法》的核心内容之一。首先要明确产品质量责任是生产者、销售者的法定责任；其次要明确产品质量责任实行严格归责原则；最后要明确承担产品质量责任的基本规范形式。

❸ 保护消费者的合法权益

加强产品质量管理，实施严格的产品质量监督，确立和实行严格的产品责任制度，明确产品生产者、销售者的产品质量和义务，出发点和落脚点都是保护消费者的合法权益。这既是《产品质量法》的立法目的，也是贯穿产品质量各项立法内容的基本指导原则。

❹ 维护社会经济秩序

建立、健全产品质量法律制度，有助于全面提高产品的档次和质量水平，有助于生产者、销售者更多地提供适应国内外市场需要的、质量好的、可靠的产品，同时有助于通过市场机制淘汰有悖于消费者需要的、档次低、质量差的产品。加强对产品质量的监督检查，严厉打击产品质量方面的制假售假行为，严肃惩处产品质量方面的违法犯罪行为，将大大有助于治理整顿市场秩序，形成良好的社会经济秩序。

9.1.4 产品质量法的适用范围

从空间上说，在中华人民共和国境内从事产品生产、销售活动，包括销售进口商品，必须遵守《产品质量法》。

从客体上说，本法只适用生产、流通的产品，即各种动产，而不包括不动产。

从主体上说，本法适用于生产者、销售者和消费者以及监督管理机构。

军工产品的质量监督管理办法，须另行制定。

【小思考9-1】

电属于《产品质量法》中的产品吗？

答：《产品质量法》第2条规定："本法所称产品是指经过加工、制作，用于销售的产品。"因此，经过加工、制作是构成产品质量法中产品的必备条件，未经加工、制作的天然农产品、矿产品都不应列为产品质量法中的产品。按照须加工、制作这项条件，电应当作为产品，因为电力是将一次能源转化为二次能源的生产活动的产物。

9.2 产品质量监督管理制度

9.2.1 产品质量监督管理体制

产品质量监督管理体制是对产品质量监督管理机构的设置及其权限划分的有关制度的总称。

我国《产品质量法》根据我国管理实际,在总结过去立法和实践经验的基础上,确立了统一管理、分工负责的产品质量监督管理体制。具体内容是:

国务院产品质量监督部门主管全国产品质量监督工作。国务院有关部门在各自的职责范围内负责产品质量监督工作。国务院产品质量监督管理部门是归国务院直接领导的国家质量监督检验检疫总局,它负责对全国产品质量工作进行统一管理、组织协调,对产品质量管理进行宏观指导。

县级以上地方产品质量监督部门主管本行政区域内的产品质量监督工作。县级以上地方人民政府有关部门在各自的职责范围内负责产品质量监督工作。

各级人民政府应当把提高产品质量纳入国民经济和社会发展规划,加强对产品质量工作的统筹规划和组织领导,引导、督促生产者、销售者加强产品质量管理,提高产品质量,组织各有关部门依法采取措施,制止产品生产、销售中违反产品质量法规定的行为,保障法律的施行。

法律对产品质量的监督部门另有规定的,依照有关法律的规定执行。例如,工商行政管理部门对产品质量管理也有一定职责,它与质量技术监督局的分工如下:生产流通领域中的产品质量问题,由质量技术监督局查处,工商行政管理部门给予协助;生产、经销掺假产品、冒牌产品的,由工商行政管理部门查处,质量技术监督局给予协助;倒卖、骗卖劣质产品的,若质量技术监督局发现,则由技术监督局处理,工商行政管理部门给予协助,若工商行政管理部门发现,则由工商行政管理部门处理,质量技术监督局给予协助。

此外,我国还有行业协会、部门、企业组织的质量监督管理机构,其质量监督活动属于内部监督的性质。这些机构在产品质量监督管理中的作用是必不可少的,但是这种质量监督属于自律性质，与国家的宏观监督管理活动的性质是有区别的。

9.2.2 产品质量检验制度

产品质量应当检验合格，不得以不合格产品冒充合格产品。

产品质量检验机构必须具备相应的检测条件和能力，经省级以上人民政府产品质量监督部门或其授权的部门考核合格的，可承担产品质量检验工作。法律、行政法规另有规定的，从其规定。

从事产品质量检验的社会中介机构必须依法设立，不得与行政机关和其他国家机关存在隶属关系或其他利益关系，必须依法按照有关标准，客观、公正地出具检验结果。

9.2.3 产品质量标准制度

《产品质量法》第6条规定："国家鼓励推行科学的质量管理方法，采用先进的科学技术，鼓励企业产品质量达到并且超过行业标准、国家标准和国际标准。"采用先进的产品标准，推行科学的质量管理方法，是提高产品质量的重要途径。我国《标准化法》规定，我国实行国家标准、行业标准、地方标准和企业标准四级标准体制。产品质量标准也同样分为四个级别。

根据我国《标准化法》的规定，国家标准划分为强制性标准和推荐性标准。强制性标准是强制执行的标准，企业必须执行。对此，《产品质量法》第13条作了明确具体的规定：

（1）生产、销售可能危及人体健康和人身、财产安全的工业产品，必须执行强制标准。这是国家运用强制力量保护社会公共利益，保护使用这种产品的每个消费者的利益。

（2）生产、销售可能危及人体健康和人身、财产安全的工业品，所必须执行的标准是保障人体健康，人身、财产安全的国家标准、行业标准。生产、销售的产品符合国家标准、行业标准的要求，是产品生产者、销售者所应履行的法定义务。

（3）未制定上述国家标准、行业标准的，必须符合保障人体健康，人身、财产安全的要求。

（4）对于不符合保障人体健康和人身、财产安全的国家标准、行业标准的工业产品以及不符合法定的保障人体健康和人身、财产安全的工业产品，禁止生产和销售。

（5）对制定和实施有关人体健康和人身、财产安全的具体管理规则、管理方法，则授权国务院作出规定。

9.2.4 产品质量体系认证和产品质量认证制度

❶ 企业质量体系认证制度

企业质量体系认证制度是通过依法设立的认证机构对企业的质量体系进行评价，当证明其符合有关的标准，即予以认证注册，发给企业质量体系认证证书的制度。《产品质量法》第14条第1款规定："国家根据国际通用的质量管理标准，推行企业质量体系认证制度。企业根据自愿原则可以向国务院质量监督部门认可的或者国务院产品质量监督部门授权的部门认可的认证机构申请质量体系认证。经认证合格的，由认证机构颁发企业质量体系认证证书。"

❷ 产品质量认证制度

产品质量认证制度是指依据产品标准和相应技术要求，经认证机构确认并通过颁发认证证书和产品质量认证标志的形式，证明某一产品符合相应标准或相应技术要求的活动。《产品质量法》第14条第2款规定："国家参照国际先进的产品标准和技术要求，推行产品质量认证制度。企业根据自愿原则可以向国务院产品质量监督部门认可的或者国务院质量监督部门授权的部门认可的认证机构申请产品质量认证。经认证合格的，由认证机构颁发产品质量认证证书，准许企业在产品或者包装上使用产品质量认证标志。"

9.2.5 产品质量监督检查制度

我国《产品质量法》明确规定，产品质量应当检验合格，不得以不合格产品冒充合格产品。国家对产品质量实行以抽查为主要方式的监督检查制度，对可能危及人体健康和人身、财产安全的产品，影响国计民生的重要工业品，以及消费者、有关组织反映有质量问题的产品进行抽查。

产品质量监督抽查工作由国务院产品质量监督部门规划和组织,县级以上的地方产品质量监督部门在本行政区域内也可以组织监督抽查。

抽查的样品应当在市场上或者企业成品仓库内的待销产品中随机抽取。对依法进行的产品质量监督检查,生产者和销售者不得拒绝。

依照《产品质量法》的规定,对产品质量进行监督抽查应当注意以下问题:

❶ 不得重复抽查

国家监督抽查的产品,地方不得另行重复抽查;上级监督抽查的产品,下级不得重复抽查。

❷ 样品数量要合理,不得收取费用

对产品进行抽查检验的数量要合理,不得向被抽查检验人收取检验费用。

❸ 产品抽查检验不合格的要依法处理

依照《产品质量法》规定进行抽查检验的产品,质量不合格的,由实施监督抽查的产品质量监督部门责令其生产者、销售者限期改正。逾期不改正的,由省级以上人民政府产品质量监督部门予以公告,公告后经复查仍不合格的,责令停业,限期整顿,整顿期满后经复查产品质量仍不合格的,吊销营业执照。

❹ 对产品质量有严重问题的要依法处罚

监督抽查的产品有严重质量问题的,要依照《产品质量法》第 5 章"罚则"的有关规定予以相应的处罚。

❺ 当事人对抽查检验结果有异议的可申请复检

生产者、销售者对抽查检验的结果有异议的,可以自收到检验结果之日起 15 日内向实施监督抽查的产品质量监督部门或者其上级产品质量监督部门申请复检,由受理复检的产品质量监督部门作出复检结论。

【小思考 9-2】

怎样理解《产品质量法》中的生产者和销售者?

答:产品质量法中的生产者,一般地说是指从事产品生产的组织或个人,这里所称的组织包括相关组织等。产品生产应当包括产品的设计、制作、加工、组装、安装、包装等过程,如果细分,还可分为许多具体的环节,它们的共同特点是形成可以提供销售的产品,或者说是属于产品的形成过程。生产者生产的产品包括整件、零部件和原材料,产品质量法中的生产者也就是产品的生产者、零部件的生产者和原材料的生产者。

《产品质量法》中的销售者,是指从事产品销售业务的组织或者个人,这种销售包括将产品销售给最终消费者、加工者、再销售者、出租人等。

9.3 产品质量责任和义务

产品质量责任和义务是指产品的生产者和销售者因生产和销售产品所应承担的产品质量责任和义务。

9.3.1 生产者的产品质量责任和义务

❶ 生产者生产的产品应当符合法定质量标准

(1)不存在危及人身、财产安全的不合理的危险,有保障人体健康和人身、财产安全的国家标准、行业标准的,应当符合该标准。

(2)具备产品应当具备的使用性能,但是对产品存在使用性能的瑕疵作出说明的除外。

(3)符合在产品或者其包装上注明采用的产品标准,符合以产品说明、实物样品等方式表明的质量状况。

❷ 产品或者其包装上的标识必须真实并符合下列要求

(1)有产品质量检验合格证明。

(2)有中文标明的产品名称、生产厂厂名和厂址。

（3）根据产品的特点和使用要求，需要标明产品规格、等级、所含主要成分的名称和含量的，用中文相应予以标明，需要事先让消费者知晓的，应当在外包装上标明，或者预先向消费者提供有关资料。

（4）限期使用的产品，应当在显著位置清晰地标明生产日期和安全使用日期或者失效日期。

（5）使用不当，容易造成产品本身损坏或者可能危及人身、财产安全的产品，应当有警示标志或者中文警示说明。但是，裸装的食品和其他根据产品的特点难以附加标识的裸装产品，可以不附加产品标识。

❸ 危险及特殊产品的包装必须符合相应要求

易碎、易燃、易爆、有毒、有腐蚀性、有放射性等危险物品以及储运中不能倒置和其他有特殊要求的产品，其包装质量必须符合相应要求，依照国家有关规定作出警示标志或者中文警示说明，标明储运注意事项。

特殊产品的包装必须符合国家法律、法规、规章、合同、标准以及规范性文件中规定的要求，保证人身、财产安全，防止产品损坏给消费者、用户及消费者的合法权益带来损害，并应在产品包装上标注相应的产品标识。

【补充阅读资料9-1】

产品及产品包装的9种标志

根据国家有关法律法规的规定，产品或产品包装上的标志应有以下9种：①产品要有检验合格证。②有中文标明的产品名称、厂名和厂址。进口产品在国内市场销售，也必须有中文标志。③根据产品的特点和使用要求，需标明产品规格、等级，所含主要成分的名称和含量也应当予以标明。④限期使用的产品应标明生产日期和失效期，包装食品一般都应标明生产期、保质期或保存期。⑤对于容易造成产品本身损坏或者可能危及人身、财产安全的产品要有警示标志或中文警示说明。⑥已被工商部门批准注册的商标，其标志为"R"或"注"。⑦已被专利部门授予专利的，可在产品上注明。⑧生产企业应在产品或其说明、包装上注明所执行标准的代号、编号、名称。我国现行标准分4级，即"国家标准(GB)、行业标准(HB)、地方标准(DB)、企业标准(QB)"。⑨已取得国家有关质量认证的产品,可在产品或包装上使用相应的安全或合格认证标志。

❹ 生产者不得从事下列活动

生产者不得生产国家明令淘汰的产品。生产者不得伪造产地,不得伪造或者冒用他人的厂名、厂址。生产者不得伪造或者冒用认证标志等质量标志。生产者生产产品,不得掺杂、掺假,不得以假充真、以次充好,不得以不合格产品冒充合格产品。

【观念应用9-1】

销售者不得销售失效、变质的产品

某年4月11日,菜农郭海青在开原市个体菜籽商店购买了几袋"夏阳"牌日本白菜籽,并种在自家6亩承包地中。郭海青按包装上的说明进行育苗、定植和田间管理,菜苗长出后只"蹲挺",不"抱心"。后经农业技术人员鉴定是种子有问题,郭海青的6亩菜地绝收,直接经济损失4万元。无奈,郭海青投诉到开原市消费者协会。

问:销售者应怎样承担责任?

法律分析:经消费者协会核查,个体菜籽店经销的"夏阳"牌白菜籽,是日本繁育、中国香港经销的,店主从山东菜籽商处买进。菜籽无生产日期,经专家鉴定,属过期菜子。

经消费者协会调解,个体菜籽店店主赔偿菜农郭海青经济损失3万元。

★ 9.3.2 销售者的产品质量责任和义务

销售者对其销售的产品应当采取措施,保证质量,并承担下列责任和义务:

销售者应当建立并执行进货检查验收制度,验明产品合格证明和其他标识;销售者应当采取措施,保持销售产品的质量;销售者不得销售国家明令淘汰并停止销售的产品和失效、变质的产品;销售者销售的产品的标识应当符合《产品质量法》的有关规定;销售者不得伪造产地,不得伪造或者冒用他人的厂名、厂址;销售者不得伪造或者冒用认证标志等质量标志;销售者销售产品,不得掺杂、掺假,不得以假充真、以次充好,不得以不合格产品冒充合格产品。

9.4 损害赔偿

损害赔偿是指产品的生产者、销售者因生产、销售的产品质量不符合国家的相关规定、质量标准及合法约定的对产品适用、安全和其他特性的要求，给用户和消费者造成损失的，应当承担赔偿责任。为了保护消费者的利益，产品质量责任采用无过错责任制，即不论产品的制造者、销售者主观上有无过错，对于因产品质量问题造成的损失，均应承担责任。

9.4.1 销售者应当承担的损害赔偿责任

售出的产品有下列情形之一的，销售者应当负责修理、更换、退货；给购买产品的消费者造成损失的，销售者应当赔偿损失：不具备产品应当具备的使用性能而事先未作说明的；不符合在产品或者其包装上注明采用的产品标准的；不符合以产品说明实物样品等方式表明的质量状况的。

如果销售者未按照上述规定给予修理、更换、退货或者赔偿损失的，由产品质量监督部门或者工商行政管理部门责令改正。生产者之间、销售者之间、生产者与销售者之间订立的买卖合同、承揽合同有不同约定的，合同当事人按照合同约定执行。

由于销售者的过错使产品存在缺陷，造成消费者人身、他人财产损害的，销售者应当承担赔偿责任。销售者不能指明缺陷产品的生产者也不能指明缺陷产品的供货者的，销售者也应当承担赔偿责任。

9.4.2 生产者应当承担的损害赔偿责任

因产品存在缺陷造成人身、缺陷产品以外的其他财产（简称他人财产）损害的，生产者应当承担赔偿责任。如果生产者能够证明有下列情形之一的，可以不承担赔偿责任：未将产品投入流通的；产品投入流通时，引起损害的缺陷尚不存在的；将产品投入流通时的科学技术水平尚不能发现缺陷存在的。

【观念应用 9-2】

机械厂不承担产品质量责任

刘某与某机械厂的员工王某是好朋友，一日李某到机械厂办事，顺便找王某聊天。刘某走时发现自行车没气了，就问王某有无气筒，王某顺手拿起一个气筒递给刘某说："这是我们厂新出的一批气筒的样品，你用吧。"当刘某拿起气筒打气时，气筒栓塞脱落，栓塞飞到刘某脸上造成伤害，刘某花去医疗费1600元，要求机械厂予以赔偿。

问：机械厂应当承担产品质量责任吗？

法律分析：气筒确实存在缺陷，但该气筒只是机械厂的样品，未投入流通，刘某并非消费者或用户，因此，气筒因缺陷造成刘某的损害不适用产品质量法解决而应依民法的规定进行处理。

9.4.3 受害人要求赔偿的对象、范围和程序

① 受害人要求赔偿的对象

因产品存在缺陷造成人身、财产损害的，受害人不仅可以向产品的生产者要求赔偿，也可以向产品的销售者要求赔偿。属于产品的生产者的责任，产品的销售者赔偿的，产品的销售者有权向产品的生产者追偿。属于产品的销售者的责任，产品的生产者赔偿的，产品的生产者有权向产品的销售者追偿。

② 受害人要求赔偿的范围

因产品存在缺陷造成受害人人身伤害的，侵害人应当赔偿医疗费、治疗期间的护理费、因误工减少的收入等费用；造成残疾的，侵害人应当支付残疾者生活自助费、生活补助费、残疾赔偿金以及由其扶养的人所必需的生活费等费用；造成受害人死亡的，侵害人应当支付丧葬费、死亡赔偿金以及由死者生前扶养的人所必需的生活费等费用。

因产品存在缺陷造成受害人财产损失的，侵害人应当恢复原状或者折价赔偿。受害人因此遭受其他重大损失的，侵害人应当赔偿损失。

❸ 受害人要求赔偿的程序

因产品质量发生民事纠纷时，当事人可以通过协商或者调解解决。当事人不愿通过协商、调解解决或者协商、调解不成的，可以根据当事人各方的协议向仲裁机构申请仲裁；当事人各方没有达成仲裁协议或者仲裁协议无效的，可以直接向人民法院起诉。

9.4.4 受害人要求赔偿的时效

时效是指受害人因产品存在缺陷造成损害要求赔偿的有效期限。我国《产品质量法》第45条就赔偿时效做了明确规定：

产品存在缺陷造成损害要求赔偿的诉讼时效期间为2年，自当事人知道或者应当知道其权益受到损害时起计算；因产品存在缺陷造成损害要求赔偿的请求权，在造成损害的缺陷产品交付最初消费者满10年丧失；但是，尚未超过明示的安全使用期的除外。

缺陷产品是指产品存在危及人身、财产安全的不合理的危险，或产品不符合保障人体健康和人身、财产安全的国家标准、行业标准。

【观念应用9-3】

销售者造成产品缺陷的损害赔偿责任

2013年8月3日，消费者涂某在"红星"商店买了一杯冰镇饮料"雪碧"。他刚喝了一口，就发生口腔、咽喉、食道、胃肠灼痛，随后出现吐血、便血及头昏等症状，后经医院治疗痊愈。经查明，8月3日那天，该商店的店员在往饮料桶里注入"雪碧"饮料时，因疏忽大意，将一瓶含有强碱性的毒液倒入饮料桶中，给消费者涂某造成了伤害。涂某要求商店赔偿损失。

问：销售者应承担赔偿责任吗？

法律分析： 产品责任是一种特殊的侵权责任。一般来说，产品缺陷是在生产过程中产生的，但是也有些产品缺陷并不是在生产环节产生的，而是在销售环节中产生的。因此，销售者在一定的前提下也要承担产品侵权损害赔偿责任。《产品质量法》规定："由于销售者的过错使产品存在缺陷，造成人身、他人财产损害的，销售者应当承担赔偿责任。"该规定体现了民法关于侵权责任要件的基本原则。销售者承担侵权责任也应具备以下要件：第一，产品存在缺陷,而且这个缺陷是由销售者的过错所致;第二,存在着消费者人身、财产损害的事实;第三,产品缺陷和损害事实之间有因果关系。本案中,由于商店店员的过错,给消费者带来了危害,因此商店应依法对消费者涂某造成的损害作出赔偿。

9.5 法律责任

9.5.1 生产者、销售者的违法行为与责任承担

生产、销售不符合保障人体健康和人身、财产安全的国家标准、行业标准的产品的,责令停止生产、销售,没收违法生产、销售的产品,并处违法生产、销售产品(包括已售出和未售出的产品,下同)货值金额等值以上3倍以下的罚款;有违法所得的,并处没收违法所得;情节严重的,吊销营业执照;构成犯罪的,依法追究刑事责任。所谓货值金额是指以违法生产、销售产品的标价计算的金额;没有标价的,按照同类产品的市场价格计算(下同)。

在产品中掺杂、掺假,以假充真,以次充好,或者以不合格产品冒充合格产品的,责令停止生产、销售,没收违法生产、销售的产品,并处违法生产、销售产品货值金额50%以上3倍以下的罚款;有违法所得的,并处没收违法所得;情节严重的,吊销营业执照;构成犯罪的,依法追究刑事责任。

生产国家明令淘汰的产品的,销售国家明令淘汰并停止销售的产品的,责令停止生产、销售,没收违法生产、销售的产品,并处违法生产、销售产品货值金额等值以下的罚款;有违法所得的,并处没收违法所得;情节严重的,吊销营业执照。

销售失效、变质的产品的,责令停止销售,没收违法销售的产品,并处违法销售产品货值金额2倍以下的罚款;有违法所得的,并处没收违法所得;情节严重的,吊销营业执照;构成犯罪的,依法追究刑事责任。

伪造产品产地的,伪造或者冒用他人厂名、厂址的,伪造或者冒用认证标志等质量标志的,责令改正,没收违法生产、销售的产品,并处违法生产、销售产品货值金额等值以下的罚款;有违法所得的,并处没收违法所得;情节严重的,吊销营业执照。

产品标志不符合产品质量法规定的,责令改正;有包装的产品标志不符合产品质量法规定,情节严重的,责令停止生产、销售,并处违法生产、销售产品货值金额30%以下的罚款;有违法所得的,并处没收违法所得。

销售产品质量法禁止销售的产品的,有充分证据证明销售者不知道该产品为禁止销售的产品并如实说明进货来源的,可以从轻或者减轻处罚。

拒绝接受依法进行的产品质量监督检查的,给予警告,责令改正;拒不改正的,责令停业整顿;情节特别严重的,吊销营业执照。

9.5.2 产品质量检验机构、认证机构等主体的违法行为与责任承担

产品质量检验机构、认证机构伪造检验结果或者出具虚假证明的,责令改正,对单位处5万元以上10万元以下的罚款,对直接负责的主管人员和其他责任人员处1万元以上5万元以下的罚款;有违法所得的,并处没收违法所得;情节严重的,取消其检验资格、认证资格;构成犯罪的,依法追究刑事责任。

产品质量检验机构、认证机构出具的检验结果或者证明不实,造成损失的,应当承担相应的赔偿责任;造成重大损失的,撤销其检验资格、认证资格。

产品质量认证机构违反产品质量法的规定,对不符合认证标准而使用认证标志的产品,未依法要求其改正或者取消其使用认证标志资格的,对因产品不符合认证标准给消费者造成的损失,与产品的生产者、销售者承担连带责任;情节严重的,撤销其认证资格。

社会团体、社会中介机构对产品质量作出承诺、保证,而该产品又不符合承诺、保证的质量要求,给消费者造成损失的,与产品的生产者、销售者承担连带责任。

生产不符合保障人体健康和人身、财产安全的国家标准、行业标准的产品以及国家明令淘汰的产品的,对生产者专门用于生产上述产品或者以假充真的产品的原辅材料、包装物、生产工具,应当予以没收。

知道或者应当知道属于产品质量法规定禁止生产、销售的产品而为其提供运输、保管、仓储等便利条件的,或者为以假充真的产品提供制假生产技术的,没收全部运输、保管、仓

储或者提供制假生产技术的收入,并处违法收入50%以上3倍以下的罚款;构成犯罪的,依法追究刑事责任。

服务业的经营者将产品质量法规定禁止销售的产品用于经营性服务的,责令停止使用;对知道或者应当知道所使用的产品属于产品质量法规定禁止销售的产品的,按照违法使用的产品(包括已使用和尚未使用的产品)的货值金额,依照产品质量法对销售者的处罚规定处罚。

隐匿、转移、变卖、损毁被产品质量监督部门或者工商行政管理部门查封、扣押的物品的,处被隐匿、转移、变卖、损毁物品货值金额等值以上3倍以下的罚款;有违法所得的,并处没收违法所得。

违反产品质量法规定,应当承担民事赔偿责任和缴纳罚款、罚金,其财产不足以同时支付时,先承担民事赔偿责任。

以暴力、威胁方法阻碍产品质量监督部门或者工商行政管理部门的工作人员依法执行职务的,依法追究刑事责任;拒绝、阻碍未使用暴力、威胁方法的,由公安机关依照《治安管理处罚法》的规定处罚。

9.5.3 国家机关工作人员的违法行为与责任承担

各级人民政府工作人员和其他国家机关工作人员有下列情形之一的,依法给予行政处分;构成犯罪的,依法追究刑事责任:包庇、放纵产品生产、销售中违反产品质量法规定行为的;向从事违反产品质量法规定的生产、销售活动的当事人通风报信,帮助其逃避查处的;阻挠、干预产品质量监督部门或者工商行政管理部门依法对产品生产、销售中违反产品质量法规定的行为进行查处,造成严重后果的。

产品质量监督部门在产品质量监督抽查中超过规定的数量索取样品或者向被检查人收取检验费用的,由上级产品质量监督部门或者监察机关责令退还;情节严重的,对直接负责的主管人员和其他直接责任人员依法给予行政处分。

产品质量监督部门或者其他国家机关违反产品质量法的规定,向社会推荐生产者的产品或者以监制、监销等方式参与产品经营活动的，由其上级机关或者监察机关责令改正，消除影响，有违法收入的予以没收；情节严重的，对直接负责的主管人员和其他直接责任人员依法给予行政处分。产品质量检验机构有前述所列违法行为的，由产品质量监督部门责令改正，消除影响，有违法收入的予以没收，可以并处违法收入1倍以下的罚款；情节严重的，撤销其质量检验资格。

产品质量监督部门或者工商行政管理部门的工作人员滥用职权、玩忽职守、徇私舞弊，构成犯罪的，依法追究刑事责任；尚不构成犯罪的，依法给予行政处分。

本章小结

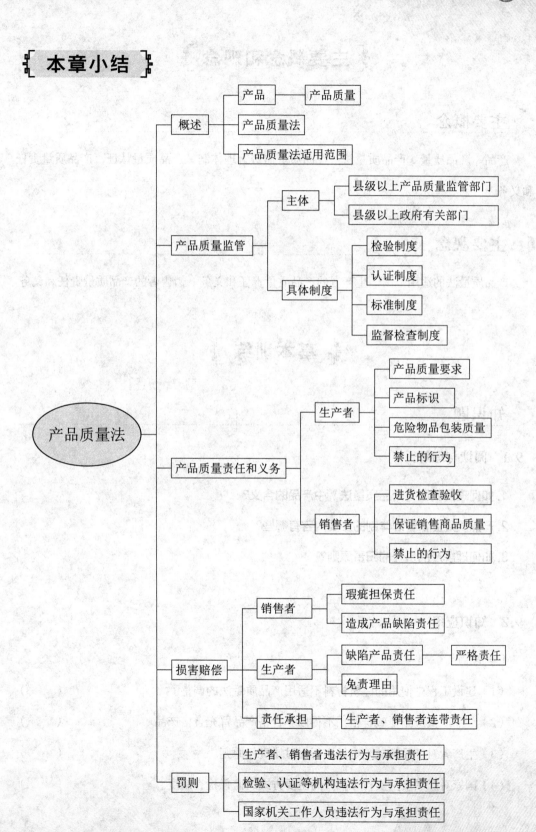

主要概念和观念

主要概念

产品　产品质量　产品质量法　产品质量监督管理体制　产品质量认证　产品质量责任和义务

主要观念

产品质量法的适用范围　生产者的产品质量责任和义务　销售者的产品质量责任和义务

基本训练

知识题

9.1　阅读与理解

1. 如何理解我国《产品质量法》中产品的含义？

2. 产品质量监督管理体制的主要内容有哪些？

3. 如何理解产品责任的归责原则？

9.2　知识应用

1. 判断题

（1）建设工程中使用的建筑材料不适用产品质量法的调整。　　　　　　（　　）

（2）产品质量应当检验合格，不得以不合格产品冒充合格产品。　　　　（　　）

（3）生产者对产品的缺陷责任实行无过错责任原则。　　　　　　　　　（　　）

（4）国家对产品质量实行以抽查为主要方式的监督检查制度。　　　　　（　　）

2. 选择题

（1）因产品存在缺陷造成损害要求赔偿的诉讼时效期间为（　　）年，自当事人知道或者应知道其权益受到损害时起计算。

  A.1 年   B.2 年   C.4 年   D.10 年

（2）限期使用的产品，应当在显著位置清晰地标明生产日期和安全使用日期或者（　　）。

  A. 保质期 B. 保存期 C. 保鲜期 D. 失效日期

（3）下列产品中，（　　）不属于《产品质量法》调整。

  A. 电   B. 汽车   C. 小麦   D. 服装

（4）依照《产品质量法》的规定，下列何种产品属于该法所称的产品？（　　）

  A. 军工品 B. 大坝   C. 面包   D. 原油

（5）下列哪些产品的包装不符合《产品质量法》的要求？（　　）

  A. 某商场销售的"三星"彩色电视机只有韩文和英文的说明书

  B. 某厂生产的火腿肠没有标明厂址

  C. 某厂生产的香烟上没有标明"吸烟有害健康"

  D. 某厂生产的瓶装葡萄酒没有标明酒精度

★ 技能题

9.1 规则复习

对生产、销售不符合保障人体健康和人身、财产安全的国家标准、行业标准产品的行为，如何处罚？

9.2 操作练习

甲企业违法生产不符合保障人体健康和人身安全国家标准的饮料300箱，每箱售价60元，已售出100箱，获价款6000元。

问：如果处以罚款，其基数是多少？

观念应用

案例分析

损害赔偿责任

刘某从百货商店购买了一台电扇,回家后高高兴兴地装好电扇,刚一打开电扇,不料电扇漏电,将刘某击倒在地,不省人事。家人立即将刘某送往医院,经过三个多月治疗,刘某才出院。为此,刘某要求商店和电扇生产厂家赔偿经济损失。但商店认为自己只负责卖货,不负责质量;电扇厂家则认为电扇出厂时有合格证明,出厂后的质量问题应由商店负责。刘某的损害赔偿问题,像个皮球一样在生产者和销售者之间踢来踢去,一拖就是一年。无奈之下,刘某诉诸法院。

问:

(1)本案中,生产者或销售者应承担什么责任?

(2)刘某可以向谁提出损害赔偿请求?

(3)本案中,谁应当对该电扇的质量负责?

(4)生产者或销售者应当赔偿刘某的哪些损失?

单元实训

《产品质量法》第27条规定:"产品或者其包装上的标志必须真实,并符合下列要求……"利用课余时间去某一大型超市,调查一下产品包装标识存在的问题。

第 10 章 会计法

学习目标

知识目标：掌握会计法律制度的概念及构成、会计工作管理体制的内容、会计核算和会计监督的内容、会计机构和会计人员的有关规定；了解常见会计违法行为的法律责任。

技能目标：掌握我国会计工作管理体制的具体规定，加强会计行政管理；掌握会计核算的基本内容，做好会计基础工作；掌握会计监督的基本内容，正确处理内部会计监督、政府监督、社会监督的关系，加强会计资料的管控。

能力目标：掌握我国会计工作管理体制的具体规定，加强会计行政管理；掌握会计核算的基本内容，做好会计基础工作；掌握会计监督的基本内容，正确处理内部会计监督、政府监督、社会监督的关系；加强会计资料的管控。

引例

万豪公司是一家国有大型企业。2015年12月，该公司总经理针对公司效益下滑、面临亏损的情况，电话请示正在外地出差的董事长。董事长批示把财务会计报告做得漂亮一些，总经理把这项工作交给公司总会计师，要求他按董事长的意见处理财务会计报告。总会计师授意会计科科长按照董事长的要求把财务会计报告做得漂亮点，会计科科长对当年的财务会计报告进行了技术处理，虚拟了若干笔交易的销售收入，从而使公司报表由亏变盈。经诚信会计师事务所审计后，公司财务会计报告对外报出。2016年4月，在《会计法》执行情况检查中，当地财政部门发现公司存在重大会计做假行为，根据《会计法》以及相关法律，拟对该公司董事长、总经理、总会计师、会计科科长等相关人员进行行政处罚，并分别下达了行政处罚告知书。万豪公司相关人员接到行政处罚通知书后，均要求举行听证会。在听证会上，有关当事人作了如下陈述：公司董事长称自己出差在外对公司情况不太了解，虽然在财务会计报告上签字并盖章，但只是履行会计手续，不能负任何责任，具体情况可由总经理予以说明。公司总经理称自己主要是做技术的，负责公司的生产经营，对会计工作是门外汉，虽在会计报告上签字并盖章，但也是履行手续，不应该承担责任，有关财务会计报告情况应由总会计师解释。公司总会计师称，公司对外报出的财务会计报告是经过诚信会计师事务所审计的，他们出具了无保留意见的审计报告。诚信会计师事务所应对公司财务报告真实性、完整性负责，承担由此带来的一切责任。会计科科长称自己是按领导要求做事的，领导让做什么，自己就做什么，即使有责任，也应由领导承担责任，与自己无关。

在该单位实习的大学生张某、李某听了他们各自的陈述，觉得他们的理由没有法律依据，每个人都要承担相应的法律责任。该单位的会计工作没有做好是因为他们根本不了解会计法。

10.1 会计法概述

10.1.1 会计的概念和基本职能

❶ 会计的概念

会计是随着生产的发展，逐渐从生产职能中分离出来的一种管理职能，是用货币单位综合反映和监督经济活动的一种重要工具。所谓会计，就是以货币计量作为统一尺度，根据凭证，按照规定的程序，对一定单位的经济活动和财务开支，全面、系统、真实、准确地进行记录、计算、分析、检查和监督的一种管理活动。作为管理和监督经济的一种重要手段，会计具有以下特征：

（1）以货币作为统一衡量或计量的尺度。

（2）根据会计凭证，按照规定的程序，全面、真实、系统、准确、连续地记录和反映经济活动和财务收支的情况。

（3）有一套专门的核算、分析、监督和检查的方法。

❷ 会计的基本职能

会计的基本职能是会计核算和会计监督。

会计核算既包括事后核算，又包括事中控制和事前预测；既包括记录、计算、反映等传统的记账、算账、报账内容，又包括预测、决策、分析、比较、考核等新内容。会计监督包括事前监督、事中监督和事后监督。

会计核算是基础，要求核算准确；会计监督是保障，要求监督有力。二者相辅相成，组成会计工作的整体。

10.1.2 会计法的概念和基本原则

❶ 会计法的概念

会计法是会计活动规范化和法制化的客观要求和必然产物，是调整会计关系的法律规范的总称。会计关系是指会计机构、会计人员在办理会计事务过程中所发生的经济关系以及国家在监督管理会计工作过程中发生的经济关系。

我国的会计法规体系包括会计法律、会计行政法规、会计部门规章及地方性会计法规。其基本构成如下：

（1）会计法律。1985年1月21日，第六届全国人大常委会委九次会议通过了《中华人民共和国会计法》（以下简称《会计法》），1993年12月29日第八届全国人大常委会第五次会议予以部分修正，1999年10月31日第九届全国人大常委会第十二次会议对其又进行了全面的修订，并于2000年7月1日起施行。《会计法》是会计法律制度中层次最高的法律规范，是制定其他会计法规的依据，也是指导会计工作的最高准则。

（2）会计行政法规。会计行政法规由国务院制定并发布，或者由国务院有关部门拟定并经国务院批准发布，是调节经济生活中某些方面会计关系的法律规范。我国目前专门的会计行政法规有《总会计师条例》《企业财务会计报告条例》等。在其他有关行政法规中也有关于会计问题的规定。

（3）会计部门规章。会计部门规章是指由主管全国会计工作的行政部门——财政部就会计工作中某些方面的内容所制定的规范性文件，以及国务院其他部门根据其职责制定的、报财政部审核或者备案的会计方面的规范性文件，包括《会计人员工作规则》《会计基础工作规范》《会计档案管理办法》《代理记账管理办法》等。

（4）地方性会计法规。各省、自治区、直辖市人民代表大会及其常委会在同宪法和会计法律、行政法规不相抵触的前提下制定并颁布的会计规范性文件，也是我国会计法规体系的重要组成部分。

❷ 会计法的基本原则

（1）真实性。确保会计资料真实、完整是对会计工作的基本要求。各单位必须依法设置会计账簿并保证其真实，并特别强调了单位负责人的责任，即单位法定代表人或者法律、行政法规规定代表单位行使职权的主要负责人，对本单位的会计工作和会计资料的真实性负责。授意、指使、强令会计机构、会计人员伪造、变造会计凭证、会计账簿和其他会计资料，提供虚假财务会计报告,违反者要承担相应的法律责任。

【观念应用 10-1】

该高校校长是否应该承担会计法上的责任

某高校财务处长挪用学校资金 7000 万元,用于炒股,给学校造成了重大损失,对此事该校校长并不知情,校长是否应该承担责任?

法律分析:各单位负责人是会计工作的责任人,对本单位会计工作及会计资料的真实性负责。这是一种法定的责任,不以当事人是否从事具体工作为要件。因此,该校校长应该对此承担会计法上的责任。

(2)完整性。各单位必须根据实际发生的经济业务事项进行会计核算和记录会计凭证、会计账簿及其他会计资料,不得残缺、丢失、隐匿、损毁或者隔页、缺号、跳行等。

(3)合法性。规范会计行为要求会计工作必须依法进行。各单位必须依法设置会计账簿;会计机构、会计人员要依法进行会计核算,实行会计监督;单位负责人应当保证会计机构、会计人员依法履行职责,不得授意、指使、强令会计机构及会计人员违法办理会计事项;任何单位或个人不得对依法履行职责、抵制违法行为会计人员实行打击报复;对违法行为要规定较为明确、严格的法律责任。

10.2 会计管理体制

10.2.1 会计工作的领导体制

我国的会计工作管理体制实行统一领导、分级管理的原则。《会计法》第七条规定:国务院财政部门主管全国的会计工作;县级以上地方各级人民政府财政部门管理本行政区域内的会计工作;单位负责人管理本单位的会计工作,对本单位的会计工作和会计资料的真实性、完整性负责。

10.2.2 统一的会计制度

会计制度是会计机构、会计人员办理会计事务的基本规范。国家实行统一的会计制度，由国务院财政部门依法制定并公布。国家统一的会计准则制度是指在全国范围内实施的会计工作管理方面的规范性文件，主要包括四个方面：国家统一的会计核算制度；国家统一的会计监督制度；国家统一的会计机构和会计人员管理制度；国家统一的会计工作管理制度。

10.2.3 会计机构和会计人员

❶ 会计机构和会计人员的设置

各单位应当根据会计业务的需要设置会计机构，或者在相关机构中设置会计人员并指定会计主管人员，不具备设置条件的，应当委托经批准设立从事会计代理记账业务的中介机构代理记账。

国有的和国有资产占控股地位或主导地位的大中型企业必须设置总会计师，总会计师是单位行政领导成员，协助单位主要行政领导人工作，直接对单位主要行政领导人负责。担任单位会计机构负责人（会计主管人员）的，应当具备会计师以上专业技术职务资格或者从事会计工作3年以上经历。会计人员应当遵守职业道德，提高业务素质。国有企业、事业单位的会计机构负责人、会计主管人员的任免应当经过主管单位的同意，不得任意调动或者撤换。

❷ 会计稽核制度

稽核是稽查和复核的简称。会计稽核是会计机构对会计核算工作进行的一种自我检查及审核工作，以提高会计核算工作的质量，是做好会计核算工作的重要保证。会计机构内部应当建立稽核制度。出纳人员不得兼任稽核、会计档案保管和收入、费用、债权债务账目的登记工作。

❸ 会计人员回避制度

回避制度是指为了保证执法或者执业的公正性，对可能影响其公正性的执法或者执业的人员实行职务回避和业务回避的一种制度。回避制度已成为我国人事管理的一项重要制度，也是我国会计人员管理的一项重要制度。

从会计工作的特殊性出发，《会计基础工作规范》对会计人员回避问题作出了更加明确的规定，即国家机关、国有企业、事业单位任用会计人员应当实行回避制度；单位负责人的直系亲属不得担任本单位的会计机构负责人、会计主管人员；会计机构负责人、会计主管人员的直系亲属不得在本单位会计机构中担任出纳工作；存在夫妻关系、直系血亲关系、三代以内旁系血亲以及近姻亲关系等亲属关系时需要回避。

【观念应用10-2】

会计岗位安排是否符合会计人员回避制度规定

某市国有企业最近组织干部轮岗，讨论决定任命原人事科科长小刘担任财务科长，任命厂长的侄儿小王担任出纳。小刘系某大学历史学专业毕业，毕业后一直在行政部门工作，取得经济师职务。请分析该企业对会计人员的任命是否符合《会计法》的规定。

法律分析：（1）该企业不能任命小刘担任会计机构负责人。《会计法》规定：担任单位会计机构负责人的，应当具备会计师以上专业技术职务资格或从事会计工作3年以上经历。

（2）任命厂长的侄儿小王担任出纳符合规定。《会计基础工作规范》规定，单位负责人的直系亲属不得担任本单位的会计机构负责人；会计机构负责人的直系亲属不得在本单位会计机构中担任出纳工作。

❹ 会计人员工作交接

会计人员调动工作或者离职，必须与接管人员办清交接手续。一般会计人员办理交接手续，由会计机构负责人（会计主管人员）监交；会计机构负责人（会计主管人员）办理交接手续，由单位负责人监交，必要时主管单位可以派人会同监交。

根据《会计基础工作规范》的规定，移交人员对移交的会计凭证、会计账簿、会计报表和其他会计资料的合法性、真实性承担法律责任。移交人员所移交的会计资料是在其经办会计工作期间发生的，移交人员应当对这些会计资料的真实性、完整性负责。即便接替人员在交接时因疏忽没有发现所接收的会计资料在合法性、真实性、完整性方面存在的问题，如事后发现，仍应由原移交人员负责，原移交人员不得以会计资料已移交而推脱责任。接替人员不对移交过来的材料的真实性、完整性负法律上的责任。

【观念应用10-3】

会计工作交接中责任如何界定

某企业原会计科科长周某调离本单位，与新上任的会计科科长葛某办理会计工作移交手续。人事科科长进行监交，并在移交清册上签名、盖章。葛某上任后发现该企业银行存款账目与实际不符，存在较大问题，于是联系周某。周某说："我已经办理了移交，移交时没有发现问题，现在有问题与我无关。"请分析该企业在会计工作移交上是否符合《会计法》的规定。

法律分析：(1) 该企业在办理会计工作交接中有违法之处。《会计法》规定：会计机构负责人（会计主管人员）办理交接手续，由单位负责人监交，而该企业则是由人事科科长进行监交，不符合法律规定。

(2) 周某的说法不正确。会计法律制度规定，移交人员所移交的会计资料是在其经办会计工作期间所发生的，移交人员应当对这些会计资料的真实性、完整性负责。即便接替人员在交接时因疏忽没有发现所接收的会计资料在合法性、真实性、完整性方面存在的问题，如事后发现，仍应由原移交人员负责，原移交人员不得以会计资料已移交而推脱责任。

10.3 会计核算

会计核算也称会计反映，以货币为主要计量尺度，是对会计主体资金运动的反映。它主要是指对会计主体已经发生或已经完成的经济活动进行的事后核算，也就是会计工作中记账、算账、报账的总称。

10.3.1 会计核算的内容

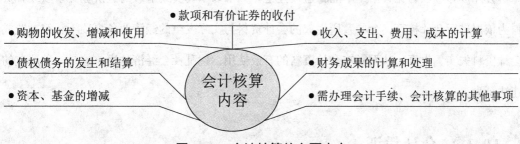

图 10-1 会计核算的主要内容

10.3.2 会计年度和记账本位币

会计年度自公历 1 月 1 日起至 12 月 31 日止。

会计核算以人民币为记账本位币。业务收支以人民币以外的货币为主的单位,可以选定其中一种货币作为记账本位币,但是编报的财务会计报告应当折算为人民币。

10.3.3 会计核算的要求

《会计法》第九条规定:"各单位必须根据实际发生的经济业务事项进行会计核算,填制会计凭证,登记会计账簿,编制财务会计报告。任何单位不得以虚假的经济业务事项或者资料进行会计核算。"

❶ 会计核算必须以实际发生的经济业务事项为依据

以实际发生的经济业务事项为依据进行会计核算,是会计核算的重要前提,是填制会计凭证、登记会计账簿、编制财务会计报告的基础,是保证会计资料质量的关键。

公司、企业进行会计核算不得有下列行为:随意改变资产、负债、所有者权益的确认标准或者计量方法,虚列、多列、不列或者少列资产、负债、所有者权益;虚列或者隐瞒收入,推迟或者提前确认收入;随意改变费用、成本的确认标准或者计量方法,虚列、多列、不列或者少列费用、成本;随意调整利润的计算、分配方法,编造虚假利润或者隐瞒利润;违反国家统一的会计制度规定的其他行为。

❷ 以虚假的经济业务事项或资料进行会计核算是一种严重的违法行为

会计核算应该有凭有据，不能臆造或捏造。如果以不真实或虚假的经济业务事项或者资料为依据进行会计核算，会导致所生成的会计资料与实际发生的经济业务事项不相符，造成会计资料失实、失真，从而影响会计资料的有效使用，扰乱社会经济秩序，这是一种严重的违法行为。

10.3.4 会计凭证

会计凭证是指记录经济业务发生和完成情况、明确经济责任的书面证明，是登记账簿的依据。填制和审核会计凭证是会计工作的起点，对企业经济管理工作起着举足轻重的作用，也是会计核算的一种专门方法。

会计凭证包括原始凭证和记账凭证。发生需要依法进行会计核算经济业务事项，必须填制或者取得原始凭证并及时送交会计机构。会计机构、会计人员必须按照国家统一的会计制度的规定对原始凭证进行审核，对不真实、不合法的原始凭证有权不予接受，并向单位负责人报告；对记载不准确、不完整的原始凭证予以退回，并要求按规定更正、补充。原始凭证记载的各项内容均不得涂改；原始凭证有错误的，应当由出具单位重开或者更正，更正处应当加盖出具单位印章；原始凭证金额有错误的，应当由出具单位重开，然后根据经过审核的原始凭证及有关资料编制记账凭证。

【观念应用 10-4】

原始凭证审核的重要性

某企业出纳人员在审核原始凭证时发现：业务员黄某提供的住宿费发票金额由出具单位更改，并由出具单位加盖财务专用章。出纳员指出：这张发票无效，不予以报销。业务员黄某说，发票是出具单位填写错误，并且已经加盖财务专用章，应该是合法的凭证，并且认为出纳员不予以报销是故意刁难。你认为谁是正确的？

法律分析：出纳员的会计处理是正确的。会计法律规定：原始凭证记载的内容有错误的，应当由出具单位重开或者更正，更正处应当加盖出具单位印章。原始凭证金额有错误的，应当由出具单位重开,不得在原始凭证上更正。显然,业务员对原始凭证错误的更正方法理解错误。

10.3.5 会计账簿

会计账簿是指由一定格式的账页组成的,以经过审核的会计凭证为依据,全面、系统、连续地记录各项经济业务的簿籍。会计账簿登记必须以经过审核的会计凭证为依据,并符合有关法律、行政法规和国家统一的会计制度的规定。会计账簿包括总账、明细账、日记账和其他辅助性账簿。会计账簿应当按照连续编号的页码顺序登记。会计账簿记录发生错误或者隔页、缺号、跳行的,应按国家统一的会计制度规定的方法更正,并由会计人员和会计机构负责人(会计主管人员)在更正处盖章。

各单位发生的各项经济业务事项应当统一在依法设置的会计账簿上登记、核算,不得违反规定私设会计账簿登记、核算。

10.3.6 财产清查

财产清查是对各项财产物资进行实物盘点、账面核对以及对各项往来款项进行查询、核对,以保证账账、账实相符的一种专门方法。各单位应当建立财产清查制度,定期将会计账簿记录与实物、款项及有关资料相互核对,保证会计账簿记录与实物及款项的实有数额相符、会计账簿记录与会计凭证的有关内容相符、会计账簿之间相对应的记录相符、会计账簿记录与会计报表的有关内容相符,保证会计资料的真实性。

【小思考10-1】

企业银行存款日记账与银行对账单核对属于账账核对吗?

答:企业银行存款日记账与银行对账单核对属于账实核对,银行对账单反应的是企业银行存款的实际数,账账核对一定是本单位的账簿信息之间的核对。

10.3.7 财务会计报告

财务会计报告是对企业财务状况、经营成果和现金流量的结构性表述。财务会计报告至少应当包括资产负债表、利润表、现金流量表、所有者权益（或股东权益）变动表及附注。

财务会计报告应当根据经过审核的会计账簿记录和实物、款项及有关资料编制，并符合《会计法》和国家统一的会计制度关于财务会计报告的编制要求、提供对象和提供期限的规定，其他法律、行政法规另有规定的，从其规定。

财务会计报告由会计报表、会计报表附注和财务情况说明书组成，并应由单位负责人和主管会计工作的负责人、会计机构负责人（会计主管人员）签名并盖章；设置总会计师的单位，还须由总会计师签名并盖章。单位负责人应当保证财务会计报告的真实、完整。有关法律、行政法规规定须经注册会计师审计的，注册会计师及其所在会计师事务所出具的审计报告应当随同财务会计报告一并提供。

向不同的会计资料使用者提供的财务会计报告，其编制依据应当一致。各单位采用的会计处理方法、前后各期应当一致，不得随意变更；确有必要变更的，应按制度规定变更，并将变更的原因、情况及影响在财务会计报告中说明。单位提供的担保、未决诉讼等有关事项，应按规定在财务会计报告中予以说明。

10.3.8 会计记录文字及会计档案

会计记录的文字应当使用中文，民族自治地方可以同时使用当地通用的一种民族文字。我国境内的外商投资企业、外国企业和其他外国组织的会计记录可以同时使用一种外国文字。

各单位对会计凭证、会计账簿、财务会计报告和其他会计资料应当建立档案，妥善保管。各单位保存的会计档案不得借出，如有特殊需要，经本单位负责人批准，可以提供查阅或者复制，并办理登记手续。查阅或者复制会计档案人员，严禁篡改和损坏会计档案。

【小思考 10-2】

我国境内的外商投资企业的会计档案经过批准可以带离出境吗？

答：不可以。《会计法》规定，会计档案原件原则上不得借出，如有特殊需要，须经本单位负责人批准，在不拆散原卷册的前提下，可以提供查阅和复制，并办理登记手续。

10.4 会计监督

会计监督是会计的基本职能之一,加强会计监督是保证会计信息质量、发挥会计管理作用的必要措施。会计监督分为单位内部监督、政府监督和社会监督。单位内部监督是会计监督的基础。

10.4.1 单位内部监督

❶ 单位内部会计监督制度的要求

各单位应当建立、健全本单位内部会计监督制度并符合下列要求:

(1)记账人员与经济业务事项和会计事项的审批人员、经办人员、财物保管人员的职责权限应当明确,并相互分离、相互制约。

(2)重大对外投资、资产处置、资金调度和其他重要经济业务事项的决策和执行的相互监督、相互制约程序应当明确。

(3)财产清查的范围、期限和组织程序应当明确。

(4)对会计资料定期进行内部审计的办法和程序应当明确。

❷ 单位负责人、会计机构、会计人员的责任

单位负责人应当保证会计机构、会计人员依法履行职责,不得授意、指使、强令会计机构、会计人员违法办理会计事项。会计机构、会计人员对违反《会计法》和国家统一的会计制度规定的会计事项,有权拒绝办理或者按照职权予以纠正;发现会计账簿记录与实物、款项及有关资料不相符的,按照国家统一的会计制度的规定有权自行处理的,应当及时处理,无权处理的,应当立即向单位负责人报告,请求查明原因,作出处理。

10.4.2 政府监督

会计工作的政府监督主要是指财政部门代表国家对各单位和单位中相关人员的会计行为实施的监督检查,以及对发现的违法会计行为实施的行政处罚。

财政、审计、税务、人民银行、证券监管、保险监管等部门按照各自的职责分工，依照有关法律、行政法规的规定，对有关单位的会计工作、会计资料实施监督检查。各单位必须接受有关监督检查部门依法实施的监督检查，如实提供会计凭证、会计账簿，财务会计报告和其他会计资料以及有关情况，不得拒绝、隐匿、谎报。

10.4.3 社会监督

会计工作的社会监督主要是指由注册会计师及其所在的会计师事务所依法对委托单位的经济活动进行审计、鉴证的一种监督制度。根据《会计法》的规定，需经注册会计师进行审计的单位，应当向受委托的会计师事务所如实提供会计凭证、会计账簿、财务会计报告和其他会计资料以及有关情况。任何单位或个人不得以任何方式要求或者示意注册会计师及其所在的会计师事务所出具不实或不当的审计报告。

【观念应用 10-5】

会计监督体系识别

2017年3月，某市财政部门对该市一所市属学校2016年的财务收支情况进行例行检查。检查人员在审阅该学校的会计报表和会计账簿等会计资料时发现，"其他应收款"科目2016年末余额较年初余额有大幅上升。检查人员接着调阅了2016年度与"其他应收款"账户相关的会计凭证，发现2016年度借方发生额中，有3笔应收款金额共计20万元，在记账凭证后未附原始凭证。检查人员经询问校方得知：为解决曾向学校提供过资金赞助的某乡镇企业甲公司的临时资金周转困难，向甲公司临时借出20万元资金，学校并未向该企业收取利息。检查人员又对甲公司进行了调查。经过查阅有关资料，得知甲公司与该学校订有有息贷款协议，甲公司至2016年底已以现金方式向该学校支付了利息1.5万元。

检查人员以上述对甲公司检查的结果为基础，对该学校有关人员进行了质询，在上述事实面前，有关人员不得不承认该学校将其向甲公司收取的借款利息存入学校的小金库的事实。请分析财政部门对该市一所市属学校的财务收支情况的例行检查属于何种类型的会计监督，除此以外，还有哪些类型的会计监督。

法律分析：（1）财政部门对该市一所市属学校的财务收支情况的例行检查属于政府监督。因为政府监督主要是指政府财政部门代表国家依据法律法规以及部门的职责权限，对有关单位的会计行为、会计资料所进行的监督检查。政府监督内容包括：各单位是否依法设置账簿；各单位的会计资料是否真实、完整；各单位的会计核算是否符合法定要求等。本案中财政部门对市属学校设置的会计账簿是否合法、会计资料是否真实完整的检查属于会计工作的政府监督。

（2）我国会计监督体系包括单位内部监督、以注册会计师为主体的社会监督和以政府财政部门为主体的政府监督。

（3）除财政部门外，审计、税务、人民银行、证券监管、保险监管、金融监管等部门依照法律、法规规定的职责权限，可以对有关单位的会计资料实施监督检查。

10.5 法律责任

10.5.1 违反会计核算等规定的法律责任

违反《会计法》规定，有下列行为之一的，由县级以上人民政府财政部门责令限期改正，可以对单位并处三千元以上五万元以下的罚款；对其直接负责的主管人员和其他直接责任人员，可以处两千元以上两万元以下的罚款；属于国家工作人员的，还应当由其所在单位或者有关单位依法给予行政处分：

不依法设置会计账簿的；私设会计账簿的；未按照规定填制、取得原始凭证或者填制、取得的原始凭证不符合规定的；以未经审核的会计凭证为依据登记会计账簿或者登记会计账簿不符合规定的；随意变更会计处理方法的；向不同的会计资料使用者提供的财务会计报告编制依据不一致的；未按照规定使用会计记录文字或者记账本位币的；未按照规定保管会计资料，致使会计资料毁损、灭失；未按照规定建立并实施单位内部会计监督制度或者拒绝依法实施的监督或者不如实提供有关会计资料及有关情况的；任用会计人员不符合《会计法》规定的。

有以上所列行为之一，构成犯罪的，依法追究刑事责任。

会计人员有以上所列行为之一，情节严重的，五年内不得从事会计工作。

10.5.2 伪造、变造会计凭证、会计账簿，编制虚假财务会计报告的法律责任

《会计法》第四十三条规定："伪造、变造会计凭证、会计账簿，编制虚假财务会计报告，构成犯罪的，依法追究刑事责任。有前款行为，尚不构成犯罪的，由县级以上人民政府财政部门予以通报，可以对单位并处五千元以上十万元以下的罚款；对其直接负责的主管人员和其他直接责任人员，可以处三千元以上五万元以下的罚款；属于国家工作人员的，还应当由其所在单位或者有关单位依法给予撤职直至开除的行政处分；其中的会计人员，五年内不得从事会计工作。"

【观念应用10-6】

会计违法行为责任界定

2017年，某市国有东英机械公司，因市场变化，产品销售不畅，大量积压。厂长李某为了粉饰其原有经营绩，会同会计科长张某、会计王某多次伪造票据及凭证、变造会计账簿并盖章后报出。事后财政部门对其调查时，厂长李某、会计科长张某、会计王某对上述行为均供认不讳。

根据会计法律制度的有关规定，回答下列问题：（1）上述行为属于《会计法》规定的哪种违法行为？（2）如上述行为尚不构成犯罪的，将如何处罚？

法律分析：（1）上述行为属于《会计法》规定的伪造、变造会计凭证、会计账簿，编制虚假财务会计报告的行为。

（2）伪造、变造会计凭证、会计账簿或者编制虚假财务会计报告，情节较轻，社会危害不大，根据《中华人民共和国刑法》的有关规定，尚不构成犯罪的，应当按照《会计法》的规定予以处罚，具体包括：①通报。由县级以上人员政府财政部门采取通报的方式对违法行为人予以批评、公告。②罚款。县级以上人民政府财政部门对违法行为视情节轻重，在予

以通报的同时，可以对单位并处五千元以上十万元以下的罚款，对其直接负责的主管人员和其他直接责任人员，可以处三千元以上五万元以下的罚款。③行政处分。对上述所列违法行为直接负责的主管人员和其他直接责任人员的国家工作人员，应当由其所在单位或者上级单位或者行政监察部门给予撤职、流用察看直至开除的行政处分。④其中的会计人员，五年内不得从事会计工作。

10.5.3 隐匿或者故意销毁依法应当保存的会计资料的法律责任

《会计法》第四十四条规定："隐匿或者故意销毁依法应当保存的会计凭证、会计账簿、财务会计报告，构成犯罪的，依法追究刑事责任。有前款行为，尚不构成犯罪的，由县级以上人民政府财政部门予以通报，可以对单位并处五千元以上十万元以下的罚款；对其直接负责的主管人员和其他直接责任人员，可以处三千元以上五万元以下的罚款；属于国家工作人员的，还应当由其所在单位或者有关单位依法给予撤职直至开除的行政处分；其中的会计人员，五年内不得从事会计工作。"

10.5.4 授意、指使、强令会计机构、会计人员及其他人员违法的法律责任

所谓授意，是指暗示他人按其意思行事。所谓指使，是指通过明示方式，指示他人按其意思行事。所谓强令，是指明知其命令是违反法律的，而强迫他人执行其命令的行为。

《会计法》第四十五条规定："授意、指使、强令会计机构、会计人员及其他人员伪造、变造会计凭证、会计账簿，编制虚假财务会计报告或者隐匿、故意销毁依法应当保存的会计凭证、会计账簿、财务会计报告，构成犯罪的，依法追究刑事责任；尚不构成犯罪的，可以处五千元以上五万元以下的罚款；属于国家工作人员的，还应当由其所在单位或者有关单位依法给予降级、撤职、开除的行政处分。"

10.5.5 单位负责人对会计人员实行打击报复的法律责任

《会计法》第四十六条规定:"单位负责人对依法履行职责、抵制违反本法规定行为的会计人员以降级、撤职、调离工作岗位、解聘或者开除等方式实行打击报复,构成犯罪的,依法追究刑事责任;尚不构成犯罪的,由其所在单位或者有关单位依法给予行政处分。对受打击报复的会计人员,应当恢复其名誉和原有职务、级别。"

根据《刑法》第二百五十五条的规定,公司、企业、事业单位、机关、团体的领导人,对依法履行职责、抵制违反会计法、统计法行为的会计、统计人员实行打击报复,情节恶劣的,构成打击报复会计人员罪。

10.5.6 实施监督中的法律责任

财政部门及有关行政部门的工作人员在实施监督管理中滥用职权、玩忽职守、徇私舞弊或者泄露国家秘密、商业秘密,构成犯罪的,依法追究刑事责任;尚不构成犯罪的,依法给予行政处分。

10.5.7 违反检举人保密义务的法律责任

将检举人姓名和检举材料转给被检举单位和被检举人个人的,由所在单位或者有关单位依法给予行政处分。

本章小结

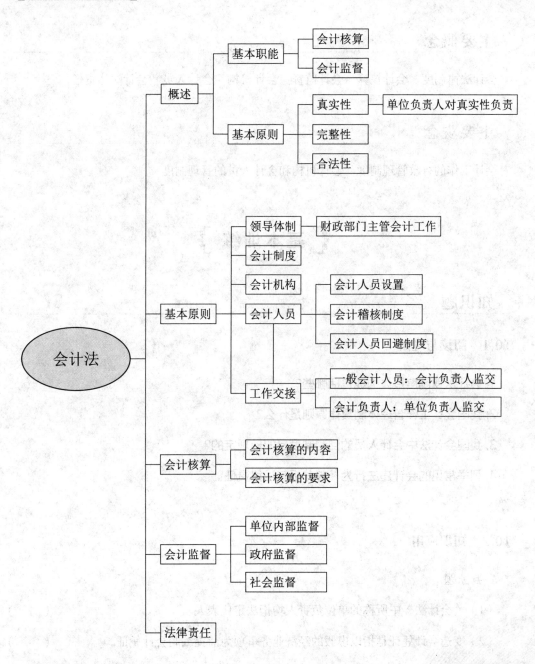

主要概念和观念

主要概念

会计法律制度　会计核算　会计监督　会计机构　会计人员　会计法律责任

主要观念

会计工作的行政管理制度　会计机构和会计人员的管理制度

基本训练

知识题

10.1　阅读与理解

1. 会计法律制度具体构成包括哪些？

2. 我国会计工作管理体制具体原则是什么？

3. 我国会计法中会计人员的回避制度是如何规定的？

4. 列举常见的会计违法行为，并分析其法律责任。

10.2　知识应用

1. 判断题

（1）《会计法》中所称的单位负责人均指法定代表人。　　　　　　　　（　　）

（2）变造会计凭证是指以虚假的经济业务事项为前提编制会计凭证。　　（　　）

（3）各单位当年形成的会计档案，在会计年度终了后，可暂由会计机构保管一年。
　　　　　　　　　　　　　　　　　　　　　　　　　　　　　　　　（　　）

（4）社会监督主要是指注册会计师依法接受委托从事的独立审计。　　　（　　）

（5）出纳人员不得兼任稽核和债权债务账目的登记工作，但可以兼管会计档案工作。
（　　）

（6）《会计法》是会计法律制度中层次最高的法律规范，是制定其他会计法规的依据，也是指导会计工作的最高准则。（　　）

（7）会计机构、会计人员对违反《会计法》和国家统一会计制度规定的会计事项，有权拒绝办理或者按照职权予以纠正。（　　）

（8）会计资料移交人对自己已经移交的会计资料的合法性、真实性要承担法律责任，不能因为会计资料已移交而推脱责任。（　　）

（9）对于装订不规范的会计档案，单位档案部门可以重新拆封整理。（　　）

（10）任何单位和个人对违反《会计法》和国家统一会计制度规定的行为，有权检举。
（　　）

（11）经本单位负责人批准，会计档案可以借出。（　　）

（12）会计人员工作交接是指当会计人员出差或离职时，必须办理交接手续。（　　）

（13）各单位编报财务报告时，可以选用一种主要的货币作为记账本位币。（　　）

（14）原始凭证金额有错误的，应当由出具单位更正，更正处应当加盖出具单位印章。
（　　）

（15）单位会计档案不得外借。遇有特殊情况，经本单位负责人批准，可供查阅或者复制原件。（　　）

2. 选择题

（1）在我国，代表国家对会计工作行使管理职能的政府部门是（　　）。

    A. 财政部门　　　　B. 税务部门　　　　C. 审计部门　　　　D. 业务主管部门

（2）根据《会计法》的规定，有权制定国家统一的会计制度的政府部门是（　　）。

    A. 国务院　　　　　　　　　　　B. 国务院财政部门

    C. 国务院各业务主管部门　　　　D. 省级人民政府财务部门

（3）根据我国有关法律规定，在公司制企业，对本单位会计工作负责的单位负责人应当是（　　）。

　　A. 董事长　　　　B. 总经理　　　　C. 总会计师　　　　D. 会计机构负责人

（4）根据我国会计法律制度的构成，《企业财务会计报告条例》属于（　　）。

　　A. 会计法律　　　　　　　　B. 会计行政法规

　　C. 会计部门规章　　　　　　D. 会计规范性文件

（5）按照《会计法》的规定，必须设置总会计师的单位是（　　）。

　　A. 国有大中型企业　　　　　B. 事业单位

　　C. 行政单位　　　　　　　　D. 业务主管部门

（6）使用会计人员可以不实行回避制度的是（　　）。

　　A. 私营企业　　B. 国有企业　　C. 国家机关　　D. 事业单位

（7）根据《会计法》的规定，会计机构、会计人员审核原始凭证的程序、要求，应当按照国家统一的会计制度的规定进行，对不真实、不合法的原始凭证会计人员有权不予受理，并向（　　）报告。

　　A. 会计机构负责人　　　　　B. 总会计师

　　C. 上级单位负责人　　　　　D. 单位负责人

（8）对于伪造、变造会计凭证、会计账簿或者编制虚假财务会计报告的行为，尚不构成犯罪的，县级以上人民政府财政部门予以通报，可以对单位并处（　　）的罚款。

　　A. 5000元以上10万元以下　　　B. 2000元以上2万元以下

　　C. 3000元以上5万元以下　　　D. 5000元以下

（9）单位会计机构负责人办理交接，由（　　）监交。

　　A. 会计主管人员　　　　　　B. 单位负责人

　　C. 总会计师　　　　　　　　D. 主管单位

（10）国有单位的会计主管人员的直系亲属不得在本单位会计机构中从事（　　）工作。

　　A. 稽核　　　　B. 会计档案管理　　　　C. 会计　　　　D. 出纳

技能题

10.1 规则复习

1. 原始凭证发生错误时应如何更正。

2. 会计工作交接过程中的责任如何界定。

10.2 操作练习

A公司2015年发生如下事项：

1月，会计人员张凯在办理报销工作中，发现采购科送来报销的3张由购货方开具的发票有更改现象：其中2张发票分别更改了数量和用途，另外1张发票更改了金额，该3张发票的更改处均盖有A公司采购科的业务印章。尽管张凯开始时犹豫了一下，但考虑到3张发票已经公司总经理、财务科科长签字同意，最后均予以报销。

7月，公司财务科团支部组织一次财务工作务虚会。会上，张凯说："《会计法》规定了公司领导要对单位会计信息的真实性负责，作为一般会计人员应该服从领导的安排，领导让干啥就干啥，公司的一些业务也没有必要去问个明白，领导签字同意就给报销，只要两袖清风，不贪不占，就能把会计工作做好。"

12月，公司在进行内部审计时，发现公司原出纳张友在经办出纳工作期间的有关账目存在一些问题，而接替者张凯在交接时并未发现。审计人员在了解情况时，原出纳张友说："已经办理了会计交接手续，我不再承担任何责任。"

1. 要求：根据会计法律制度的有关规定，回答下列问题。

（1）张凯对3张更改的发票予以报销的做法是否符合规定？应当如何处理？

（2）从会计监督角度来看，张凯在财务工作务虚会上的观点是否正确？简要说明理由。

（3）原出纳张友关于"已经办理了会计交接手续，我不再承担任何责任"的说法是否符合规定？简要说明理由。

2. 请分别说明引例中公司董事长和总经理、总会计师、会计科长在听证会上的陈述以及实习生张某和李某的观点是否正确。

观念应用

案例分析

2017年8月，某建材厂（一般纳税人）发生以下事项：

8月10日，该厂会计人员王某脱产学习一个月。会计科科长陈某指定出纳员李某临时兼管王某费用账目的登记工作。

8月15日，该厂收到一张与乙公司共同负担费用支出的原始凭证，该厂会计人员赵某对该原始凭证及应承担的费用进行账务处理，并保存该原始凭证；同时应乙公司的要求，将该原始凭证复印件提供给乙公司用于账务处理。

8月20日，该厂将购进的500套服装作为职工福利发给职工，会计科进行增值税账务处理时，将购进服装的进项税额抵扣销项税额。

8月25日，该厂厂长指使会计人员采取虚构销售业务等手段调整2016年度财务会计报告，将2016年度亏损额1200万元调整为盈利600万元，并将调整后的财务会计报告签名、盖章后向有关部门报告。

要求：根据上述情况，分析回答以下问题：

（1）出纳员李某临时兼管王某费用账目的登记工作是否符合有关规定？为什么？

（2）赵某将原始凭证复印件提供给乙公司用于账务处理的做法是否正确？为什么？

（3）该厂会计科将购进服装的进项税额抵扣销项税额的做法是否正确？为什么？

（4）该厂厂长授意会计人员采取伪造会计凭证等手段调整企业财务会计报告的行为是否应承担法律责任？应承担什么法律责任？请说明理由。

第11章 仲裁与经济诉讼

学习目标

知识目标：了解仲裁和经济诉讼的概念,理解仲裁的基本原则和制度,掌握经济诉讼案件的管辖、提起诉讼的条件、审判制度等方面的知识。

技能目标：一是熟悉仲裁和诉讼的程序；二是正确理解仲裁和经济诉讼的基本原则和制度；三是熟悉经济诉讼案件的管辖和一、二审审判制度。

能力目标：能解释仲裁与审判的基本程序；能处理现实生活中简单的仲裁和经济诉讼。

引 例

仲裁协议失效

甲、乙两厂签订了一份加工合同,并达成了仲裁协议。后因甲厂加工的产品质量达不到合同的要求,乙厂遂向法院起诉。法院受理了该案,在法庭辩论过程中,甲厂提出依仲裁协议,法院对该案没有管辖权。法院对该案应该如何处理?

本例中甲、乙两厂事先签订了仲裁协议,在一般情况下,应该通过仲裁的方式解决纠纷。但是,根据《仲裁法》的规定:"当事人达成仲裁协议,一方向人民法院起诉未声明有仲裁协议,人民法院受理后,另一方在首次开庭前提交仲裁协议的,人民法院应当驳回起诉,但仲裁协议无效的除外;另一方在首次开庭前未对人民法院受理该案提出异议的,视为放弃仲裁协议,人民法院应当继续审理。"所以,法院对该案应当继续审理。

在市场经济条件下,市场经济主体为实现各自的经济目标,必然要进行各种经济活动。由于各自的经济权益相互独立,加之客观情况经常变化,因而不可避免地会发生各种各样的权益争议,产生经济纠纷,如合同纠纷、纳税人与税务机关就纳税事务发生争议等。为了保护当事人的合法权益,维持社会经济秩序,社会需要采取有效手段,及时处理解决这些纠纷。当事人之间发生的经济纠纷,一般可以向有管辖权的法院起诉,有效的仲裁协议可排除法院的管辖权。若当事人之间有仲裁协议,则只有在仲裁协议无效,或者当事人放弃仲裁协议的情况下,法院才可以行使管辖权,这在法律上称为或裁或审原则。

11.1 仲裁

11.1.1 仲裁概述

❶ 仲裁的概念和特征

仲裁是指由经济纠纷的各方当事人共同选定仲裁机构,对纠纷依法定程序作出具有约束力的裁决的活动。仲裁具有三个要素特征:

(1)仲裁以当事人自愿协商为基础。

(2)仲裁由当事人自愿选择的中立第三者(仲裁机构)进行裁判。仲裁机构是民间性的组织,不是国家的行政机关或司法机关,对经济纠纷案件没有强制管辖权。

(3)仲裁裁决对各方当事人都具有约束力。

❷ 我国仲裁的发展

在我国,仲裁制度大致可分为两个阶段。

第一阶段:从中华人民共和国成立初期至1994年,这一阶段我国仲裁制度方面没有统一的仲裁法,只有单行仲裁条例,如1989年1月1日起施行的《仲裁规则》,1983年国务院颁布的《中华人民共和国经济合同仲裁条例》。

第二阶段:1994年8月31日,第八届全国人大常委会第九次会议通过了《中华人民共和国仲裁法》(以下简称《仲裁法》),自1995年9月1日起施行沿用至今,这标志着我国进入统一仲裁法颁布实施阶段。

❸ 仲裁法的适用范围

我国《仲裁法》的仲裁适用范围是根据下列原则规定的:第一,发生纠纷的当事人应当是属于平等主体的当事人;第二,仲裁的事项应当是当事人有权处分的财产权益纠纷。因此,仲裁委员会受理平等主体的公民、法人和其他组织之间发生的合同纠纷和其他财产权益纠纷。

下列纠纷不能仲裁:与人身关系相联系的婚姻、收养、监护、扶养、继承纠纷;依法应由行政机关处理的行政争议。

另外,由于劳动争议和农业集体经济组织内部的农业承包合同纠纷不同于一般经济纠纷,它们有各自的特点,因此,劳动争议和农业集体经济组织内部的农业承包合同纠纷的仲裁另行规定,也不属于仲裁法的受理范围。

【小思考 11-1】

下列纠纷中,可以适用《仲裁法》解决的是(　　　　)。

A. 甲乙之间的农村土地承包合同纠纷

B. 甲乙之间的货物买卖合同纠纷

C. 甲乙之间的遗产继承纠纷

D. 甲乙之间的劳动争议纠纷

答:选项 B 正确。《仲裁法》的适用范围是平等主体的公民、法人和其他组织之间发生的合同纠纷或其他财产纠纷。与人身有关的纠纷不适用仲裁法;劳动争议以及农村土地承包合同发生纠纷可以由法律规定的组织仲裁,分别适用《中华人民共和国劳动争议调解仲裁法》和《中华人民共和国农村土地承包经营纠纷调解仲裁法》,不由《仲裁法》调整。

❹ 仲裁法的基本原则

(1)意思自治原则。它体现在:第一,当事人采用仲裁方式解决纠纷的,应当各方自愿,达成仲裁协议。第二,向哪个仲裁委员会申请仲裁,由当事人协商,自愿选定。第三,仲裁事项可以由当事人约定。第四,仲裁员由当事人自主选定或者委托仲裁委员会主任指定,仲裁庭的组成形式也可由当事人约定。第五,当事人可以约定开庭的形式、审理方式等有关程序。

(2)公平合理解决原则。仲裁要坚持以事实为根据,以法律为准绳的原则,在法律没有规定或者规定不完备的情况下,仲裁庭可以按照公平合理的一般原则来解决纠纷。

(3)独立仲裁原则。仲裁机关不依附于任何机关而独立存在,仲裁依法独立进行,不受任何行政机关、社会团体和个人的干涉。

❺ 仲裁法的基本制度

(1)协议仲裁制度。协议仲裁是指发生纠纷的当事人按照合同约定的仲裁条款或者事后达成的书面仲裁协议向仲裁机构申请仲裁，没有仲裁协议的，仲裁机关不予受理。《仲裁法》第 4 条规定："当事人采用仲裁方式解决纠纷，应当双方自愿达成协议，没有仲裁协议，一方申请仲裁的，仲裁委员会不予受理。"

（2）一裁终局制度。《仲裁法》第 9 条规定："仲裁实行一次仲裁制度。裁决作出后，当事人就同一纠纷再申请仲裁或者向人民法院起诉的，仲裁委员会或者人民法院不予受理。"当事人一方不履行仲裁裁决书的，另一方可以申请人民法院强制执行。

11.1.2 仲裁组织

❶ 中国仲裁协会

中国仲裁协会是由全国的仲裁委员会组成的，是社会团体法人，是仲裁委员会的自律性组织。中国仲裁协会的章程由全国委员会大会制定，并根据章程对仲裁委员会及其组成人员、仲裁员的违纪行为进行监督。

❷ 仲裁委员会

《仲裁法》第 10 条规定："仲裁委员会可以在直辖市和省、自治区人民政府所在地的市设立，也可以根据需要在其他设区的市设立，不按行政区划层层设立。"

设立仲裁委员会，应当经省、自治区、直辖市的司法行政部门登记，并具备下列条件：有自己的名称、住所和章程；有必要的财产；有该委员会的组成人员；有聘任的仲裁员。

仲裁委员会是常设性仲裁机构，独立于行政机关，与行政机关没有隶属关系，仲裁委员会之间也没有隶属关系。

仲裁委员会由主任 1 人、副主任 2~4 人和委员 7~11 人组成。仲裁委员会的主任、副主任和委员由法律、经济贸易专家和有实际工作经验的人担任。在仲裁委员会的组成人员中，法律、经济贸易专家不得少于 2/3。根据仲裁法规定，担任仲裁员应当符合下列条件之一：从事仲裁工作满 8 年；从事律师工作满 8 年；曾任审判员满 8 年；从事法律研究、教学工作具有高级职称；具有法律知识、从事经济贸易专业工作并具有高级职称或具有同等专业水平。

仲裁委员会按照不同专业设仲裁员名单。

11.1.3 仲裁协议

❶ 仲裁协议的概念和内容

仲裁协议是指双方当事人自愿把他们之间可能发生或者已经发生的经济纠纷提交仲裁机构裁决的书面约定。仲裁协议应当以书面形式订立,口头达成仲裁的意思表示无效。仲裁协议是仲裁委员会受理案件的前提条件,否则当事人应当依法向人民法院起诉。

仲裁协议应当具有下列内容:请求仲裁的意思表示;仲裁事项;选定的仲裁委员会。以上三项内容,缺少任何一项都会导致仲裁协议的不完整,直接影响到仲裁协议本身的效力。

【观念应用 11-1】

仲裁协议无效

A 市甲公司与 B 市乙公司在 C 市签订一份合同,该合同履行地在 D 市,合同中的仲裁条款约定,如本合同发生争议提交 C 市仲裁委员会仲裁。现甲、乙两公司发生合同纠纷,甲公司欲申请仲裁,得知 C 市未设立仲裁委员会,但 A、B、D 三市均设立了仲裁委员会。

问:甲公司应当怎么办?

A. 向 A 市仲裁委员会申请仲裁　　　　B. 向 B 市仲裁委员会申请仲裁

C. 向 D 市仲裁委员会申请仲裁　　　　D. 向 C 市或 D 市法院起诉

法律分析:首先,根据《仲裁法》第 18 条规定,该仲裁协议无效;其次,A、B、D 三个城市尽管设立了仲裁委员会,但不是当事人协议选择的地点。因此,选项 A、B、C 是错误的,选项 D 正确。

❷ 仲裁协议的效力

仲裁协议独立存在,合同的变更、解除、终止或者无效,不影响仲裁协议效力。当事人对仲裁协议的效力有异议的,应当在仲裁庭首次开庭前向仲裁委员会申请作出决定,或者请求人民法院作出裁定。一方请求仲裁委员会作出决定,另一方请求人民法院作出裁定的,由人民法院裁定。

❸ 无效的仲裁协议

有下列情形之一的,仲裁协议无效:约定的仲裁事项超出法律规定的仲裁范围;无民事行为能力人或者限制民事行为能力人订立的仲裁协议;一方采取胁迫手段,迫使对方订立的仲裁协议;仲裁协议对仲裁事项或者仲裁委员会没有约定或者约定不明确的,且当事人不能成补充协议的。

11.1.4 仲裁程序

仲裁程序是根据仲裁法规定进行仲裁活动的操作规程。仲裁程序一般分为以下几个阶段。

❶ 申请与受理

(1)申请,指一方当事人根据合同仲裁条款或者事后达成的仲裁协议,依法向仲裁委员会请求对所发生的纠纷进行仲裁的行为。申请人应向仲裁机关递交仲裁申请书,并按被申请人的人数提交副本。申请书应写明下述内容:①当事人姓名、性别、年龄、职业、工作单位和住所,法人或其他组织的名称、住所和法定代表人的姓名、职务;②仲裁请求和所依据的事实、理由;③证据及证据来源、证人姓名和地址,证据包括原合同副本及来往文件等。

仲裁申请书(实例)

申请人:××省物资贸易公司

地址:××市淮河路 350 号

法定代表人:夏××   职务:总经理

委托代理人:杨××,×××律师事务所律师

被申请人:××市×××贸易公司

地址:××市正义路 135 号

法定代表人:李××   职务:经理

案由:购销合同货款纠纷

仲裁请求：1. 付清所欠货款××万元。

2. 赔偿申请人经济损失××万元。

事实和理由：

×年×月×日，申请人和被申请人签订了一份钢材购销合同，合同中对钢材的规格、数量、品名、价款、交货地点、付款方式和期限等都有明确的约定（详见合同）。合同签订后，申请人按照合同的约定向被申请人交付××吨钢材，总货款××万元，被申请人收货后仅付货款××万元，尚欠××万元。申请人多次催要，被申请人以经济效益不好为借口，至今未付清所欠货款，由于被申请人的违约行为严重影响了申请人正常的经营活动，给申请人造成了巨大的经济损失。

为维护申请人的合法权益，根据双方的仲裁协议特向贵仲裁委员会申请仲裁。证据和证据来源：

×年×月×日申请人与被申请人签订的钢材购销合同；×年×月×日被申请人向申请人支付的银行汇票一张。

此致

××仲裁委员会

申请人：×××省物资贸易公司

法定代表人：夏××

委托代理人：（签名、盖章）

×年×月×日

附：1. 钢材购销合同一份。

2. 银行汇票一张。

3. 本申请书副本×份。

资料来源：韩一夫：《经济仲裁案件律师办案指引》，北京：中国检察出版社，2001。

（2）受理，指仲裁委员会收到仲裁申请书 5 日内，认为符合受理条件的，应当受理并通知当事人；认为不符合受理条件的，书面通知当事人不予受理，并说明理由。仲裁委员会受理仲裁申请后，应当依法向被申请人送达申请书副本。被申请人收到仲裁申请书副本后，应当在仲裁委员会规定的期限内向仲裁委员会提交答辩书，可以承认或者反驳仲裁请求，也有权提出反请求。仲裁委员会收到答辩书后，应当在仲裁规则规定的期限内，将答辩书副本送达申请人。被申请人未交答辩书的，不影响仲裁程序的进行。

仲裁答辩状（实例）

答辩人：××市×××贸易公司

地址：××市沿河路×××号

法定代表人：雷××　　　　职务：总经理

委托代理人：杨××　　××市××律师事务所律师

答辩人就申请人因与答辩人之间发生的购销合同货款争议向仲裁委员会提出的仲裁请求答辩如下：

答辩人与申请人×年×月×日签订的钢材购销合同，合同对钢材的规格、数量、质量、品名、付款方式及期限作了明确约定。合同签订后，申请人虽然按照合同约定的期限向答辩人交付×吨钢材，但答辩人在验收时发现该批钢材有×吨规格和品名与合同的约定不相符合，且有质量问题。答辩人按照合同的约定的期限向申请人支付了合格部分的钢材货款×万元，同时，要求申请人严格履行双方订立的钢材购销合同，向答辩人提供符合合同约定的钢材，但申请人至今未能向答辩人提供符合约定的钢材。

综上所述，申请人所提的要求和事实不符合双方实际履行合同的状况。答辩人对不符合合同规定的钢材拒绝支付货款有合法依据，履行合同过程中无违约行为，依法不承担申请人的经济损失。故提请仲裁委员会驳回申请人的仲裁请求。

此致

××仲裁委员会

答辩人：××市××贸易公司（盖章）

法定代表人：（签名、盖章）

委托代理人：（签名、盖章）

×年×月×日

附：1. 钢材购销合同一份。

2. 质检报告书。

3. 本答辩书副本×份。

资料来源：韩一夫：《经济仲裁案件律师办案指引》，北京：中国检察出版社，2001。

❷ 仲裁庭的组成

仲裁委员会仲裁案件是通过一定形式实现的，开庭和裁决仲裁案件的组织即为仲裁庭。我国《仲裁法》赋予仲裁庭的组成形式有两种：

（1）由一个仲裁员组成的仲裁庭，习惯称独任仲裁庭。

（2）由三个仲裁员组成的仲裁庭，又叫合议庭。其组成的特点是组织方式由当事人约定，仲裁员由当事人选定或委托仲裁委员会主任指定。仲裁庭组成后，仲裁委员会应将仲裁庭的组成情况书面通知当事人。仲裁员应在认真审阅申请书、答辩书和有关证据的基础上，对案件的事实进行调查。

仲裁员有下列情形之一的，应当回避，当事人也有权提出回避申请：仲裁员是本案当事人或者当事人、代理人的近亲属；与本案有利害关系的；与本案当事人、代理人有其他关系，可能影响公正仲裁的；私自会见当事人、代理人，或者接受当事人、代理人的请客送礼的。仲裁员是否回避，由仲裁委员会主任决定；仲裁委员会主任担任仲裁员时，由仲裁委员会集体决定。

❸ 开庭和裁决

（1）开庭，是指仲裁庭在双方当事人的法定代表人或委托代理人、律师等参加下，对仲裁请求进行审理和裁决的活动。开庭前，按照法律规定，仲裁庭应将开庭的时间、地点用书面形式通知当事人。申请人经两次通知拒不到庭，视作撤销申请；被申请人经两次通知拒不到庭，视作缺席仲裁。

在案件办理过程中，为避免造成更大的财产损失或保障案件终结后仲裁决定书的执行，仲裁机关可根据当事人的申请，作出保全措施裁定。保全措施包括：中止合同履行；查封或扣押货物；变卖不易保存的货物保存价款；责令被申请人提供担保以及法律允许采取的其他方法。

仲裁庭开庭时，由首席仲裁员宣布仲裁员、书记员名单，并询问当事人是否申请仲裁组成人员回避。在仲裁庭主持下，由当事人按申请人、被申请人的顺序，各自陈述自己的事实和理由，并对有争议的事实进行当庭辩论，辩论结束后，由首席仲裁员询问双方当事人的最后意见，并再次对双方进行当庭调解。调解若能达成协议的，应制作调解书；达不成协议的，经仲裁庭评议后作出裁决。

（2）裁决，是指仲裁庭依法满足或驳回申请人的仲裁请求，解决纠纷的实体事项作出的决定。对达不成调解协议的案件由仲裁庭评议后作出裁决。仲裁决定书应写明：申请人和被申请人的名称、地址及其代表人或代理人的姓名、职务；申请的理由、争议的事实和要求；裁决认定的事实、理由和适用的法律；裁决的结果和仲裁费用的负担；裁决书由仲裁员签名，加盖仲裁委员会印章。

仲裁应当开庭进行，但一般不公开进行，当事人协议同意公开的，可以公开进行，涉及国家秘密的除外。裁决书自作出之日起发生法律效力，双方当事人必须自觉执行，否则，当事人可以向人民法院申请执行。

❹ 关于申请撤销裁决的规定

（1）申请撤销裁决的条件和期限。根据《仲裁法》规定，当事人提出证据证明有以下情形之一者，可以向仲裁委员会所在地的中级人民法院申请撤销裁决：①没有仲裁协议的；②裁决的事项不属于仲裁协议范围或者仲裁委员会无权仲裁的；③仲裁庭的组成或者仲裁程序违反法定程序的；④裁决所根据的证据是伪造的；⑤对方当事人隐瞒了足以影响公正裁决的证据的；⑥仲裁员在仲裁该案时有索贿受贿、徇私舞弊、枉法裁决行为的。当事人申请撤销裁决的,应自收到裁决书之日起6个月内提出。

撤销仲裁裁决申请书

申请人:

法定代表人:

委托代理人:

申请撤销的事实和理由:

……根据《仲裁法》第58条第1款的规定,特向××市中级人民法院提出申请,请求撤销××仲裁委员会的仲裁裁决。

此致

××市中级人民法院

申请人:×××
法定代表人:×××
委托代理人:×××
×年×月×日

附:仲裁裁决书副本一份。

资料来源:韩一夫.经济仲裁案件律师办案指引.北京:中国检察出版社,2001。

(2)人民法院对撤销裁决申请的处理。人民法院组成合议庭审查核实裁决有仲裁法规定情形之一的,应当裁定撤销。人民法院认定裁决违背社会公共利益的,应当裁定撤销。人民法院应当在受理撤销裁决申请之日起2个月内作出撤销裁决或者驳回申请的裁定。人民法院在受理撤销裁决的申请后,认为可以由仲裁庭重新仲裁的,通知仲裁庭在一定期限内重新仲裁,并裁定中止撤销程序。仲裁庭拒绝重新仲裁的,人民法院应当裁定恢复撤销程序。

【小思考11-2】

某仲裁机构对甲公司与乙公司之间的合同纠纷进行裁决后,乙公司不履行仲裁裁决。甲公司向法院申请强制执行,乙公司申请法院裁定不予执行。经审查,法院认为乙公司的申请理由成立,裁定不予执行该仲裁裁决。对此,下列哪一种说法是正确的?

A．甲公司可以就法院的裁定提请复议一次

B．甲公司与乙公司可以重新达成仲裁协议申请仲裁

C．甲公司与乙公司可以按仲裁协议重新申请仲裁

D．当事人不可以再就该纠纷重新达成仲裁协议，此案只能向法院起诉

答：选项C正确，甲公司与乙公司可以按仲裁协议重新申请仲裁。

11.2 经济诉讼

【观念应用11-2】

专属管辖

北京市市民李德功有子女3人，在哈尔滨市有房屋5间，一直由其长子李林居住。李林在哈尔滨市某区工作，次子李冰在北京市某区工作，女儿李娟在天津居住。李德功一直随次子李冰生活，并于2013年5月在北京去世。李德功去世后，李冰对5间房产主张权利被李林拒绝。李冰为此于2015年2月向北京某区法院起诉。一审法院判决争议之房产中3间归李冰所有，李林不服提起上诉。上诉期间，李娟向法院提出争议之房屋应有自己的份额。

问：

（1）北京市某区法院对此案是否有管辖权？为什么？

（2）二审法院应如何处理本案？

法律分析：

（1）北京某区法院有管辖权。因为本案属于继承纠纷，按民事诉讼法的规定，因继承遗产纠纷产生的诉讼，由被继承人死亡时的住所地或主要遗产所在地法院专属管辖。本案主要遗产所在地在哈尔滨，而被继承人死亡时的住所地在北京某区，据此两地法院皆有管辖权。法律规定，两个以上法院都有管辖权的，原告可向其中的一个法院起诉。本案原告选择向北京某区法院起诉，符合法律规定。

（2）李娟系本案的必要共同诉讼人，一审法院在未通知李娟参诉的情况下即作出判决，剥夺了李娟的诉权，属于民事诉讼法规定的"原判决违反法定程序，可能影响案件正确判决的"

这一情形。二审法院审理期间,如果李娟同意,可以对纠纷进行调解。如果李娟不同意调解或调解不成时,二审法院不应直接作出判决,而应裁定撤销原判,将案件发回一审法院重审。

11.2.1 经济诉讼概述

❶ 诉讼和经济诉讼的概念

诉讼是指国家司法机关在当事人及其他诉讼参与人的参与下,为解决案件纠纷而进行的司法活动。不同的法律关系应采取不同的诉讼形式,目前我国诉讼的形式有刑事诉讼、行政诉讼、民事诉讼。

经济诉讼是指人民法院在双方当事人和其他诉讼参与人的参与下,按照法定程序,审理、解决经济纠纷案件的活动。平等主体当事人之间发生经济纠纷提起诉讼,适用《民事诉讼法》的规定。该法是1991年4月9日第七届全国人民代表大会第四次会议通过,2007年10月28日第十届全国人民代表大会常务委员会第三十次会议进行了第一次修正,2012年8月31日第十一届全国人民代表大会常务委员会第二十八次会议进行了第二次修正,2017年6月27日第十二届全国人民代表大会常务委员会第二十八次会议进行了第三次修正。

❷ 民事诉讼的适用范围

公民之间、法人之间、其他组织之间以及他们相互之间因财产关系和人身关系发生纠纷,可以提起民事诉讼。

适用于《民事诉讼法》的案件具体有五类:

(1)因民法总则、婚姻法、收养法、继承法、物权法、侵权责任法、合同法等调整的平等主体之间的财产关系和人身关系发生的民事案件,如合同纠纷、房产纠纷、侵害名誉权纠纷等案件。

(2)因经济法、劳动法调整的社会关系发生的争议,法律规定适用民事诉讼程序审理的案件,如劳动合同纠纷案件等。

(3)适用特别程序审理的如选民资格案件和宣告公民失踪、死亡等非讼案件。

（4）按照督促程序解决的债务案件。

（5）按照公示催告程序解决的宣告票据和有关事项无效的案件。

3 审判制度

（1）合议制度。合议制度是指由3名以上审判人员、陪审员或者由陪审员组成合议庭，代表法院行使审判权，对案件进行审理并作出裁判的制度。合议制度是相对于独任制度而言的，后者是指由一名审判员独立地对案件进行审理和裁判的制度。法院审理第一审民事案件，除按简易程序、公示催告程序审理的民事案件由审判员一人独任审理外，一律由审判员、陪审员共同组成合议庭或者由审判员组成合议庭进行审理。选民资格案件或者重大、疑难的案件，由审判员组成合议庭。法院审理第二审民事案件，由审判员组成合议庭。合议庭的成员应当是3人以上的单数。

（2）回避制度。回避制度是指参与民事诉讼活动的审判人员、书记员、翻译人员、鉴定人、勘验人是案件的当事人或者当事人、诉讼代理人的近亲属，或者与案件有利害关系，或者与案件当事人、诉讼代理人有其他关系，可能影响对案件公正审理的，应当自行回避，当事人有权用口头或者书面方式申请他们回避。上述人员接受当事人、诉讼代理人请客送礼，或者违反规定会见当事人、诉讼代理人的，当事人有权要求他们回避（上述人员的行为应当依法追究法律责任）。

（3）公开审判制度。公开审判制度是指法院的审判活动依法向社会公开的制度。法院审理民事或行政案件，除涉及国家秘密、个人隐私或者法律另有规定的以外，应当公开进行。离婚案件、涉及商业秘密的案件，当事人申请不公开审理的，可以不公开审理。公开审判包括审判过程公开和审判结果公开两项内容。不论案件是否公开审理，一律公开宣告判决。

【小思考11-3】

甲、乙公司因技术转让合同的履行产生纠纷，甲公司向某人民法院提起诉讼，法院受理该案件。已知该案件涉及商业秘密，下列关于该案件是否公开审理的表述中，正确的是（　　）。

A．该案件应当公开审理

B．该案件不应当公开审理

C. 由双方当事人协商后决定是否公开审理

D. 当事人申请不公开审理的，可以不公开审理

答：选项D正确。离婚案件、涉及商业秘密的案件，当事人申请不公开审理的，可以不公开审理。

（4）两审终审制度。两审终审制度是指一个诉讼案件经过两级法院审判后即终结的制度。根据《中华人民共和国人民法院组织法》的规定，我国法院分为四级：最高人民法院、高级人民法院、中级人民法院、基层人民法院。除最高人民法院外，其他各级法院都有自己的上一级法院。按照两审终审制，一个案件经第一审法院审判后，当事人如果不服，有权在法定期限内向上一级法院提起上诉，由该上一级法院进行第二审。二审法院的判决、裁定是终审的判决、裁定。

根据《民事诉讼法》的规定，两审终审制度的例外有：适用特别程序、督促程序、公示催告程序和简易程序中的小额诉讼程序审理的案件，实行一审终审；最高人民法院所作的一审判决、裁定，为终审判决、裁定。对终审判决、裁定，当事人不得上诉。如果发现终审裁判确有错误，当事人可以通过审判监督程序予以纠正。

11.2.2 诉讼管辖

诉讼管辖是指各级法院之间以及不同地区的同级法院之间，受理第一审民事案件、经济纠纷案件的职权范围和具体分工。管辖可以按照不同标准作多种分类，其中最重要、最常用的是级别管辖和地域管辖。

❶ 级别管辖

级别管辖是指根据案件性质、案情繁简、影响范围来划分上下级法院受理第一审案件的分工和权限。

（1）基层人民法院原则上管辖第一审案件。

（2）中级人民法院管辖在本辖区有重大影响的案件、重大涉外案件及最高人民法院确定的由中级人民法院管辖的第一审案件。

（3）高级人民法院管辖在本辖区有重大影响的第一审案件。

（4）最高人民法院管辖在全国有重大影响的案件和认为应当由其审理的案件。

❷ 地域管辖

地域管辖是指确定同级人民法院之间在各自管辖的地域内审理第一审案件的分工和权限，又可分为一般地域管辖、特殊地域管辖和专属管辖。

（1）一般地域管辖实行"原告就被告的原则"，即以被告住所地为依据确定案件管辖法院。对公民提起的民事诉讼，由被告住所在地人民法院管辖，被告住所地与经常居住地不一致的，由经常居住地人民法院管辖。对法人和其他组织提起的民事诉讼，由被告住所地人民法院管辖。原告住所地与经常居住地不一致的，由原告经常居住地人民法院管辖。但在下列情况下，由原告住所地人民法院管辖：对不在中华人民共和国领域内居住的人提起的有关身份关系的诉讼；对下落不明或者宣告失踪的人提起的有关身份关系的诉讼；对被采取强制性教育措施的人提起的诉讼；对被监禁的人提起的诉讼。

（2）特殊地域管辖是以诉讼标的所在地、法律事实所在地为标准确定管辖法院，也称特别管辖。《民事诉讼法》规定了十种属于特殊地域管辖的诉讼：

①因合同纠纷提起的诉讼，由被告住所地或者合同履行地法院管辖。买卖合同的双方当事人在合同中对交货地点有约定的，以约定的交货地点为合同履行地；没有约定的，依交货方式确定合同履行地；实际履行地点同合同中约定的交货地点不一致的，以实际履行地点为合同履行地。

②因保险合同纠纷提起的诉讼，由被告住所地或者保险标的物所在地法院管辖。因财产保险合同纠纷提起的诉讼，如果保险标的物是运输工具或者运输中的货物，可以由运输工具登记注册地、运输目的地、保险事故发生地管辖。因人身保险合同纠纷提起的诉讼，可以由被保险人住所地人民法院管辖。

③因票据纠纷提起的诉讼，由票据支付地或者被告住所地法院管辖。

④因公司设立、确认股东资格、分配利润、解散等纠纷提起的诉讼，由公司住所地人民法院管辖。

⑤因铁路、公路、水上、航空运输和联合运输合同纠纷提起的诉讼，由运输始发地、目的地或者被告住所地法院管辖。

⑥因侵权行为提起的诉讼，由侵权行为地（包括侵权行为实施地、侵权结果发生地）或者被告住所地法院管辖。信息网络侵权行为实施地包括实施被诉侵权行为的计算机设备所在地，侵权结果地包括被侵权人住所地。因产品、服务质量不合格造成他人财产、人身损害提起的诉讼，产品制造地、产品销售地、服务提供地、侵权行为地和被告住所地人民法院均有管辖权。

⑦因铁路、公路、水上和航空事故请求损害赔偿提起的诉讼，由事故发生地或者车辆、船舶最先到达地、航空器最先降落地或者被告住所地法院管辖。

⑧因船舶碰撞或者其他海事损害事故请求损害赔偿提起的诉讼，由碰撞发生地、碰撞船舶最先到达地、加害船舶被扣留地或者被告住所地法院管辖。

⑨因海难救助费用提起的诉讼，由救助地或者被救助船舶最先到达地法院管辖。

⑩因共同海损提起的诉讼，由船舶最先到达地、共同海损理算地或者航程终止地的法院管辖。

（3）专属管辖是指法律强制规定某类案件必须由特定的法院管辖，其他法院无权管辖，当事人也不得协议变更的管辖。专属管辖的案件主要有三类：

①因不动产纠纷提起的诉讼，由不动产所在地法院管辖。

②因港口作业中发生纠纷提起的诉讼，由港口所在地法院管辖。

③因继承遗产纠纷提起的诉讼，由被继承人死亡时住所地或者主要遗产所在地法院管辖。

【小思考11-4】

甲、乙因房屋买卖纠纷欲提起诉讼，则对该案件享有管辖权的法院是（　　）。

A．甲住所地法院　　　　　　B．乙住所地法院

C．房屋所在地法院　　　　　D．甲、乙协议的法院

答：选项C正确。根据《民事诉讼法》的规定，因不动产纠纷提起的诉讼，由不动产所在地法院管辖。

（4）协议管辖又称合意管辖或者约定管辖，是指双方当事人在合同纠纷或者其他财产权益纠纷发生之前或发生之后，以协议的方式选择解决他们之间纠纷的管辖法院。合同或者其他财产权益纠纷的当事人可以书面协议选择被告住所地、合同履行地、合同签订地、原告住所地、标的物所在地等与争议有实际联系的地点的法院管辖，但不得违反《民事诉讼法》对级别管辖和专属管辖的规定。

11.2.3 诉讼时效

❶ 诉讼时效的概念

诉讼时效是指权利人在法定期间内不行使权利而失去诉讼保护的制度。诉讼时效期间是指权利人请求法院或仲裁机关保护其民事权利的法定期间。

诉讼时效期间届满，权利人丧失的是胜诉权，即丧失依诉讼程序强制义务人履行义务的权利；权利人的实体权利并不消灭，债务人自愿履行的，不受诉讼时效限制。

❷ 诉讼时效期间的具体规定

（1）普通诉讼时效期间，也称一般诉讼时效期间，是指由民事普通法规定的具有普遍意义的诉讼时效期间。根据《民法总则》的规定，向人民法院请求保护民事权利的诉讼时效期间为三年。法律另有规定的，依照其规定。

（2）特别诉讼时效期间，也称特殊诉讼时效期间，是指由民事普通法或特别法规定的，仅适用于特定民事法律关系的诉讼时效期间。《合同法》《继承法》《海商法》《票据法》等法律都规定了特殊的诉讼时效。

（3）最长诉讼时效期间，是自权利人知道或者应当知道权利受到损害以及义务人之日起计算。法律另有规定的，依照其规定。但是自权利受到损害之日起超过二十年的，人民法院不予保护；有特殊情况的，人民法院可以根据权利人的申请决定延长。也就是说，对在二十年内始终不知道自己权利受侵害的当事人，法律也不再予以诉讼保护。二十年就是法律保护的最长期限，故也称绝对时效期间。

（4）诉讼时效起算时间的特别规定。当事人约定同一债务分期履行的，诉讼时效期间自最后一期履行期限届满之日起计算。无民事行为能力人或者限制民事行为能力人对其法定代理人的请求权的诉讼时效期间，自该法定代理终止之日起计算。未成年人遭受性侵害的损害赔偿请求权的诉讼时效期间，自受害人年满十八周岁之日起计算。

❸ 诉讼时效期间的中止、中断

（1）诉讼时效期间的中止，是指在诉讼时效期间的最后六个月内，因障碍致使权利人不能行使请求权的，诉讼时效期间暂时停止计算。《民法总则》第194条规定，在诉讼时效期间的最后六个月内，因下列障碍不能行使请求权的，诉讼时效中止：①不可抗力；②无民事行为能力人或者限制民事行为能力人没有法定代理人，或者法定代理人死亡、丧失民事行为能力、丧失代理权；③继承开始后未确定继承人或者遗产管理人；④权利人被义务人或者其他人控制；⑤其他导致权利人不能行使请求权的障碍。

自中止时效的原因消除之日起满六个月，诉讼时效期间届满。

【观念应用11-3】

诉讼时效

2015年1月1日，王某租住赵某的一套住房，约定每3个月支付1次租金，支付日期为1日。2015年7月1日是支付租金的日期，王某拒付租金，赵某由于忙于工作未主张权利。2015年8月1日，赵某出差遭遇泥石流，被困无法行使请求权的时间为5天。请问：赵某向王某主张权利的最后期限是哪一天？

法律分析：对于拒付租金的诉讼，诉讼时效期间为1年。赵某虽然因不可抗力不能行使请求权，但是并非在诉讼时效期间的最后6个月内，因此不适用诉讼时效的中止。由于诉讼时效应当连续计算，所以赵某主张权利的最后期限是2016年7月1日。

（2）诉讼时效期间的中断，是指在诉讼时效期间，出现法定情行使已经过的时效期间归于无效。《民法总则》第195条规定，有下列情形之一的，诉讼时效中断，从中断、有关程序终结时起，诉讼时效期间重新计算：①权利人向义务人提出履行请求；②义务人同意履行义务；③权利人提起诉讼或者申请仲裁；④与提起诉讼或者申请仲裁具有同等效力的其他情形。

11.2.4 审判程序

审判程序包括第一审程序、第二审程序、审判监督程序等。

❶ 第一审程序

第一审程序是指各级人民法院审理第一审经济、民事案件适用的程序,分为普通程序和简易程序。

第一审普通程序

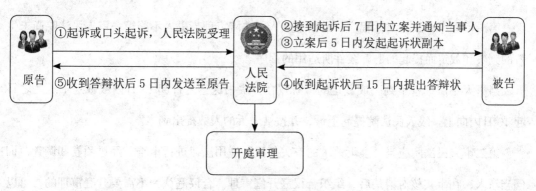

图 11-1 普通程序的内容

(1)起诉与受理。起诉是指公民法人或其他组织在其民事权益受到损害或发生争议时,向人民法院提出诉讼请求的行为。它必须符合下面的法定条件:①原告是与本案有直接利害关系的公民、法人和其他组织;②有明确的被告;③有具体的诉讼请求和事实、理由;④属于人民法院受理的民事诉讼的范围和管辖范围。受理是指人民法院通过对当事人的起诉进行审查,对符合法定条件的决定立案审理的行为。

(2)审理前的准备。人民法院应当在立案之日起 5 日内将起诉状副本送达被告。被告应当自收到起诉状副本之日起 15 日内提出答辩状,不提出答辩状的,不影响人民法院对案件的审理。人民法院应当在开庭审理前 3 日内通知当事人和其他诉讼参与人。

(3)进行调解。调解是在查明事实、分清是非和责任的基础上,根据当事人的自愿和合法原则进行的。对当事人申请调解或自愿接受人民法院的调解案件,可以在开庭前调解,也可以在开庭审理时当庭进行调解。经调解结案的，人民法院应当制作调解书，调解书与判决书具有同等的法律效力。未达成协议或调解无效的，人民法院应及时进行判决。

（4）开庭审理与判决。开庭审理是指在审判人员主持和当事人及其他其他诉讼参与人的参加下，在法庭上对案件进行审理的诉讼活动。开庭审理一般公开进行。公开审理的，应当公告当事人姓名、案由和开庭的时间、地点。开庭审理包括开庭准备、法庭调查、法庭辩论、法庭调解和评议宣判四个阶段。当庭宣判的 10 日内发送判决书；定期宣判的，宣判后立即发给判决书。宣告判决时，必须告知当事人上诉的权利。

❷ 第二审程序

第二审程序，又称上诉程序，是指上级人民法院审理当事人不服第一审人民法院尚未生效的判决和裁定而提起的上诉案件所适用的程序。

当事人不服第一审判决或裁定的，有权在判决书送达之日起 15 日内或裁定书送达之日起 10 日内向上一级人民法院提起上诉，并按被上诉的人数提出副本。

第二审人民法院应当对上诉请求的有关事实和适用法律进行审查，经过阅卷和调查，询问当事人，在事实核对清楚后，组织合议庭开庭审理。合议庭认为不需要开庭审理的，可以径行判决、裁定。

第二审人民法院对上诉案件经过审理，根据不同情况作出相应的处理：原判决、裁定认定事实清楚，适用法律正确的，以判决、裁定方式驳回上诉，维持原判决、裁定；原判决、裁定认定事实错误或适用法律错误的，以判决、裁定方式依法改判、撤销或变更；原判决认定基本事实不清的，裁定撤销原判决，发回原审人民法院重审，或者查清事实后改判；原判决遗漏当事人或违法缺席审判等严重违反法定程序的，裁定撤销原判决，发回原审法院重审。

当事人对重审案件的判决、裁定可以上诉。第二审人民法院对不服第一审人民法院裁定的上诉案件的处理，一律使用裁定。第二审法院审理上诉案件，可以进行调解。调解达成协议的应制作调解书，调解书送达后，原审法院的判决视为撤销。

❸ 审判监督程序

审判监督程序是指有审判监督权的人员和机关，发现已经发生法律效力的判决、裁定确有错误的，依法提出对原案重新进行审理的一种特别程序，又称再审程序。启动再审程序的方式有：

（1）各级人民法院院长对本院已经发生法律效力的判决、裁定，发现确有错误的，认为需要再审的，提交审判委员会讨论决定。

（2）最高人民法院对地方各级人民法院已经发生法律效力的判决、裁定或调解书，上级人民法院对下级人民法院已经发生法律效力的判决、裁定或调解书，发现确有错误的，有权提审或者指令下级人民法院再审。

（3）当事人对已经发生法律效力的判决或裁定，认为有错误的，可以向上一级人民法院申请再审；当事人一方人数众多或者当事人双方为公民的案件，也可以向原审人民法院申请再审。当事人申请再审的，不停止判决、裁定的执行。当事人申请再审，应当在判决、裁定发生法律效力后6个月内提出有《民事诉讼法》第二百条第一项、第三项、第十二项、第十三项规定情形的，自知道或应当知道之日起6个月内提出。当事人对已经发生法律效力的调解书，提出证据证明调解违反自愿原则或调解协议的内容违法的，可以申请再审。经人民法院审查属实的，应当再审。

当事人对已经发生效力的解除婚姻关系的判决、调解书，不得申请再审。

❹ 执行程序

执行程序是指人民法院依法对已经生效的判决、裁定及其他法律文书的规定，强制义务人履行义务的程序。

对发生法律效力的判决、裁定、调解书和其他应由人民法院执行的法律文书，当事人必须履行。当事人一方不履行的，对方当事人可以向人民法院申请执行，申请执行的期间为2年，从法律文书规定履行期限的最后一日起计算。

本章小结

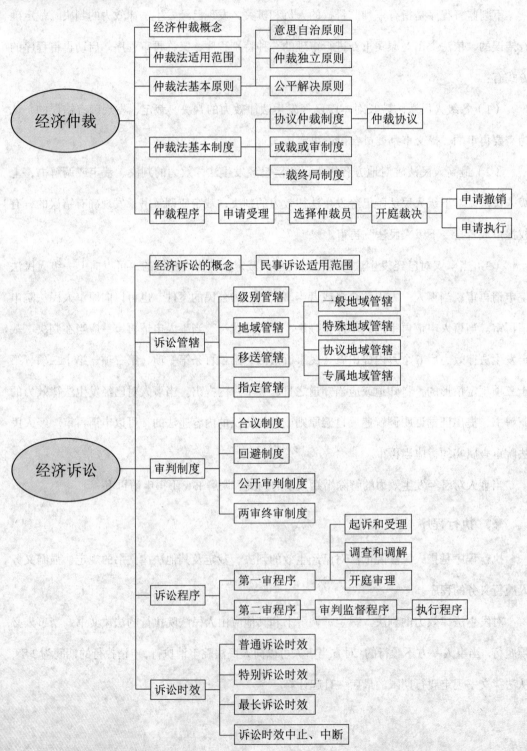

主要概念和观念

主要概念

经济仲裁　仲裁协议　诉讼　诉讼时效

主要观念

仲裁协议及内容　诉讼管辖及种类

基本训练

知识题

11.1　阅读与理解

1. 仲裁的基本原则和制度有哪些?

2. 民事审判制度有哪些?

3. 地域管辖有哪几种?

11.2　知识应用

1. 判断题

（1）仲裁不实行级别管辖和地域管辖，仲裁机构之间也是相互独立的。　（　　）

（2）事人对仲裁协议的效力有异议的，应当在仲裁庭作出裁决之前作出。　（　　）

（3）仲裁和审判都须公开进行。　（　　）

（4）再审即重审。　（　　）

（5）对终审判决、裁定，当事人只能向最高人民法院提起上诉。　（　　）

2. 选择题

（1）发生经济纠纷的当事人的一方请求仲裁委员会作出裁决，另一方请求人民法院作出裁定的，由（　　）裁定。

　　A. 仲裁机关　　　　　　　　B. 人民法院

　　C. 人大常委会　　　　　　　D. 上级主管部门

（2）因产品质量不合格造成他人财产、人身损害提起的诉讼，由（　　）民法院管辖。

　　A. 产品制造地　　　　　　　B. 产品销售地

　　C. 侵权行为地　　　　　　　D. 被告人所在地

（3）向人民法院请求保护民事权利的诉讼时效期间为（　　）年。法律另有规定的，依照其规定。

　　A. 一　　　B. 二　　　C. 三　　　D. 二十

（4）对已经发生法律效力的判决、裁定和调解书向人民法院申请执行的期限，为（　　）。

　　A.1年　　　B.2年　　　C.3个月　　　D.6个月

（5）因票据纠纷提起的诉讼，应当由特定的人民法院管辖。对该类纠纷享有管辖权的法院有（　　）。

　　A. 原告住所地法院　　　　　B. 被告住所地法院

　　C. 票据出票地法院　　　　　D. 票据支付地法院

（6）下列各项中，符合《仲裁法》规定的有（　　）。

　　A. 仲裁实行自愿原则　　　　B. 仲裁一律公开进行

　　C. 仲裁实行一裁终局原则　　D. 仲裁实行级别管辖

技能题

11.1 规则复习

1. 《仲裁法》适用的范围是什么?

2. 起诉必须符合哪些法定条件?

11.2 操作练习

请教师组织有关案例材料,指导学生撰写一份民事起诉状。

观念应用

案例分析

借款纠纷案

A县甲借给B县乙10万元,B县乙借给C县丙20万元。此两项借款均已届还款期限,甲急于用款,但经调查了解乙无力还款,便多次催促乙向丙索还欠款,乙置之不理。

问:

(1)在已知乙无力还款的情况下,甲欲实现债权,可行使何种权利?

(2)甲基于第(1)问中所指的权利,如果提起诉讼,如何确定乙和丙的诉讼地位?

(3)甲提起第(2)问中所指的诉讼,什么地方的人民法院具有管辖权?

(4)假设甲提起第(2)问中所指的诉讼,法院受理后,D县丁又提出乙欠其5万元贷款,到期无力归还,因此,丁采取与甲同样的实现债权的方式,向该法院起诉。在这种情况下,法院对甲和丁各自提起的诉讼如果合并审理,甲和丁在民事诉讼上是什么关系?

(5)假设甲提起第(2)问中所指的诉讼,但没有足够的证据证明乙与丙之间存在借贷关系,法院是否应当受理起诉?为什么?

(6)假设甲提起第(2)问中所指的诉讼,诉讼过程中法院得知乙与丙之间的借贷关系存在争议，并根据双方签订的仲裁协议正在进行仲裁，法院对甲提起的诉讼应当如何处理？为什么？

（7）假设出现第（4）问所述的情况，一审法院判决支持甲和丁的诉讼请求，丙提起上诉。在第二审程序中甲又向法院提出乙除了 10 万元借款外，还欠贷款 8 万元，请求采取同样的诉讼方式实现这一债权，从程序上看，法院应当如何处理这一诉讼请求？

（8）假设在第二程序中，二审法院发现本案一审的审判长是原告人甲的前妻，未进行回避，二审法院可以作何程序上的处理？

资料来源：2000 年全国律师资格考试题。

单元实训

组织学生到法院参加一次经济（民事）诉讼案件的旁听。

综合案例与综合实训

案例1 合伙企业财产清偿案

某年1月，甲、乙、丙三人合伙开办了一家普通合伙企业，甲出资3万元，乙出资2万元，丙以劳务出资，合伙协议订立得比较简单，未约定利润分配和亏损分担比例，只约定三人共同管理企业。6月，甲想把自己的一部分财产份额转让给丁，乙同意但丙不同意，因多数合伙人同意丁入伙成为新的合伙人，丙便提出退伙，甲、乙表示同意丙退伙，丁入伙。此时，该合伙企业欠长城公司货款3万元一直未还。10月，甲私自以合伙企业的名义为其朋友的4万元贷款提供担保，银行对甲的私自行为并不知情。第二年4月，由于经营不善，该合伙企业宣告解散，企业又负债9万元无法清偿。

根据案情，请回答下列问题：

（1）丁认为长城公司的欠款是其入伙之前发生的，与自己无关，自己不应该对该笔债务承担责任，丁的看法是否正确？

（2）丙认为其早已于6月退伙，该合伙企业的债务与其无关，丙的看法是否正确？

（3）若甲的朋友到期不能清偿贷款，银行是否有权要求合伙企业承担担保责任？

（4）若其他合伙人在得知甲私自以该普通合伙企业的财产提供担保后，一致同意将其除名，该决议是否有效？

（5）在合伙企业清算后，长城公司、贷款银行和该合伙企业的债权人认为乙个人资金雄厚，要求其做全部的清偿，这些债权人的要求是否可以得到支持？

案例2 公司临时股东会、增资案

甲、乙国有企业与另外7家国有企业拟联合设立"永发有限责任公司"（以下简称永发公司），公司章程的部分内容是：公司股东会除可以召开定期会议外，还可以召开临时会议，临时会议须经代表1/2以上表决权的股东、1/2以上的董事或1/2以上的监事提议召开。在申请公司设立登记时，工商行政管理机关指出了公司章程中规定的关于召开临时股东会议方法的不合法之处，经全体股东协商后，予以纠正。

2005年3月，永发公司依法登记设立，注册资本为1亿元，其中甲以工业产权出资，协议作价金额1200万元；乙出资1400万元，是出资最多的股东。公司成立后，由甲召集和主持首次股东会会议，设立了董事会。2005年5月，永发公司董事会发现，甲作为出资的工业产权的实际价额显著低于公司章程所定的价额，为了使公司股东出资总额仍达到1亿元，董事会提出了解决方案，即由甲补足差额，如果甲不能补足差额，则由其他股东按出资比例分担该差额。

2006年5月，公司经过一段时间的运作后，经济效益较好，董事会拟定了一个增加注册资本的方案，方案提出将公司现有的注册资本由1亿元增加到1.5亿元。增资方案提交到股东会讨论表决时，有7家股东赞成增资。7家股东出资总和为5830万元，占表决权总数的58.3%；有2家股东不赞成增资，2家股东出资总和为4170万元，占表决权总数的41.7%。股东会通过增资决议，并授权董事会执行。

2006年3月，永发公司因业务发展需要，依法成立了上海分公司。上海分公司在生产经营过程中，因违约被诉至法院，对方以永发公司是上海分公司的总公司为由，要求永发公司承担违约责任。

根据上述事实，请按照《公司法》的规定，分析回答下列问题：

（1）永发公司过程中订立的公司章程中关于召开临时股东会议的规定有哪些不合法之处？说明理由。

（2）永发公司的首次股东会会议由甲召集和主持是否合法？说明理由。

（3）永发公司董事会作出的关于甲出资不足的解决方案的内容是否合法？说明理由。

（4）永发公司股东会作出的增资决议是否合法？说明理由。

（5）永发公司是否应替上海分公司承担违约责任？说明理由。

案例3 转让资产合同纠纷案

甲公司因转产致使一台价值1000万元的精密机床闲置。该公司董事长与乙公司签订了一份机床转让合同。合同规定：精密机床作价950万元，甲公司于10月31日前交货，乙公司在交货后10天内付清款项。在交货日前，甲公司发现乙公司的经营状况恶化，通知乙公司中止交货并要求乙公司提供担保，乙公司予以拒绝。又过了1个月，乙公司的经营状况进一步恶化，于是甲公司提出解除合同。乙公司遂向法院起诉。法院查明：甲公司股东会决议规定对精密机床的处置应经股东会特别决议。甲公司的机床原由丙公司保管，保管期限至10月31日，保管费为50万元。11月5日，甲公司将机床提走，并约定10天内交付保管费，如果10天内不付保管费，丙公司可对该机床行使留置权。现丙公司要求对该机床行使留置权。

依据合同法和担保法回答下列问题：

（1）甲公司与乙公司之间转让机床的合同是否有效？为什么？

（2）甲公司中止履行的理由能否成立？为什么？

（3）甲公司能否解除合同？为什么？

（4）丙公司能否行使留置权？为什么？

综合实训

模拟法庭教学。

参考文献

【1】石少侠. 以案说法·经济法篇 [M]. 北京：法律出版社,1999.

【2】关怀. 合同法教程 [M]. 北京：首都经济贸易大学出版社,1999.

【3】刘亚天,李美云. 经济法原理与案例解析 [M]. 北京：人民法院出版社,2000.

【4】卞耀武. 产品质量法诠释 [M]. 北京：人民法院出版社,2000.

【5】李仁玉. 民法学分论 [M]. 北京：中共中央党校出版社,2000.

【6】韩一夫. 经济仲裁案件律师办案指南 [M]. 北京：中国检察出版社,2001.

【7】杨志清. CPA 快速过关——经济法 [M]. 北京：中信出版社,2001.

【8】阮齐林,张树义,杨秀清. 司法考试历年试题精讲 [M]. 北京：中国法制出版社,2004.

【9】国家工商行政管理总局培训中心. 新公司法教程 [M]. 北京：中国工商出版社,2005.

【10】安健,吴高盛. 企业破产法实用教程 [M]. 北京：中国法制出版社,2006.

【11】朱崇实. 经济法（中国版）[M]. 北京：北京大学出版社,2007.

【12】刘建明. 新编经济法教程 [M]. 上海：上海交通大学出版社,2011.

【13】代春泉,董鹏,康耀江. 房地产合同管理 [M]. 北京：清华大学出版社,2011.

【14】中国法制出版社. 2011 年国家司法考试同步训练题解——商法 [M]. 北京：中国法制出版社,2011.

【15】全国会计专业资格考试研究中心. 经济法辅导教材 [M]. 北京：人民邮电出版社,2011.

【16】曲振涛,王福友. 经济法 [M]. 北京：高等教育出版社,2014.

【17】王春霞,张倩. 经济法 [M]. 北京：人民邮电出版社,2016.

【18】财政部会计资格评价中心. 经济法基础 [M]. 北京：经济科学出版社,2017.